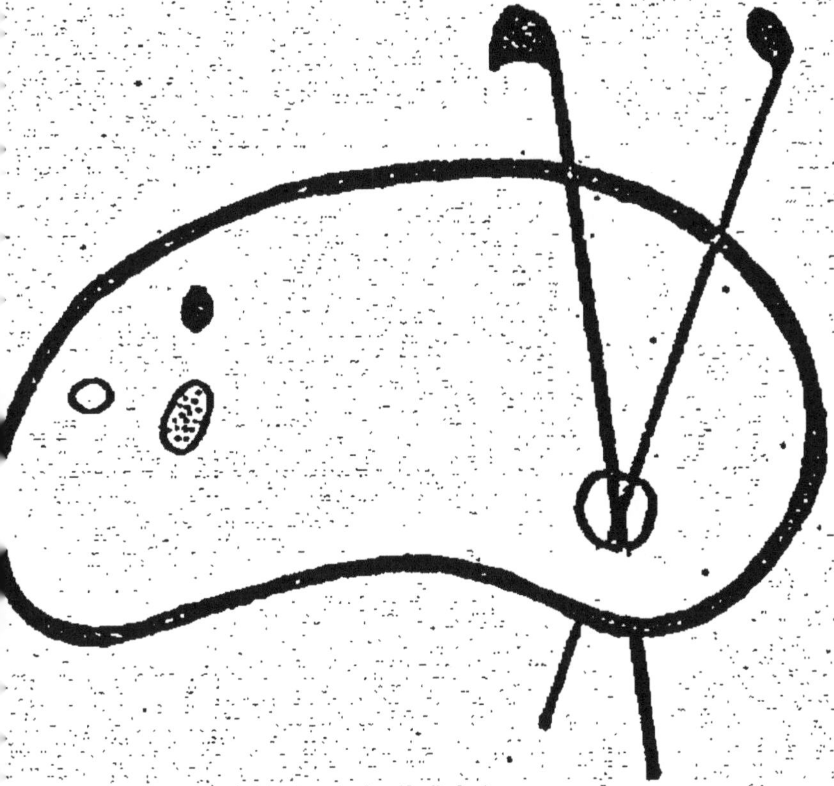

AF471732

BIBLIOTHÈQUE SOCIOLOGIQUE INTERNATIONALE
Publiée sous la direction de M. René Worms
Secrétaire-Général de l'Institut International de Sociologie

II

LA PATHOLOGIE SOCIALE

PAR

PAUL DE LILIENFELD
Vice-Président de l'Institut International de Sociologie

Avec une Préface de
RENÉ WORMS

PARIS
V. GIARD & E. BRIÈRE
LIBRAIRES-ÉDITEURS
16, Rue Soufflot, 16

1896

BIBLIOTHÈQUE SOCIOLOGIQUE INTERNATIONALE

PUBLIÉE SOUS LA DIRECTION DE

RENÉ WORMS

Secrétaire général de l'Institut International de Sociologie.

Cette collection se compose de volumes in-8°, reliure souple.

Ont paru :

RENÉ WORMS : *Organisme et Société.* Un vol. in-8°, de 410 pages. 8 fr.

PAUL DE LILIENFELD, membre de l'Institut International de Sociologie : *La Pathologie sociale.* Un vol. in-8°, de 380 pages. . . . . 8 fr.

Paraîtront successivement :

FRANCESCO S. NITTI, professeur à l'Université de Naples, membre de l'Institut International de Sociologie : *La Population et le Système social,* ouvrage traduit de l'italien, avec l'autorisation de l'auteur, par TH. DISPAN DE FLORAN.

LOUIS GUMPLOWICZ, professeur à l'Université de Graz, membre et ancien vice-président de l'Institut International de Sociologie : *Sociologie et Politique,* ouvrage traduit de l'allemand, avec l'autorisation de l'auteur, par ALFRED BONNET.

ADOLFO POSADA, professeur à l'Université d'Oviedo, membre de l'Institut International de Sociologie : *Théories modernes sur l'origine de la Famille, de la Société et de l'État,* ouvrage traduit de l'espagnol, avec l'autorisation de l'auteur, par FR. DE ZELTNER.

MAXIME KOVALEWSKY, ancien professeur à l'Université de Moscou, membre et ancien vice-président de l'Institut International de Sociologie : *Les Questions sociales au Moyen-Age.*

JACQUES NOVICOW, membre et ancien vice-président de l'Institut international de Sociologie : *Conscience et Volonté sociales.*

JULES MANDELLO, chargé de cours à l'Université de Budapest, membre de l'Institut International de Sociologie : *Essai sur la méthode des Recherches sociologiques.*

Beaugency) — Imp. J. Laffray.

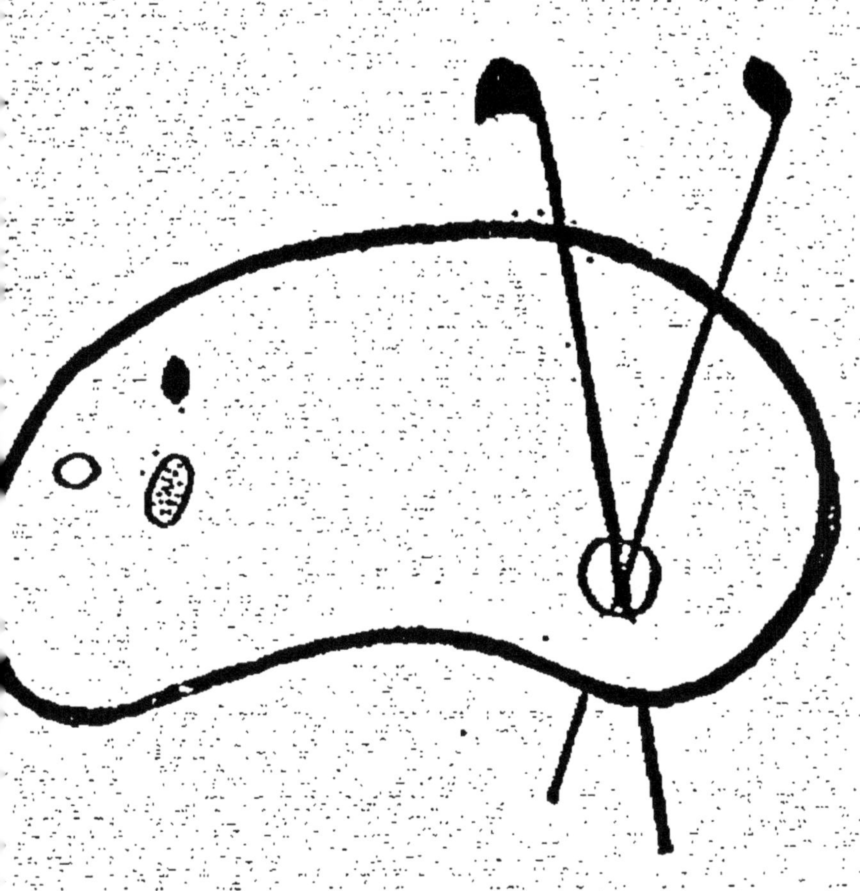

FIN D'UNE SERIE DE DOCUMENTS
EN COULEUR

LA PATHOLOGIE SOCIALE

Beaugency. — Imp. Laffray.

BIBLIOTHÈQUE SOCIOLOGIQUE INTERNATIONALE
Publiée sous la direction de M. René Worms
Secrétaire-Général de l'Institut International de Sociologie

II

LA PATHOLOGIE SOCIALE

PAR

PAUL DE LILIENFELD
Vice-Président de l'Institut International de Sociologie

Avec une Préface de
RENÉ WORMS

PARIS
V. GIARD & E. BRIÈRE
LIBRAIRES-ÉDITEURS
16, Rue Soufflot, 16

1896

PRÉFACE

En écrivant pour *la Pathologie Sociale* de M. Paul de Lilienfeld ces quelques pages de préface, nous n'avons d'autre but que d'en faire connaître en quelques mots les tendances. Ce n'est pas sans doute qu'il fût nécessaire de présenter l'auteur au public. Son nom est honorablement connu, depuis longtemps déjà, de tous ceux qui s'intéressent à la philosophie sociale. M. Alfred Fouillée, dans un magistral ouvrage sur *la Science Sociale Contemporaine*, a parlé élogieusement de M. de Lilienfeld. Récemment, dans un livre sur *le Progrès et le Regrès des Sociétés*, M. Guillaume de Greef lui assignait une place d'honneur parmi les sociologues contemporains. Enfin, au dernier congrès de l'Institut International de Sociologie, tenu à Paris en octobre 1895, ses collègues, en témoignage de haute estime pour ses travaux, l'appelaient à la vice-présidence de l'Institut pour l'année 1896.

Et cependant, on doit l'avouer à regret, M. de Lilienfeld

est de ceux qui ont été — suivant le mot de Voltaire sur Spinoza — moins lus que célébrés. En France, du moins, il se trouve trop peu de personnes qui aient, je ne dirai pas dépouillé, mais simplement consulté les cinq in-octavos dont se compose son principal ouvrage. En Allemagne même, où ce grand traité eût dû être mieux connu, puisqu'il est écrit en allemand, il ne semble pas qu'on lui ait toujours rendu justice. Cela tient-il à ce que l'auteur, qui est Russe et habita longtemps en Courlande, a vécu en dehors des milieux où s'élaborent le plus grand nombre des doctrines sociologiques? ou bien devrait-on l'attribuer à l'étendue de son œuvre, qui eût pu gagner à être condensée? toujours est-il que le livre paraît peu familier au public, et peut-être même à nombre de sociologues.

C'est pourtant un travail considérable que ces *Pensées sur la Science Sociale de l'Avenir*, qui forment l'écrit capital de M. de Lilienfeld. Le titre en indique déjà la direction novatrice. Successivement, l'auteur y passe en revue la société humaine considérée comme un organisme réel, les lois sociales, la psycho-physique sociale, la physiologie sociale, pour terminer par un essai de théologie naturelle. On trouvera les indications bibliographiques relatives à ces divers volumes dans l'une des premières notes de l'Introduction qu'a mise l'auteur au présent ouvrage (page XIV). Nous ne pouvons songer à donner ici un exposé complet de la doctrine qui y est contenue. Bornons-nous à en indiquer l'esprit général et l'orientation.

Le système de M. de Lilienfeld repose sur l'assimilation de la société humaine et de l'organisme vivant. Dans cette comparaison, où la plupart des esprits ne trouvent qu'une métaphore, notre auteur voit une vérité scientifique — ce dont nous le louons, pour notre part, sans réserve.

« La société est un organisme *concret* », voilà l'alpha et l'oméga de sa doctrine. C'est par là qu'il se distingue nettement de M. Albert Schæffle, dont la théorie est souvent, et fort inexactement, confondue avec la sienne. M. Schæffle, dans son remarquable traité sur *la Structure et la Vie du Corps Social,* admet bien que la société est un être organisé, mais nie qu'elle soit un organisme au sens biologique du mot (1). Le système de M. de Lilienfeld se rapprocherait bien davantage de celui qui a été soutenu par M. Herbert Spencer dans le livre II de ses *Principes de Sociologie.* Mais, d'une lettre que M. de Lilienfeld nous écrivait le 5 juin 1895, il résulte qu'il n'a eu connaissance des travaux de M. Spencer qu'après la conception de sa propre doctrine. Et, d'ailleurs, ce qui leur est commun, c'est bien plutôt un fond d'idées philosophiques, courantes depuis Schelling et Hegel, et un grand nombre de données acquises grâce aux progrès contemporains des sciences biologiques et sociales descriptives, que telle ou telle loi particulière et telle ou telle vue spéciale. L'originalité de notre auteur n'a donc pas à souffrir de cette rencontre avec un esprit aussi puissant que celui de M. Spencer.

Cette notion de l'organisme social, qui fait le fond de leurs synthèses à tous deux, qu'est-elle donc, en somme ? Nous croyons qu'on peut, très simplement, la ramener aux termes suivants. Tout être vivant pluricellulaire est un composé d'êtres vivants moindres ; et ce tout complexe, suivant un

---

(1) Au reste, la théorie de M. de Lilienfeld peut être considérée comme antérieure à celle de M. Schæffle. Car le premier volume de celui-là a paru un an avant le premier volume de celui-ci. Cette relative antériorité a été reconnue par M. Schæffle dans sa propre préface.

principale universel, rappelle les simples dont il est formé, c'est-à-dire suit les mêmes lois qu'eux, dans sa structure, son fonctionnement et son évolution. En s'unissant, les cellules constituent des organismes; et les organismes, des sociétés. Les sociétés sont donc aux organismes ce que ceux-ci sont à leurs cellules composantes. Cette loi de la superposition des êtres et de la correspondance des formes superposées est générale dans la nature vivante : les sociétés faites d'êtres humains n'y échappent pas davantage que les sociétés composées d'organismes appartenant aux autres espèces animales.

Tel est, croyons-nous, le résumé de la doctrine. En suivant cette formule dans toutes ses conséquences, on arriverait à trouver un parallélisme rigoureux entre le monde social et le monde proprement biologique. Il faut reconnaître, cependant, qu'aucun auteur ne l'a suivie jusque-là. M. Spencer a fait des réserves, tenant surtout à ce qu'il attribue plus d'autonomie aux éléments du corps social qu'aux éléments du corps vivant. M. de Lilienfeld lui-même en a indiqué d'autres. La composition de la société ne serait pas, suivant lui, totalement identique à celle de l'organisme. De tous les systèmes organiques qu'on rencontre dans celui-ci, un seul, le système nerveux, se retrouverait chez celle-là. Il est vrai qu'à côté de lui, se placerait une « substance sociale intercellulaire ». Cette dernière conception, si ingénieuse, a pour objet de permettre l'introduction, dans le corps social, des « choses », qui semblent n'être pas moins nécessaires à son existence que les « personnes » elles-mêmes. Mais on peut se demander si, d'un autre côté, il ne serait pas possible de découvrir dans le corps social les divers systèmes organiques — système musculaire, osseux, conjonctif, etc... — que M. de Lilienfeld n'y a pas aperçus.

Nous le pensons pour notre compte, et nous renvoyons sur cette question à ce que nous avons écrit dans notre ouvrage intitulé *Organisme et Société*.

Ce point n'est pas, d'ailleurs, le seul sur lequel nous nous séparerions de M. de Lilienfeld. Par exemple, nous ne sommes pas convaincu que les faits sociaux se puissent tous ramener aux trois grandes catégories distinguées par lui : faits économiques, juridiques et politiques. Les phénomènes de la vie domestique, d'une part, les phénomènes intellectuels, moraux, esthétiques et religieux, de l'autre, nous paraissent constituer des séries indépendantes des trois précédentes. Et surtout, nous ne voudrions placer le problème des correspondances organico-sociales que sur le terrain de la pure science, en excluant toutes les considérations métaphysiques et surtout théologiques, qui tiennent une assez grande place dans l'œuvre de notre auteur. C'est à cette seule condition que, à notre avis, la théorie de l'organisme social pourra se défaire de ce caractère vague et imprécis qu'elle avait chez Schelling et Hegel, pour mériter de devenir une partie intégrante de la philosophie scientifique contemporaine. Et c'est par là seulement que cet organisme social apparaîtra avec cet aspect *concret* que M. de Lilienfeld lui-même tient, si justement, à lui faire reconnaître.

En dépit, d'ailleurs, de ces quelques dissentiments, nous tenons en haute estime le grand ouvrage du savant écrivain. Et nous l'avons, tout le premier, encouragé à donner à ses *Pensées* un complément, en composant le présent livre. C'est par nos soins qu'une partie de son Introduction a été présentée au premier Congrès de l'Institut International de Sociologie, et que plusieurs de ses chapitres ont successivement paru dans la *Revue Internationale de Sociologie* (numéros de décembre 1894, de janvier 1895, de mars, avril et mai 1895) ; c'est sur notre insistance que l'auteur s'est décidé à leur donner une suite en écrivant sa Thérapeutique Sociale, qui forme aujourd'hui la troisième partie du volume ; c'est nous, enfin, qui avons relu, pour l'impression, toute la *Pathologie Sociale*, que M. de Lilienfeld avait écrite directement en français, donnant ainsi à notre langue une marque de sympathie dont nos compatriotes devront lui être reconnaissants.

Nous sommes heureux de pouvoir aujourd'hui la livrer au public, tout au début de la publication de la Bibliothèque Sociologique Internationale. Il nous paraît certain, en effet, qu'on trouvera profit à sa lecture. La Pathologie et la Thérapeutique sociale sont l'application des doctrines de la Sociologie biologique à l'ordre de faits qui inquiète le plus, à l'heure présente, tous les esprits : les anomalies dans la structure et le développement de nos sociétés. L'auteur a relevé ces anomalies avec une patience et une sagacité rares. Et il a indiqué pour elles des remèdes où l'on reconnaîtra un esprit familiarisé de longue date avec tous les ressorts de la vie sociale, circonspect en même temps que ferme, pénétré d'intentions élevées et généreuses. On pourra discuter ses vues, contester le bien fondé des mesures qu'il propose. Mais on ne pourra nier qu'elles constituent un système inspiré par les préoccupations les plus légitimes et enchaîné suivant les lois d'une rigoureuse logique. Il y a là un premier essai d'application de la science sociologique à l'art social et à la pratique sociale. Puisse-t-il tout au moins démontrer, par son exemple, que les recherches austères de la science ne sont point inutiles pour guider les hommes d'action dans l'accomplissement des réformes nécessaires !

Paris, le 3 mars 1896.

René Worms,

Directeur de la Revue Internationale de Sociologie et de la Bibliothèque Sociologique Internationale.

INTRODUCTION

(DE L'AUTEUR)

I

La *Pathologie Sociale* n'a pas encore été, à notre connaissance, l'objet d'une étude systématisée. Cette branche importante de la Sociologie présente un champ encore presque vierge dont le labour attend des travailleurs dans l'avenir. — Nous avons essayé d'arpenter ce champ dans quelques directions et d'y placer quelques jalons. Que la nouveauté et la difficulté du sujet nous servent d'excuse pour ce que l'on pourrait trouver d'incomplet et d'anticipé dans notre travail.

Les fondements biologiques et les principes philosophiques sur lesquels repose notre « Pathologie Sociale » sont exposés dans nos « Eléments d'Economie Politique » publiés en 1860 en langue russe (1) et surtout dans nos « Pen-

---

(1) *Osnownya Natchala Politicheskoy Economyi*, Lileyewa (pseudonyme), Saint-Pétersbourg, 1860.

sées sur la Science Sociale de l'Avenir» publiées d'abord en russe, 1872 (1), et plus tard au complet (1873-1881) en allemand (2). Pour ceux qui voudraient prendre une connaissance plus détaillée et plus approfondie de notre système, nous avons marqué, d'après l'édition allemande, les parties du présent ouvrage qui correspondent aux démonstrations données dans cette étude. Dans nos « Pensées » nous avons poursuivi pied-à-pied les analogies entre l'évolution des forces organiques de la nature et celle de la société humaine. En partant des forces physico-chimiques élémentaires, nous nous sommes élevé de marche en marche sur l'échelle biologique, jusqu'aux phénomènes produits par les énergies sociales. Il s'agissait de poursuivre la condensation et la capitalisation des énergies psycho-physiques et des idées-forces depuis la base jusqu'au faîte de l'échelle hiérarchique des êtres, en reliant les phénomènes sociaux, isolés et dispersés, entre eux et avec la nature organique. C'était un travail génésique en même temps que synthétique.

Mais, comme, dans un pays nouvellement découvert, le cours d'un fleuve ne saurait être poursuivi d'une manière continue, depuis sa source jusqu'à son écoulement dans la mer, et que ce n'est que grâce à des observations multiples sur les facteurs géologiques et topographiques dont dépend

---

(1) *Myssli o Socialnoy Naoukie Boudouchtawo*, P. L., Saint-Pétersbourg, 1872.

(2) *Gedanken über die Socialwissenschaft der Zukunft.* Mitau und Hamburg (1873-1881). T. I, *Die menschliche Gesellschaft als realer Organismus*; t. II, *Die Socialen Gesetze*; t. III, *Die Sociale Psychophysik*; t. IV, *Die Sociale Physiologie*; t. V, *Versuch einer natürlichen Theologie.*

la direction des eaux que l'on peut constater leur identité sur les différents points accessibles au voyageur, de même, du point auquel est arrivée aujourd'hui la biologie, il n'est pas encore possible de déterminer tous les anneaux de la chaîne par lesquels les êtres organiques sont liés par une causalité d'action immédiate. Dans l'état actuel de la science, il n'est possible que de constater l'existence de parallélismes et de séries multiples d'analogies et d'homologies entre les différents degrés et les différentes sphères de l'évolution des forces organiques et sociales.

Dans notre étude actuelle nous avons fait un essai pour appliquer les résultats déjà acquis par la science dans cette direction aux anomalies que subit dans son évolution l'organisme social. Tout éloignées que quelques analogies pathologiques entre les organismes de la nature et la société humaine puissent paraître à première vue, elles n'en sont pas moins aussi réelles que celles que nous avons poursuivies dans nos « Pensées ». Le fait même qu'il n'existe pas d'état morbide social qui ne trouve sa contre-partie dans un état pathologique de notre corps pourrait suffire comme preuve qu'un tel parallélisme n'est pas accidentel, mais qu'il découle d'une source commune.

La méthode dont nous nous sommes servi dans notre Pathologie Sociale est la même qui nous a guidé dans nos recherches précédentes, c'est la méthode d'induction à laquelle les sciences naturelles sont redevables de toutes les découvertes remarquables qu'elles ont faites jusqu'à aujourd'hui.

II (1)

Quoique l'idée d'une science sociale générale, embrassant tous les côtés, toutes les sphères de la vie, tant économique que juridique et politique, de la société humaine, aie pris naissance depuis quelque temps, cette science elle-même n'a pas trouvé, jusqu'à aujourd'hui, de base solide sur laquelle elle aurait pu s'asseoir, à l'égal des sciences qui ont pour objet les phénomènes de la nature. Ces dernières elles-mêmes ont passé par des siècles de tâtonnements indécis, de fluctuations incertaines, à la merci des idées théologiques, philosophiques ou étroitement utilitaires qui ont prévalu à différentes époques et sur les différents points de notre globe. L'esprit humain, flottant entre le ciel et la terre, s'épuisa longtemps à faire et à refaire toujours le même travail scientifique par la construction de systèmes dont les uns étaient souvent la négation complète des autres. La science elle-même, au milieu de ces efforts infructueux, restait stationnaire.

La cause de cet état de choses quant aux sciences naturelles, nous la connaissons : c'est le manque de méthode, ou plutôt la fausseté des méthodes employées à la recherche

---

(1) Les pages qui constituent la section II de la présente Introduction, ont été empruntées à un mémoire de l'auteur sur « la méthode d'induction ou méthode organique appliquée à l'étude des phénomènes sociaux », mémoire présenté au premier Congrès de Sociologie tenu à Paris en 1894, et inséré dans les *Annales de l'Institut international de Sociologie* (t. I, 1895, p. 39 et suiv.).

des lois de la nature. Observations hâtives et superficielles d'un côté, généralisation et déduction prématurées et nébuleuses de l'autre, voilà ce qui a troublé, pendant des siècles, la vue aux esprits, même les plus éminents, dans leurs efforts pour expliquer la genèse et la connexion des phénomènes de la nature. C'est au grand philosophe Bacon de Verulam, que la science est redevable de la destruction des fausses idoles créées par l'ignorance, les préjugés et les passions humaines, idoles qui obstruaient la marche de l'intelligence humaine dans le domaine scientifique. Et le chemin une fois ouvert par l'application de la méthode d'induction à l'étude des phénomènes de la nature, c'est dans un certain ordre hiérarchique que les sciences naturelles se sont définitivement constituées : la mécanique d'abord ; puis la chimie, s'appuyant sur celle-ci ; puis la physiologie, fille de la chimie ; puis la biologie, se fondant sur les découvertes de la physiologie et de la morphologie organiques ; enfin la psychologie positive, comme résultante de celles-ci et des vérités acquises par la biologie générale.

De nos jours, ce sont les sciences sociales qui se débattent encore infructueusement dans le même milieu, d'où se sont déjà dégagées les sciences naturelles. Entourées d'un immense amas presque chaotique de faits et de chiffres, et se livrant en même temps à des spéculations théoriques en contradiction avec la réalité des choses, les différentes disciplines sociales n'ont pu trouver, jusqu'à aujourd'hui, de base commune à toutes pour construire un édifice un tant soit peu solide. Tous les esprits qui s'intéressent à la solution des questions sociales souffrent douloureusement de cet état d'incertitude et de stérilité. Presque tout le monde est d'accord que c'est le manque ou la fausseté des méthodes employées à l'étude des phénomènes sociaux qui en est la cause. Un très grand nombre d'esprits éminents conviennent même qu'afin de découvrir les lois naturelles qui régissent le développement de la société humaine, c'est la méthode d'induction qu'il faudraitemp loyer. Cette vérité, à force d'être répétée, est même devenue, sous quelque rapport, un lieu commun. — Mais cette vérité une fois reconnue, surgit la question : à quelles conditions l'application de la méthode d'induction à l'étude des phénomènes sociaux est-elle possible et pourrait-elle donner des résultats positifs? — C'est alors qu'on voit de nouveau se produire des opinions, non seulement divergentes, mais même parfaitement contradictoires. Chaque tentative pour résoudre la question dans une direction n'a eu, jusqu'à aujourd'hui, pour résultat que la destruction de ce qui a été construit auparavant dans une autre direction.

On a cru, d'abord, que c'est au moyen de données et de chiffres statistiques qu'on parviendrait à découvrir les lois naturelles qui régissent les phénomènes sociaux. En manipulant de différentes manières les données statistiques, en les réunissant en de grands et de petits nombres et en en déduisant des moyennes, on a essayé de construire une espèce de Physique Sociale. — Y a-t-on réussi? — Décidément, non. — Comme aucune des lois de la nature n'a pu être découverte au moyen de simples énumérations ou de classifications des différentes espèces de plantes ou d'animaux, ou bien à force de mesurer la hauteur d'un très grand nombre de montagnes et d'en déduire des moyennes, ou bien à compter à l'infini le nombre des étoiles et à les disposer, plus ou moins arbitrairement, en groupes séparés, de même aucune loi sociale n'a été et n'a pu être constatée à force de tableaux statistiques de natalité et de mortalité, de valeurs produites et consommées, de crimes commis et punis, de suicides consommés aux différents âges par les représentants des deux sexes, etc. C'est que les formules mathématiques, que les adhérents de la méthode statistique veulent faire accepter comme autant d'expressions des lois sociales, contiennent toutes, dans une proportion plus ou moins grande, deux facteurs qui représentent, par eux-mêmes, la négation de toute loi : c'est le *hasard* quant à l'action des forces naturelles, et le libre-arbitre quant à l'homme. L'augmentation effective de la population d'une contrée est l'effet, non d'une loi naturelle, mais de l'action de la volonté humaine. D'un autre côté, la population peut décroître par suite d'une guerre prolongée, de maladies épidémiques ou sporadiques dont la genèse, la propagation et les effets dépendent de mille circonstances, fruits elles-mêmes du hasard. Il en est de même de la quantité de valeurs produites et consommées, des crimes, des suicides, etc.

Une formule, pour être reconnue comme l'expression d'une loi, ne doit pas seulement exprimer des rapports hors de toute action causée par le hasard et le libre-arbitre, mais elle doit encore, tout au contraire, marquer les limites auxquelles le hasard et le libre-arbitre cessent d'agir et où commence la nécessité. Car l'essence même d'une loi, dans le sens scientifique, c'est d'être nécessaire et immuable. Des données qui dépendent du hasard et du libre-arbitre humain ne sauraient donc jamais entrer comme coefficients dans aucune formule qui a la prétention d'exprimer l'action nécessaire des forces naturelles et sociales, à moins que cette formule ne découle d'une autre formule qui, à son tour, se fonde sur une loi nécessaire et immuable. Dans ce cas, la formule secondaire n'exprimera que les conditions auxquelles la loi primaire pourrait se manifester effectivement dans l'espace et le temps pour un cas spécial. Le hasard et le libre-arbitre, en entrant comme coefficients dans la formule secondaire, et ne marquant que des tendances conditionnellement réalisables, trouveront toujours leurs limites d'action dans la loi primaire. Or, ce sont justement ces lois naturelles primaires, nécessaires et immuables, pouvant servir de base aux formules mathématiques, qui manquent à la statistique. C'est que la statistique elle-même ne saurait être reconnue que comme un art, l'art d'observer, de détailler, de grouper, de combiner ceux des phénomènes sociaux qui peuvent être exprimés au moyen de nombres et de proportions mathématiques; elle peut calculer les maxima et les minima, elle peut en déduire les moyennes et même supputer l'avenir, en se basant sur la théorie des probabilités. Mais c'est à ce travail que doit se réduire son rôle.

D'autres savants ont cherché dans l'action du milieu physique, des climats, de la configuration du sol, etc., la loi générale dont aurait dépendu, dans les premiers temps, le développement des différents groupes de population et des différentes races, et c'est en faveur de leurs travaux que ces savants ont réclamé la dénomination de Physique Sociale. Mais l'histoire nous apprend que la civilisation a jeté ses racines autant sur les montagnes que dans les plaines, autant au bord de la mer que le long des fleuves, au milieu des forêts ainsi qu'au sein des déserts. C'est que la civilisation doit être reconnue avant tout comme le fruit d'actions de certaines races privilégiées et qu'elle implique une question plutôt ethnographique que purement physique. Or, les races humaines, dès les premiers temps, se sont adonnées à des migrations incessantes, passant d'un climat à un autre, des continents aux îles et des îles aux continents, descendant des montagnes aux plaines et se réfugiant des plaines dans les montagnes, se croisant, se séparant, se superposant ou s'exterminant mutuellement. C'est donc également le hasard et le libre-arbitre de l'homme qui ont décidé des points de notre globe où la civilisation a pu prendre naissance et se développer sous l'influence de conditions physiques plus ou moins favorables.

Une autre méthode, celle qui est connue sous la dénomination générale de méthode historique, a donné des résultats plus satisfaisants que les précédentes; aussi compte-t-elle le plus grand nombre d'adhérents. C'est que les sciences historiques, malgré l'état transitoire dans lequel elles se trouvent, malgré leur caractère de préférence encore descriptif et classificateur, s'avancent dans une direction qui doit être reconnue comme un travail préparatoire devant servir de point d'appui à la Sociologie positive. Les sciences naturelles elles-mêmes ont passé par le même travail d'initiation : la chimie, la botanique, la zoologie n'ont été aussi, d'abord, que des sciences descriptives et classificatrices; c'est pourquoi, d'abord, elles étaient même comprises sous la dénomination générale d'histoire naturelle. Mais si elles s'étaient arrêtées à cet état intermédiaire, elles ne seraient jamais parvenues à trouver les lois immuables qui régissent l'action des forces de la nature. C'est surtout la plus jeune des sciences naturelles, la biologie, qui, sans abandonner la méthode descriptive et classificatrice et sans avoir recours à la méthode d'induction, n'aurait jamais pu expliquer le lien qui réunit tous les règnes du monde organique par une causalité ininterrompue.

Il s'agit donc de résoudre, avant tout, cette question : quelles sont les conditions à l'aide desquelles la Sociologie pourra passer de l'état intermédiaire et incertain, où elle se trouve aujourd'hui, à l'état définitif; quelles sont les conditions qui rendraient possible l'application, à la Sociologie, de la méthode d'induction?

La condition *sine qua non* pour que la Sociologie puisse être élevée au rang d'une science positive et que la méthode d'induction puisse lui être appliquée, c'est, comme nous croyons l'avoir prouvé par nos « Pensées sur la Science Sociale de l'Avenir », la conception de la société humaine en sa qualité d'organisme vivant réel, composé de cellules à l'égal des organismes individuels de la nature. Les cellules sociales, ce sont les individus humains formant d'abord la famille, puis le clan, la peuplade, la nationalité et qui, se réunissant par degrés en groupes toujours plus compliqués, finissent par s'agglomérer en États plus ou moins indépendants. On ne saurait douter que, dans un avenir plus ou moins éloigné, l'humanité entière ne forme un grand tout organique dont les parties seront réunies, d'une manière plus ou moins étroite, à une force centrale qui représentera, sous une forme quelconque, les tendances et les idées de l'humanité comme unité. L'Église chrétienne tend depuis longtemps vers ce but, et les intérêts communs des nations civilisées réalisent déjà, en partie, le même principe dans le domaine de la science, de l'art, de la bienfaisance et de l'hygiène.

La botanique et la zoologie ne se sont assises sur une base solide qu'après la découverte de la cellule, élément primaire dont sont composés tous les êtres organiques. Ce qui a retardé la découverte de la cellule, ce sont ses dimensions minimes et les métamorphoses innombrables qu'elle subit au sein des organismes, sous l'influence des fonctions physiologiques spécialisées et adaptées aux différentes parties du corps. On se refusa longtemps à croire que les nerfs, les muscles, les os, les cheveux, la peau, les ongles, l'œil, l'oreille, fussent des groupes différemment spécialisés des mêmes cellules originaires. Ce n'est que grâce au microscope qu'on est parvenu à résoudre ces différents organes en simples cellules.

Il en est tout autrement de la société humaine. Ce sont les cellules dont est composé l'organisme social — les individus humains — qui se présentent d'abord d'une manière palpable et saisissable à l'observation, tandis que c'est au contraire la connexion des individus en unités plus ou moins compliquées et spécialisées qui se soustrait à l'observation. La plupart des économistes se refusent encore à reconnaître, aux liens qui unissent les individus humains en communautés, le caractère de réalité. C'est que toute vérité nouvelle, par son apparition même, renverse une longue série de conceptions déjà établies et exige un travail intellectuel auquel les cerveaux ne sont pas habitués. En outre, l'étude des lois de la nature, et surtout de la biologie, n'est encore que très peu répandue parmi les économistes. Par un esprit non initié aux découvertes de la biologie moderne, les différences ainsi que les analogies, que présente la vie sociale vis-à-vis de la vie organique, seront nécessairement conçues d'une manière plus ou moins superficielle. Il trouvera des différences profondes là où il n'y en a pas et, par contre, des analogies là où les différences sont essentielles. A un observateur superficiel, un corps dur et un groupe de molécules qui gravitent à distance, se présentent comme deux choses essentiellement distinctes, tandis que même les corps les plus durs ne sont, au fond, que des réunions de molécules se balançant à distance, mais seulement à des distances relativement moins grandes. Mais ce même observateur trouvera des analogies multiples entre les rapports de l'individu, soit plante, soit animal, à son espèce et la vie de l'homme au sein de la société, tandis que les différences en sont profondes et essentielles. Il ne trouvera également que peu de différence entre l'acquisition des moyens de subsistance par les individus, plantes et animaux, et la production des valeurs au sein de la société humaine, tandis que la différence en est encore plus profonde. Dans le premier cas, l'acquisition de la nourriture implique un acte isolé, immédiat, individuel; dans le second, les produits n'atteignent le consommateur que par un long chemin de circulation au moyen de l'échange occasionné par la spécialisation et la division du travail. L'échange des produits au sein de la société, dirigé par les forces et les intérêts communs de la société comme unité organique, correspond donc aux fonctions physiologiques des cellules au sein des organismes de la nature et non aux actes isolés des individus cherchant à subvenir à leurs besoins du moment.

Quelques économistes ont été choqués de la dénomination de corps que nous avons employée pour désigner la réalité de la connexion des forces sociales. Si c'est le mot seulement qui déplaît, on pourrait désigner les différents groupes sociaux comme autant de systèmes, ce qui ne changerait rien à l'essence des choses. On emploie en biologie les deux expressions indifféremment, en désignant les différentes parties du corps animal comme système nerveux, système musculaire, système vasomoteur, etc., quoiqu'ils ne forment tous qu'un seul corps.

A notre point de vue, la société humaine, dans ses différents agrégats unifiés, présente autant de corps ou, si on le préfère, autant de systèmes de cellules, et ces agrégats, par leur connexion intérieure, correspondent de plus près aux systèmes nerveux des individus de l'espèce animale et surtout au système nerveux dont est doué le corps humain. C'est que les éléments anatomiques primaires dont est composée la société humaine — les individus humains — sont, de préférence, des cellules nerveuses qui agissent, à l'égal des cellules du système nerveux individuel, au moyen de réflexes. La différence de l'action psycho-physique au sein de l'organisme individuel à celle qui se manifeste dans la société, n'est qu'extérieure et relative. Les cellules nerveuses de l'organisme individuel sont liées mécaniquement à certaines parties du corps au moyen de fils nerveux; elles communiquent, en conséquence, entre elles au moyen de ces fils directement. Dans la société humaine, les individus ne sont pas liés irrévocablement par un nœud mécanique entre eux et avec le tout; l'action se produit en conséquence entre eux par l'intermédiaire du milieu ambiant et les réflexes, de directs, se changent en indirects (1).

Mais l'organisme n'est pas seulement constitué d'un système nerveux; il dispose encore, à l'égal des organismes individuels, d'une substance intercellulaire, représentée par tous les produits destinés à la consommation. Ces produits circulent au sein de la société d'après les mêmes lois qui président au fonctionnement de la substance intercellulaire des organismes de la nature.

Système nerveux, substance intercellulaire, voilà donc les deux facteurs réels dont est formée, nécessairement, toute réunion d'individus humains, toute société.

La construction de l'organisme social présentant des analogies réelles avec la constitution des organismes de la nature, il s'ensuit que l'action des forces sociales doit,

---

(1) T. I, ch. XX.

nécessairement, être soumise aux mêmes lois que l'action des forces organiques en général.

Et d'abord, qu'est-ce qu'une loi? Quelles qualités un ordre d'action quelconque doit-il manifester pour que la science lui reconnaisse le caractère de loi?

Une loi doit éclairer la causalité des phénomènes et, quant à la vie organique, expliquer le développement génésique des êtres organisés.

Une loi, dans le sens scientifique, implique toujours un ordre universel, immuable, immanent à la nature même des choses.

Une loi exprime toujours des rapports nécessaires, en dehors du hasard et du libre-arbitre humain; c'est justement les limites de l'un et de l'autre qu'elle détermine.

On a cru devoir diviser les lois qui régissent les phénomènes sociaux en deux catégories distinctes: lois naturelles d'abord dans la stricte acception de ce mot, comme, par exemple, la procréation des enfants, le besoin de se nourrir, etc., et lois soi-disant artificielles ensuite, produites par le libre arbitre-humain, comme, par exemple, la constitution d'un État, les codes civil et pénal, etc. Or, c'est par suite d'un malentendu que cette classification des lois a été instituée et en partie acceptée par quelques économistes. La même classification ne pourrait-elle être appliquée également aux phénomènes des règnes animal et végétal? L'animal ne se dirige-t-il pas, d'après son gré, dans une direction ou dans une autre? ne choisit-il pas, d'après sa volonté, sa nourriture, sa femelle, son lieu d'habitation? On répondra que oui, mais qu'il le fait en se conformant aux lois de la nature. Eh bien, c'est la même réponse qu'il sied de donner à ceux qui se font les adeptes de la dualité des lois sociales. L'homme, sans aucun doute, jouit relativement de plus de liberté; il est relativement plus indépendant de l'action immédiate des forces de la nature; mais, tout en exerçant son libre arbitre sur un domaine plus large, l'homme n'en est pas moins forcé, comme l'animal, de se conformer aux lois naturelles. Le problème à résoudre, de la part de la Sociologie, c'est justement la découverte des lois nécessaires et immuables, auxquelles le libre-arbitre de l'homme a dû se conformer en tous temps et en tous lieux dans le passé et auxquelles il ne pourra jamais se soustraire dans l'avenir.

C'est une loi nécessaire et immuable que celle que nous avons formulée dans nos « Pensées sur la Science Sociale de l'Avenir » de la manière suivante (1) :

Chaque individu, depuis l'enfance jusqu'à l'âge mûr, parcourt en raccourci réellement toute l'histoire de l'humanité depuis les temps primitifs jusqu'à nos jours. Cette évolution, purement sociale, concerne exclusivement les éléments nerveux qui servent de substratum matériel aux facultés intellectuelles et morales de l'homme, et elle s'effectue conformément à la même loi, d'après laquelle chaque embryon animal parcourt, en des espaces de temps minimes, toutes les phases consécutives de développement par lesquelles ont passé ses ancêtres. Pour ce qui concerne ces éléments nerveux, produits de la vie sociale, l'enfant rappelle réellement l'homme primitif. L'homme de l'avenir passera par autant de couches consécutives de ces éléments, superposées les unes sur les autres et condensées par un travail de synthèse incessant, qu'il y aura de générations qui le

---

(1) T. I, ch. XII, *Embryologie sociale.*

sépareront de notre temps. Cette loi, en expliquant toute la marche de l'évolution sociale tant de l'individu que de l'humanité entière, présente, dans la personne de l'enfant, un objet réel pour étudier tout le passé de l'humanité. Elle détermine, en même temps, la direction dans laquelle l'évolution sociale devra s'effectuer daus l'avenir. Savoir, c'est prévoir. Comme tout individu du règne végétal ou animal constitue un microcosme orgnnique qui reflète tout le passé de son espèce, de même, selon cette loi, chaque individu représente, en ce qui concerne les éléments nerveux, porteurs de ses facultés intellectuelles et morales, un microcosme social vis-à-vis du macrocosme social qui est l'humanité entière. La loi que nous venons d'énoncer, c'est donc une loi génésique sociale par excellence, c'est la loi primaire de l'histoire du genre humain.

Le hasard et le libre-arbitre peuvent-ils changer quelque chose à cette loi? L'homme peut-il s'y soustraire? Non, certainement. Tout individu doit, nécessairement, passer en se développant par les couches d'éléments nerveux accumulées par les générations précédentes, et il les léguera nécessairement aux générations futures. Par l'éducation, l'adaptation au milieu social ambiant, par la lutte pour l'existence, la sélection et la ségrégation, les résultats de cette accumulation peuvent être modifiés, accélérés ou retardés, sans suspendre l'action même de la loi. Le cadre de ce travail ne nous permet pas d'entrer ici dans une exposition détaillée sur les modulations que subit cette loi sous l'influence de différents facteurs de la vie sociale. Elles sont aussi nombreuses que celles que subit la loi d'hérédité organique en général. Cette loi n'en subsiste pas moins. Nous sommes forcé de renvoyer le lecteur pour ce qui concerne ces modulations aux chapitres correspondants de notre œuvre (1).

Tâchons de nous rendre compte d'une autre loi qui peut être présentée comme la loi de l'évolution progressive de la société conçue comme organisme réel.

Comme il n'y a pas de corps inorganique absolument inerte, privé de forme et d'unité quelconque, comme il n'existe pas d'organisme sans action physiologique, sans délimitation morphologique et sans unité, de même il est impossible qu'une réunion d'êtres humains existe sans qu'ils subviennent, d'une manière ou d'une autre, à leurs besoins, sans qu'ils délimitent réciproquement leurs actions par des mœurs ou des lois, et sans qu'il y ait communauté d'intérêts et de tendances entre les individus. Toute communauté d'hommes présente, en d'autres termes, trois sphères : les sphères économique, juridique et politique, qui correspondent aux sphères physiologique, morphologique et unitaire des organismes de la nature. Nous avons prouvé, dans nos « Pensées sur la Science Sociale de l'Avenir », que cette analogie doit être conçue, non dans un sens figuratif, mais dans un sens parfaitement réel (2).

Or, quelle est la loi d'évolution progressive pour chacune de ces trois sphères ?

Pour la sphère économique : augmentation de la propriété marchant de pair avec l'exercice d'une plus grande liberté économique.

Pour la sphère juridique : délimitation plus spécialisée et plus nette des droits individuels et communs, concurremment avec la possibilité plus grande de les faire valoir.

---

(1) T. II, ch. IX et suiv.
(2) T. I, ch. IX.

Pour la sphère politique : unité d'action plus intense accompagnée de libertés politiques plus larges.

Pour les trois sphères simultanément : concentration d'action plus intense avec une différenciation de forces plus spécialisée.

Quel est le fondement de cette loi? C'est la loi générale qui préside à l'évolution des forces dans toute la nature, tant organique qu'inorganique, évolution qui consiste dans une intégration progressive marchant de pair avec une différenciation toujours plus spécialisée des énergies inorganiques et organiques.

Changez les termes à la formule que nous venons d'énoncer et vous exprimerez la loi de progrès qui préside à l'évolution de tous les êtres organiques en général : augmentation de propriété et de liberté économique — c'est une plus grande abondance de substances nutritives accompagnée d'une action physiologique plus intense; délimitation plus spécialisée des droits marchant de pair avec une liberté juridique plus grande — c'est une différenciation plus développée des organes, accompagnée d'une action plus variée entre les parties et le tout; unité plus forte accompagnée de libertés politiques plus larges — c'est une concentration plus intense des forces unie à une indépendance plus grande des parties. Propriété, justice, autorité correspondent à l'intégration des forces sociales, tant par rapport au système nerveux qu'à la substance intercellulaire sociale; liberté économique, juridique et politique correspond à la manifestation des forces sociales au dehors.

Peut-être voudrait-on refuser le titre de loi nécessaire et immuable à celle que nous venons de formuler en se fondant sur nos propres arguments, puisque, dira-t-on, le terme de liberté qui entre comme coefficient dans notre formule, implique l'action du libre arbitre humain. Mais le terme de liberté dans notre formule, loin d'exprimer une action déréglée, en détermine au contraire les limites et les conséquences nécessaires. Il est, certainement, au pouvoir de l'homme, d'agir d'une manière ou d'une autre, ou de rester impassible; mais les effets de l'action et les suites de l'inertie n'impliquent pas moins soit un progrès, soit un état stationnaire ou une marche rétrograde.

De deux communautés dont l'une jouira de plus de liberté économique par rapport à la production, l'échange et la consommation des richesses, ce sera celle-ci, qui en cas de concurrence industrielle ou commerciale, l'emportera sur l'autre, tous les autres termes de la formule supposés égaux. Il en sera de même en ce qui concerne la propriété. C'est le plus gros capital qui, en cas de concurrence, *cœteris paribus*, remportera la victoire.

Dans la sphère juridique, c'est le pays où la propriété et la liberté jouiront de plus de garanties, où la justice fonctionnera avec plus de célérité et d'impartialité, qui l'emportera sur la communauté où le principe du droit sera ébranlé et la violation ne pourra être réparée.

De même, dans la sphère politique, de deux Etats dont l'un jouira d'une autorité centrale plus forte et plus indépendante, c'est ce dernier, qui, en cas de conflit, l'emportera nécessairement sur un autre État, dont, *cœteris paribus*, l'autorité centrale sera ébranlée ou manquera de liberté d'action. Il en sera de même de deux pays, dont l'un jouira, *cœteris paribus*, de plus de libertés politiques.

Il dépend du libre-arbitre de l'individu et de la décision de la volonté commune d'une société de choisir le chemin du progrès, l'état stationnaire ou la marche rétrograde; mais ils ne sauraient éviter que leur manière d'agir ne se manifeste par des données positives dans le premier cas, et par des facteurs négatifs dans le dernier. C'est donc une loi d'évolution nécessaire et immuable que nous venons de formuler en analogie avec la loi générale à laquelle est soumise la vie organique de la nature entière.

L'Économie Politique dispose déjà de quelques-unes de ces lois qui président à l'action des forces économiques de la société. C'est d'abord la loi de la division du travail découverte par Adam Smith. Cette loi, comme nous l'avons déjà relevé, se fonde sur la loi générale de la spécialisation des organes et des fonctions physiologiques communes à tous les êtres organisés, et ce n'est que grâce à son universalité qu'elle a pu être reconnue comme loi économique nécessaire et immuable. C'est ensuite la loi de la croissance de la population en une proportion plus forte que l'augmentation des moyens de subsistance, loi découverte par Malthus et complétée par la théorie de la rente de Ricardo. Cette loi découle de la lutte pour l'existence des êtres organisés et de la survivance du plus apte.

Mais Adam Smith, ainsi que Malthus et Ricardo, n'ont pas conçu la société humaine comme un organisme vivant réel; ils n'ont pu, en conséquence, prendre en considération tous les facteurs psycho-physiques qui agissent simultanément au sein de la société humaine et qui modifient les formules des lois qu'ils ont découvertes dans leur application à la vie sociale. Il en est résulté des malentendus dont souffre encore aujourd'hui l'Économie Politique. C'est l'individu, cet élément anatomique primaire de l'organisme social, que les économistes ont de préférence en vue sans apprécier à sa juste valeur l'action des forces qui réunissent les individus en un système social commun. De là, les théories incomplètes de l'individualisme à outrance, du laisser-faire laisser-passer, héritée des Physiocrates, du libre-échange absolu de l'école de Manchester, etc. Le principe qui a servi de base à toutes ces théories, c'est l'intérêt personnel. Or, l'égoïsme individuel peut-il constituer par lui seul une loi sociale nécessaire? Non, puisque les tendances de l'intérêt personnel sont contrebalancées dans la société humaine par les exigences de l'intérêt commun. Celui-ci ne peut se manifester au sein de la société que parce qu'elle constitue un organisme réel et non une fiction privée dans son ensemble de réalité. C'est en faisant abstraction de la réalité de l'existence de la société humaine comme unité, qu'on a faussé les lois de la nature dans leur application à la vie sociale. On a voulu y suppléer en comparant les différents groupements sociaux aux réunions d'animaux en familles, troupeaux ou essaims et on en a tiré des analogies nombreuses. Cependant, on n'en a pu déduire aucune loi générale et nécessaire. C'est que, au point de vue scientifique, il y a une profonde différence entre de telles comparaisons, pour la plupart très superficielles, et la conception de la société humaine comme un composé de cellules réunies par des liens réels en analogie avec les organismes individuels. La lutte pour l'existence, les lois d'hérédité, de sélection, de ségrégation, d'adaptation au milieu ambiant se modifient profondément, dès qu'il s'agit, non plus de l'individu, plante ou animal, mais de la cellule, comme partie intégrante d'un organisme unifié, ainsi que de l'homme comme membre d'une société. Il faut avoir étudié, à fond, la biologie moderne pour évaluer, à sa juste mesure, la différence profonde que ces modifications impliquent. Les essaims des abeilles, les associations des fourmis et des castors présentent les premières ébauches de la nature pour réunir les individus mêmes comme partie d'un tout. En observant ces réunions de cellules vivantes, on se demande quelle est la force mystérieuse qui les fait travailler en commun et subir l'impulsion d'une force unificatrice supérieure? Il en est de même de ces animaux maritimes, semi-plantes et semi-animaux qui, en formant des colonies, vivent d'une existence commune. On se demande, ici, où commence l'individu vis-à-vis de la communauté, comme, par rapport aux animaux d'espèce plus élevée, on se demande où finit l'individu et où commence la communauté? C'est la conception de la société humaine comme organisme réel qui nous montre la direction dans laquelle il faut chercher la solution de ces problèmes.

III

Après avoir constaté l'existence des lois naturelles de l'évolution sociale, il s'agit de trouver une classification des phénomènes sociaux qui corresponde aux manifestations des forces dans la nature organique. Or, ces manifestations portent un triple caractère : physiologique, morphologique et hiérarchique ou unitaire, qui, à son tour, correspond à la manifestation des forces inorganiques comme action physico-chimique, comme forme et comme unité. Il ne peut, en conséquence, exister qu'une seule classification naturelle des phénomènes sociaux, en économiques, juridiques et politiques. Toutes les autres classifications n'impliqueront qu'une coordination d'idées abstraites ou de définitions générales, d'après des schémes hors de tout contact avec la réalité des choses. Ces classifications artificielles enlèvent aux conceptions telles que : évolution et involution, connexité et coaction, droit et liberté, etc..., leur sens concret, les disjoignent d'une manière violente ou les entre-mêlent confusément. C'est par cette voie que font irruption dans la sociologie toutes les *idoles*, dont parle Bacon dans son *Novum Organum*, et qu'il combat de toute la force de son génie. Ces idoles sont les *mots* et la *phrase* qui sont substitués à la réalité des choses, les passions personnelles, les points de vue subjectifs, les systèmes philosophiques et métaphysiques, les partis-pris et les préjugés. Les soi-disant lois naturelles qu'on croit découvrir par ce chemin, ne sont que des toiles d'araignée que le premier souffle fait disparaître et remplacer par un autre tissu d'idées, d'une consistance aussi peu réelle et aussi éphémère.

La triple loi de l'évolution sociale que nous avons formulée en concordance avec la manifestation trinitaire des forces de la nature organique et inorganique, et qui est unifiée par la loi générale d'intégration et de différenciation de l'univers entier, préside au développement progressif et régressif, autant du système nerveux social que de la substance sociale intercellulaire. En s'appuyant sur la loi, énoncée plus haut, de la condensation et de la capitalisation, par la voie des réflexes, des énergies psychiques de toutes les générations antécédentes, cette triple formule embrasse, en outre, tout le contenu de l'histoire humaine.

On aurait tort d'objecter qu'en formulant la loi d'évolution sociale, nous n'aurions pris en considération que les symptômes extérieurs du progrès et du regrès, et perdu de vue les facteurs les plus puissants de l'évolution sociale, les facteurs intellectuel, moral et surtout religieux.

La Sociologie, sous peine d'empiéter sur les domaines

occupés déjà par les autres disciplines scientifiques, doit se borner à rechercher et à déterminer les lois qui président à l'évolution spécifique des sociétés. Une idée, quelqu'élevée qu'elle puisse être, ne saurait être l'objet de la Sociologie, si elle ne se réalise pas dans la sphère sociale. Si Bouddha, en se vouant à la vie solitaire, s'était borné à combattre ses passions et à élever son esprit vers le principe absolu sans propager ses idées, il aurait pu faire l'objet d'une étude psychologique, mais son apparition n'aurait été d'aucune valeur sociale. Elle n'aurait eu même qu'une valeur sociale minime si le petit nombre de ses disciples s'était dispersé et avait péri sans laisser de traces. Ce n'est que parce que la doctrine de Bouddha a été propagée par des réflexes consécutifs et s'est incorporée dans des millions d'autres individus, ce n'est que parce que ses paroles, en se condensant dans les consciences individuelles à travers toute une série de générations, se sont capitalisées sous forme d'énergies nerveuses plus intenses et plus élevées, que la doctrine de Bouddha est devenue une puissance sociale. Il en est de même de tout système philosophique, de la science et de l'art en général. En tant que ces puissances rehaussent l'action du système nerveux social et se capitalisent dans les éléments nerveux individuels, par la voie des réflexes, en tant qu'elles se matérialisent dans la substance sociale intercellulaire, en créant des utilités et des valeurs, elles peuvent être des facteurs soit de progrès, soit de regrès. Mais en se réalisant, ces puissances, ainsi que le facteur religieux, marquent toujours leur évolution progressive ou régressive, en conformité avec la triple loi que nous avons formulée, et, en s'incarnant comme matière ou énergie sociale, dans les sphères économique, juridique et politique.

Il en est de même de la civilisation en général. Le Japon

a remporté la victoire sur la Chine, grâce aux lumières et aux moyens que lui a prêtés la civilisation européenne. Electrisé par ces lumières, le système nerveux de la nation japonaise a acquis une énergie d'expansion qui a étonné le monde. Mais elle ne représentera qu'un feu de paille si l'incitation n'est qu'éphémère et si elle ne laisse pas de traces plus profondes dans les éléments nerveux dont est formée la société japonaise. L'influence civilisatrice de l'Europe, par contre, n'a même pas effleuré superficiellement le système nerveux de la nationalité chinoise. Son inertie l'a rendue incapable de réagir contre les mêmes réflexes qui ont si vivement impressionné son adversaire. Pour celui-ci, les idées européennes ont eu une valeur sociale parce qu'elles se sont réalisées en énergies nerveuses et matérialisées en utilités échangeables, ne fut-ce que sous la forme des moyens d'attaque et de défense. Ce n'est que de ce point de vue que les idées et les utilités, comme nous venons de le dire, peuvent faire l'objet de la Sociologie.

L'histoire des religions étudie l'évolution de l'idée religieuse par elle-même ; l'histoire de la philosophie, les systèmes philosophiques dans leur développement consécutif ; chaque science a son histoire ; il en est de même de la civilisation en général, considérée comme l'évolution des énergies psychiques de l'humanité à travers les siècles. La Sociologie s'appuie sur les résultats acquis par toutes ces disciplines, mais elle ne les considère qu'en tant qu'ils se sont manifestés comme des puissances sociales. Et comme telles elles n'ont jamais pu et ne pourront se manifester dans l'avenir que dans les sphères économique, juridique et politique, et en conformité avec la triple loi de progrès, de regrès et de capitalisation des énergies psychiques que nous avons énoncée.

La meilleure preuve de cette vérité, c'est la religion chrétienne qui nous la fournit. Dès qu'il est devenu une puissance sociale, le christianisme s'est constitué comme église. Et l'église chrétienne n'a-t-elle pas son économie, son droit et sa hiérarchie unificatrice à l'égal des associations laïques? Elle représente un corps réel qui manifeste simultanément les trois sphères inséparables de tout organisme social. Il en est de même de tout corps scientifique, tel qu'académie, université, et de tout institut d'art, tel qu'une académie de musique, des beaux-arts, etc. Même la propagation des idées, des livres, des objets d'art hors de toute organisation spécifique implique toujours, quoique fugitivement, un moment économique, une délimitation d'objets et de personnes, ainsi qu'un centre d'action. Ces moments représentent les embryons des sphères économique, juridique et politique des associations et des corps constitués. Ils n'en sont pas moins aussi réels que ceux-ci.

IV

Les lois sociales fondamentales, ainsi que la classification naturelle des phénomènes sociaux, une fois établies, tâchons de nous rendre compte des modulations principales qu'elles subissent dans leurs manifestations sous l'influence des facteurs physique et psychique et du milieu ambiant matériel et social.

Il faut remarquer, d'abord, que l'évolution, tant progressive que régressive, peut embrasser simultanément tous les facteurs de la formule, et alors elle est générale; ou bien elle n'a lieu que par rapport à un seul ou à une partie de ces facteurs, et alors elle est partielle. Ainsi les éléments matériels, économiques, juridiques et politiques, peuvent croître, tandis que le développement intellectuel et moral d'une société manifestera une marche rétrograde et *vice versa*. L'évolution d'une société peut, en outre, manifester un caractère mixte de progrès et de regrès. Cela a lieu chaque fois qu'un des coefficients de la formule se développe au détriment d'un autre, la sphère économique aux dépens des sphères juridique et politique et *vice versa*, la propriété, le droit et l'autorité au détriment les uns des autres ou de la liberté et *vice versa*. L'histoire, ainsi que les différentes communautés modernes, nous présentent des exemples nombreux de ces fluctuations de la marche progressive ou régressive de la société. Nous en avons cité plusieurs dans nos « Pensées sur la Science Sociale de l'Avenir » en indiquant, en même temps, les analogies avec les transformations correspondantes dans la nature organique.

Mais, abstraction faite de ces fluctuations, il est de première urgence de distinguer encore deux modes d'évolution dont l'alternance a joué un rôle important dans les destinées de la société humaine, et qui n'ont pas été assez pris, jusqu'à aujourd'hui, en considération ou ont été interprétés d'une manière fausse : c'est l'évolution extensive et l'évolution intensive.

Pour donner une idée juste de ces deux modes d'évolution, ayons recours à l'exemple suivant :

Deux familles, formées d'un nombre égal de personnes, s'expatrient pour s'établir ailleurs. L'une et l'autre parviennent à occuper des îles inhabitées, mais de dimensions différentes. En supposant toutes les autres conditions égales, il est clair que si la population, sur les deux îles, croît dans la même proportion, celle de l'île de la moindre dimension atteindra plus tôt les limites de la première période d'évolution extensive. Elle sera forcée, dans ce cas, de changer le mode de son évolution en lui imprimant un caractère intensif. Dans la sphère économique il en sera ainsi de l'agriculture, de l'industrie, du commerce et du crédit. Les intérêts individuels et publics se toucheront et se choqueront de plus près; les droits et les obligations réciproques devront être délimités avec plus de précision. Pour garantir l'exercice de ces droits et pour forcer les éléments récalcitrants à remplir leurs obligations, l'établissement de pouvoirs judiciaires plus puissants deviendra nécessaire. Pour la sécurité de la propriété et des personnes, une police mieux organisée et la force armée seront indispensables. La hiérarchie sociale se différenciera avec plus de netteté et d'une manière plus complexe, etc. Mais que cette même communauté découvre une île nouvelle ou s'empare, par la conquête, d'une île déjà connue, une partie de sa population exubérante pourra s'y écouler. Pour celle-ci s'ouvrira alors une nouvelle période d'évolution extensive en opposition avec l'évolution intensive de la mère-patrie et ainsi de suite. La population de l'île de dimensions plus grandes passera par les mêmes phases d'évolution consécutive, mais d'un pas plus lent et dans des périodes de temps plus reculées.

Ce double mouvement, alternativement extensif et intensif, a présidé à l'évolution de toute la nature organique. Les espèces végétales et animales se sont répandues dans le premier sens sans changer d'une manière prononcée, aussi longtemps que le même milieu ambiant physique leur donnait assez de nourriture et d'espace pour pouvoir se multiplier sans entraves; mais dès que l'une ou l'autre commençait à faire défaut, que la lutte pour l'existence devenait plus âpre, ce n'est que les organismes plus aptes à vivre dans les conditions nouvelles qui survivaient. Il en résultait une capitalisation plus intense des énergies vitales et une différenciation plus spécifiée de la structure pour les organismes individuels et, par hérédité, pour des espèces entières.

Les cellules dont est formé tout corps organique procèdent de la même manière dans leur évolution consécutive. Pendant la croissance du corps, c'est l'évolution extensive qui prédomine; après quoi survient une période d'évolution surtout intensive qui arrête la multiplication homogène des cellules et se manifeste par une condensation plus intense des énergies acquises. Pour les organismes de la nature, notre corps y compris, ces alternances sont limitées principalement à deux périodes : la jeunesse pour l'évolution extensive des cellules, et l'âge mûr pour leur évolution intensive. Ces deux périodes d'évolution se dessinent d'une manière très nette dans les différentes phases de développement de plusieurs espèces d'insectes. Aussi longtemps que l'insecte se trouve dans l'état de larve, il croît en dimensions sans que les parties de son corps se différencient notablement; mais dès qu'il se transforme en chrysalide, l'insecte entre dans la période de différenciation en perdant simultanément en poids et en dimension.

Pour la société dont l'évolution dans ses éléments anatomiques primaires est analogue, non à celle des individus comme représentant des différentes espèces végétales, mais à celle des cellules dont ils sont formés, ces périodes peuvent se succéder et alterner à plusieurs reprises.

Ce n'est qu'un schème que nous avons reproduit plus haut. L'évolution dans l'un ou l'autre sens ne se manifeste jamais d'une manière absolue et pure. C'est la prédominance de l'un ou de l'autre mode qui impose son cachet à l'évolution générale.

L'évolution extensive consiste principalement en une croissance en quantité, l'évolution intensive dans un perfectionnement en ce qui concerne la qualité. Ces deux facteurs sont d'une importance égale pour déterminer le progrès et le regrès d'une société. Un cerveau composé d'un million de cellules nerveuses fonctionnera d'une manière moins énergique qu'un cerveau composé de dix millions de cellules de même qualité, quoique la différence dans le fonctionnement ne soit peut-être pas toujours en proportion stricte de la différence quantitative du nombre des cellules. De même une nationalité qui compte dix millions d'individus sera toujours plus forte vis-à-vis d'une communauté qui n'est formée que d'un million d'individus doués de qualités physiques, intellectuelles et morales approximativement les mêmes. Il n'est pas indifférent qu'un État dispose d'un territoire dix fois moindre ou plus grand, même en supposant que, dans le présent, les richesses naturelles et produites soient de valeur échangeable égale. Un territoire plus étendu permettra à une population de s'épancher plus facilement dans l'espace, en quantité, ne fut-ce que dans l'avenir, tandis que, sur un territoire plus limité, elle sera forcée fatalement de diriger ses énergies vers une évolution intensive.

Une communauté ne progresse régulièrement que lorsqu'elle croît simultanément en quantité et en qualité. Elle régresse dans le cas contraire. Mais l'évolution qu'effectue une communauté peut aussi avoir sous ce rapport un caractère mixte. Une société peut progresser en quantité et dégénérer en qualité et *vice versa*. Alors il y aura progrès dans une direction et regrès dans l'autre. La Russie, l'Angleterre, l'Allemagne et surtout les Etats-Unis d'Amérique progressent simultanément dans ce double sens; la France est presque stationnaire en ce qui concerne la population; la plupart des pays musulmans manifestent une décroissance en quantité concurremment avec une dégénérescence en ce qui concerne la qualité.

Si l'on considère séparément le système nerveux social et la substance sociale intercellulaire, on se convaincra facilement que l'un et l'autre peuvent effectuer une évolution extensive ou intensive simultanément et séparément. Une population dont le niveau intellectuel et moral s'élève et qui croît en même temps en nombre, sans cependant s'enrichir, effectue une évolution extensive et intensive exclusivement en ce qui concerne le système nerveux social. Par contre, une communauté de chasseurs qui commence à s'adonner à l'élève des animaux domestiques, une population qui de l'état nomade passe à l'état sédentaire et au travail agricole, une population agricole qui devient industrielle, marquent leurs progrès par une croissance de la substance intercellulaire tant en qualité qu'en quantité. Sans nul doute, le système nerveux et la substance intercellulaire n'effectuent jamais leur évolution sans réagir l'un sur l'autre. Ce n'est, en conséquence, que du caractère prédominant des différentes périodes que, dans ce cas comme dans les autres, il peut être question. C'est aussi de ce point de vue qu'il faut considérer les cas mixtes lorsque l'un des facteurs, le système nerveux social ou la substance intercellulaire, progresse aux dépens de l'autre. Ainsi, en Irlande, la population croît incessamment aux dépens des richesses du pays; en France, au contraire, ce sont, sous beaucoup de rapports, les richesses qui croissent en valeur au détriment de la croissance de la population en quantité.

L'évolution extensive et intensive, progressive et rétrograde peut s'effectuer autant sous le rapport matériel que dans les sphères religieuse, intellectuelle, esthétique et éthique. L'Évangile, la doctrine de Bouddha, le Koran ont passé par des périodes consécutives d'expansion et de concentration intérieure. La civilisation grecque, après une longue période de recueillement intensif, a pris, après les conquêtes d'Alexandre le Grand, une expansion extraordinaire vers l'Orient, et après la conquête de la Grèce elle-même par Rome, vers l'Occident. L'Europe occidentale, pendant tout le Moyen-Age, s'est trouvée sous l'influence de réflexes indirects venus du dehors : la religion lui est venue des Juifs, le droit des Romains, l'art de la Grèce. Après un travail intérieur d'intensité qui a duré plusieurs siècles, la civilisation moderne s'épanche aujourd'hui sur le monde entier. Mais, dans un avenir plus ou moins prochain, cette période d'expansion sera forcément suivie d'une période d'évolution intensive et ainsi de suite jusqu'à la fin des siècles.

Enfin, toute évolution peut consister dans une accumulation d'énergies physiques ou psychiques latentes ou dans une manifestation d'énergies patentes. Dans un grain et un embryon, les énergies vitales, végétales et animales, se trouvent dans un état latent; un arbre et un animal développés les manifestent dans l'état patent.

Il en est de même de la société. Dans son système nerveux, représenté qu'il est dans ses éléments anatomiques par les individus, les énergies vitales peuvent s'accumuler pendant de longues périodes sans se produire au dehors. Il n'en résultera, alors, qu'une tension latente plus ou moins forte entre les différentes parties et l'organisme social dans son ensemble. Cette tension ayant atteint son apogée, il suffira souvent d'une impulsion insignifiante venue du dehors pour déclancher la digue qui a retenu les énergies dans un état d'équilibration intérieure. La nature organique nous présente des transmutations subites pareilles d'énergies latentes en actions patentes et en formations nouvelles dans l'éclosion des fleurs, dans la métamorphose des insectes, dans l'acte de fécondation en général. L'action qui résulte de pareils revirements dans la marche de l'évolution sociale est souvent si puissante et subite qu'elle paraît se soustraire à toute prévision et à toute détermination scientifique. La Grèce a repoussé l'invasion des Perses en convertissant toutes les énergies latentes, accumulées dans son sein pendant des siècles, en action patente. Jésus n'a pu paraître et sa doctrine n'a pu trouver d'écho qu'au sein d'une communauté déjà saturée d'énergies latentes religieuses qui n'attendaient qu'une seule étincelle pour s'épancher au dehors. Au Moyen-Age, les croisades nous présentent un autre exemple de transmutation d'énergies religieuses latentes en action patente. De pareils revirements dans l'évolution des peuples historiques sont ordinairement marqués par des crises et des ébranlements violents qui, souvent, épuisent définitivement la force vitale de la communauté au sein de laquelle ils se produisent. Le peuple juif, après avoir donné naissance au Christ, cessa bientôt d'exister comme corps politique. La Grèce, après avoir atteint l'apogée de son développement dans le domaine de l'art, perdit son indépendance.

Dans la nature organique, également, l'enfantement est souvent suivi de la mort de l'organisme maternel.

Les métamorphoses subites dans la nature organique,

ainsi que les grands revirements historiques, ne sauraient être déterminés au moyen de formules mathématiques; mais la science peut en expliquer les causes et en analyser les conséquences, et c'est à la Sociologie de rechercher les lois qui président à l'évolution des forces sociales autant dans sa marche normale et continue, que dans ses revirements subits et violents.

Ces revirements, quoique subits et quelquefois violents, ne font cependant l'objet de la Pathologie sociale que quand ils sont accompagnés de symptômes pathologiques. La fécondation, l'enfantement, le passage de l'enfance à la puberté, etc., sont accompagnés de crises et d'excitations excessives sans impliquer par eux-mêmes des cas pathologiques.

D'un autre côté, l'organisme normal, le corps le plus robuste peut être atteint de maladies souvent dangereuses. Mais les maladies que subissent les organismes normaux et bien équilibrés ont dans la plupart des cas un caractère aigu, tandis que les organismes individuels et sociaux qui dégénèrent ou vieillissent, sont plus enclins aux maladies chroniques. Ainsi, un accès de délire dont peut être saisi un homme ainsi qu'une communauté, dans la plénitude de leurs forces, n'est pas un symptôme de dégénérescence, mais la paralysie progressive en est un.

Comme la Pathologie Sociale n'a pas pour objet tous les revirements subits et violents, elle n'embrassera pas non plus tous les phénomènes de l'évolution régressive d'une société. La marche rétrograde d'une société est, sans doute, dans la plupart des cas, causée et suivie d'états pathologiques plus ou moins prononcés. Mais il existe aussi des modes d'évolution régressive exempts de symptômes pathologiques quelconques. Cela arrive chaque fois qu'une cellule, un tissu ou un organe entier s'atrophient, par suite d'une adaptation nouvelle, directe ou cumulative, physiologique, morphologique ou individuelle, aux nouvelles conditions du milieu ambiant physique, ou à une nouvelle coordination des éléments organiques intérieurs. C'est pour donner naissance ou concourir à la formation ou au développement d'autres cellules, tissus ou organes que le regrès et l'atrophie de ceux-là s'effectuent. Des parties notables d'un organisme peuvent donc dégénérer faute d'exercice ou par d'autres causes naturelles, non seulement sans causer un état pathologique, mais, tout au contraire, en concourant, par cela même, au progrès et à la perfection de l'organisme.

Ce sont les maladies sociales dans le sens de ce terme qui feront l'objet de l'étude actuelle sur la Pathologie Sociale. Guidés par la méthode d'induction, nous noustien drons strictement dans le cadre qui nous est prescrit par la Pathologie organique générale.

PREMIÈRE PARTIE

MALADIES DU CORPS SOCIAL

EN GÉNÉRAL

Beaugency. — Imp. Laffray.

CHAPITRE PREMIER

PRINCIPES GÉNÉRAUX

I

De tous les agrégats organiques, c'est la société humaine qui manifeste les connexion et coopération de forces les plus variées et les plus compliquées. La loi générale, d'après laquelle les organismes de la nature s'élèvent sur l'échelle hiérarchique des êtres à mesure de l'intégration toujours plus intense et de la différenciation toujours plus spécialisée des énergies vitales, désigne à la société le rang le plus élevé parmi tous les êtres organiques. C'est d'après cette même loi que les différentes communautés sociales elles-mêmes se rangent les unes vis-à-vis des autres dans un ordre hiérarchique selon le degré de leur développement et de leur perfection.

Toute association humaine, comme tout organisme de la nature, est formée par des êtres primaires, indivisibles comme unités organiques. Quant aux organismes du règne végétal et animal, la biologie appelle ces unités primaires, cellules. Les cellules de l'organisme social sont représentées par les individus des deux sexes qui, en s'associant, forment la famille, la tribu, la nationalité, les associations industrielles, les corporations, les classes, les corps politiques, enfin les états indépendants, représentés par leurs gouvernements.

Parmi les formations infiniment variées de cellules c'est le système nerveux, dont sont doués les animaux des espèces plus élevées, qui présente le plus d'intégration et de spécialisation d'énergies vitales dans ses parties et comme unité. La qualité spécifique qui caractérise tout système nerveux consiste dans une incitabilité qui progresse en proportion de la perfection de l'organisme et qui se propage d'un bout du système à l'autre au moyen de fils nerveux, en se concentrant chez les animaux des espèces plus élevées et chez l'homme dans un organe spécial, le cerveau. Le processus nerveux, par lequel les parties communiquent entre elles et avec l'organe central, est désigné par la science comme action réflexe. Les systèmes lymphatique, musculaire, osseux, par leur inertie et leur consistance relativement plus fortes, appartiennent à des catégories d'associations cellulaires inférieures quoique nécessaires à l'existence des organismes individuels. L'homme, comme individu, ne peut s'en passer non plus. Il en est autrement de la société humaine. Formée d'individus, qui par eux-mêmes présentent déjà des centres nerveux plus ou moins développés, la société humaine ne dispose que d'un système nerveux (1). Comme en outre les individus associés ne sont pas liés mécaniquement les uns aux autres ou attachés d'une manière irrévocable à des parties déterminées du corps

(1) Tome I, chap. XVI.

social, l'action réflexe sociale ne se propage pas par des chemins fixés d'avance : de directe, comme on peut la désigner pour le système nerveux individuel, elle se transforme dans la société humaine en réflexes indirects (1). C'est en se servant de différentes substances, fournies par le milieu ambiant, qu'au sein de la société l'action réflexe passe d'un individu à un autre, d'un groupe de cellules sociales à d'autres et aux organes centraux. Dans l'organisme individuel, quand un nerf sensible est excité par une impression, venue du dehors par l'intermédiaire du toucher, de l'œil, de l'oreille, de l'odorat ou du goût, il irrite un nerf moteur, qui à son tour par une action psychophysique en fait part au système musculaire, vasomoteur, lymphatique etc, au moyen de fils nerveux. Mais quand un membre de la société communique avec ses semblables, il se sert de la parole, de l'écriture, de la presse, des produits de l'art etc. L'action dans ce cas implique également un processus psychophysique aussi réel que celui qui se produit au sein de tout organisme individuel doué d'un système nerveux : psychique en proportion du contre-coup émotif, passionnel ou intellectuel, qu'une cellule sociale communique à d'autres; physique en proportion des moyens matériels qu'on y emploie et des transformations matérielles que les nerfs afférents ou sensitifs, efférents ou moteurs, ainsi que les organes centraux des cellules excitées subissent. L'innervation sociale, comme aussi l'innervation individuelle, ne peut jamais se produire comme un procédé exclusivement physique ou exclusivement psychique : les deux facteurs

---

(1) Chap. XVII.

y sont indissolublement liés comme dans l'action de l'âme et du corps (1).

Le principe primaire de tout mouvement, l'élément mécanique, ne manque pas non plus à l'agencement psychophysique du système nerveux social. Comme la matière nutritive, et spécialement le sang en sa qualité de véhicule par excellence des substances nutritives, circule dans les veines et les artères grâce au travail mécanique enfanté par les battements du cœur et le système entier des muscles vasomoteurs, de même les richesses, produites au sein de la société, sont, avant d'atteindre le consommateur, transportées mécaniquement au moyen des voies de communication et de tout un appareil d'instruments et de machines qui suppléent au travail musculaire de l'homme. C'est aussi grâce à ces moyens de transport que le consommateur lui-même peut de son côté se rapprocher des produits propres à satisfaire ses besoins. Dans la société primitive cette double locomotion exigeait, par l'absence de machines locomotrices perfectionnées, beaucoup plus d'efforts musculaires de la part du producteur ainsi que du consommateur. La civilisation n'a fait qu'alléger le travail mécanique de l'homme sous ce rapport, comme sous tous les autres, sans cependant pouvoir écarter la nécessité du mouvement mécanique lui-même.

Par suite de cette double locomotion, toujours plus libre, les contours mécaniques de l'organisme social deviennent plus variables et plus flottants à mesure de l'évolution progressive de la société, tandis que le phénomène contraire se produit par rapport aux organismes de la nature. Ce sont les espèces

---

(1) Tome III, chap. IV-X.

plus élevées de la nature organique qui présentent des formes plus nettes et plus symétriques : les animaux préférablement aux plantes et les vertébrés préférablement aux mollusques. Mais la variabilité des formes et des contours extérieurs de la société, loin de marquer son infériorité vis-à-vis des organismes de la nature, témoigne tout au contraire de sa plus grande perfection. En proportion de l'élévation de la culture humaine c'est le facteur psychique qui dans l'agencement social croît sans cesse au détriment du facteur physique en le dominant de plus en plus ; c'est la liberté qui s'élargit dans toutes les sphères sociales, et avant tout dans la sphère des relations matérielles, en rompant et écartant les entraves purement physiques. L'intégration et la différenciation des forces en proportion de leur supériorité, ne sauraient en conséquence être évaluées par des qualités accidentelles, telles que les formes et les contours extérieurs, mais dépend des qualités essentielles, telles que la prédominance toujours croissante du facteur psychique sur les éléments matériels. Peut-on affirmer qu'un corps dur soit, grâce à ses contours invariables, plus parfait qu'un corps liquide ou gazeux ? Non, parce que l'immobilité des contours, la persistance des formes extérieures n'impliquent que des qualités accidentelles, qui ne décident en rien du degré de développement. Vouloir, en se fondant sur ces qualités accidentelles, refuser à l'organisme social les qualités essentielles d'un corps, c'est refuser les mêmes qualités aux corps liquides et gazeux. Mais il y a des esprits qui refusent au système nerveux social les qualités essentielles même d'un *système* réel par la raison que les individus, faisant partie de ce système, peuvent s'en détacher à volonté. Cette volonté cependant n'est que relative, et jamais absolument libre. Refuser les qualités essentielles d'un système à l'organisme social en se basant sur la facilité plus grande pour les individus de quitter la sphère sociale à laquelle ils appartiennent, c'est les refuser à la réunion des corps qui gravitent autour du soleil par la raison qu'il existe des corps errants, comme les comètes, qui en peuvent sortir et y rentrer librement sans être arrêtés dans leur cours.

Les contours fermes et arrêtés des organismes individuels ne constituant qu'une qualité accidentelle de la vie organique, la société humaine, qui manifeste, dans un degré supérieur à tous les êtres de la nature, les qualités essentielles de supériorité organique, savoir la prédominance du facteur psychique sur le principe physique, constitue, par cela même, l'organisme réel en même temps qu'idéal par excellence vis-à-vis duquel les organismes individuels ne présentent que des ébauches embryonnaires et imparfaites.

Le facteur primaire qui constitue toute association humaine, en commençant par la famille et en s'élevant jusqu'à l'état et l'humanité entière, c'est le système nerveux, source de toute action sociale. Mais la société dispose encore d'un facteur secondaire, qui correspond à la substance intercellulaire des organismes individuels dans l'acception la plus large de ce terme; ce sont les richesses produites, échangées et consommées (1). Le procédé de la production, de l'échange et de la consommation des richesses dans la société, en impliquant une action du système nerveux social sur le milieu ambiant, ne peut être par cela même qu'un procédé simultanément psychique et physique. Il en est de même de l'action physiologique des organismes individuels, doués d'un système nerveux. Ce sont les

(1) Tome II, chap. IV-VI.

nerfs vasomoteurs ou trophiques appartenant au grand sympathique, qui en agissant sur les vaisseaux président à la nutrition des tissus dont est formé l'organisme individuel. Il a été prouvé que les cellules, qui tapissent les tissus intérieurs de l'estomac, ont la faculté de choisir celles des substances nutritives qui leur conviennent. Les globules blancs et rouges du sang sont portés vers les tissus et les organes lésés ou malades en quantité et en qualité nécessaires pour y rétablir l'état normal. Il en résulte que non seulement l'individu comme unité organique est doué de volonté, mais qu'il en est de même de chacune de ses parties et que c'est la somme de l'action des volontés cellulaires qui donne naissance à la volonté commune. Cette vérité, acquise par la biologie, est confirmée par l'action des forces psychophysiques au sein de la société, dont l'unité est encore plus manifestement le résultat de la somme des volontés individuelles, représentées par les cellules humaines. C'est par l'agencement de ces volontés individuelles, dirigées par une volonté commune à toutes, que les richesses sont produites, échangées et consommées au sein de la société, de même que c'est par l'action des cellules, en leur qualité d'élément primaire de la vie organique, qu'est acquise, digérée, transformée et adaptée aux besoins de chaque partie de l'organisme individuel la substance intercellulaire. La différence n'est pas essentielle et n'implique qu'une prédominance plus décisive de l'élément psychique sur le facteur physique par rapport à la substance intercellulaire sociale.

Et comme il n'existe pas de corps inorganique sans action mécanique et chimique, sans forme et sans unité, comme il n'y a pas d'organisme sans action physiologique, sans délimitation morphologique et sans unification des procès organiques, de même toute association humaine manifeste nécessairement et simultanément trois sphères de vie sociale, indissolublement liées entre elles, immanentes les unes aux autres : les sphères économique, juridique et politique. Entre celles-ci et les côtés correspondants de la manifestation des forces organiques de la nature, l'analogie est réelle et essentielle. La concevoir d'une manière abstraite ou figurative équivaudrait à nier la réalité même de l'existence d'un organisme social. L'identité des lois qui régissent l'évolution des forces sociales avec celles qui président au développement des forces de toute la nature organique, confirme d'une manière péremptoire la vérité fondamentale de tout notre système, à savoir que la société humaine constitue un organisme réel et que la loi générale qui la régit consiste dans une intégration toujours plus intense des énergies-forces marchant de pair avec une différenciation toujours plus spécialisée (1).

Mais en admettant même l'existence d'une analogie réelle entre les trois sphères correspondantes, par lesquelles se manifeste l'action des forces sociales et organiques, on pourra cependant remarquer que l'individu est doué d'intelligence et de facultés morales, qu'il dispose d'organes spéciaux : de l'œil pour la vue, de l'oreille pour l'ouïe, du nez pour l'odorat, du palais pour le goût, de la peau pour le toucher. Qu'y a-t-il, demandera-t-on, dans l'organisme social, qui corresponde à ces facultés et à ces organes du corps humain? Nous répondons : ce sont les énergies spécifiques du système nerveux social dans ses parties et dans

(1) Tome I, chap. IX.

sa totalité qui y répondent, non seulement dans un sens figuratif, mais réellement. Ces énergies manifestent leur action chacune par des réflexes d'un ordre spécial, et se matérialisent au dehors, dans l'espace et le temps, chacune par une projection qui lui est propre. Cette projection psychophysique se fixe dans la substance intercellulaire en s'en servant comme intermédiaire pour des réflexes, dont chacun répond aux organes spécifiques du corps humain. L'intelligence se sert de la parole et de l'écriture ; la musique, les arts plastiques, la cosmétique, l'art culinaire, transforment de leur côté le milieu ambiant, représenté par la substance intercellulaire sociale, de manière à satisfaire les besoins qui répondent aux énergies spécifiques individuelles et sociales. Quant au toucher, par lequel l'homme reçoit la connaissance de l'espace, c'est par les moyens de locomotion, par les instruments et les machines que l'homme projette en société les énergies spécifiques qui y répondent, tout instrument et toute machine servant à alléger le travail mécanique de l'homme. — Les énergies spécifiques du système nerveux individuel communiquent avec le milieu ambiant par des organes spéciaux attachés à l'organisme même. Les énergies spécifiques du système nerveux social se projettent hors d'elles en usant dans le même but de la substance intercellulaire sociale. La parole, l'écriture, les arts, l'industrie, constituent les moyens à l'aide desquels le système nerveux social reçoit les impressions du dehors et manifeste ses énergies spécifiques. Par leur nature et leur essence, elles sont les mêmes pour l'individu et pour la société.

Les organes du corps humain, remarquera-t-on, sont formés non seulement d'une substance intercellulaire spécialisée, mais encore de cellules douées d'énergies spécifiques qui constituent la source même de leur activité. — Il en est de même de l'organisme social. Une académie des sciences et des belles-lettres n'est-elle pas formée d'individus dont les énergies spécifiques associés en une corporation constituent l'organe social qui correspond aux facultés intellectuelles de l'individu, et cet organe ne dispose-t-il pas en outre d'une substance intercellulaire : les bibliothèques, les instruments scientifiques, etc., adaptés à satisfaire les besoins intellectuels de la société? Il en est de même d'une académie de musique et de l'opéra, organes sociaux qui correspondent à l'organe de l'ouïe du corps humain. Il en est de même des instituts de peinture et des arts plastiques qui correspondent à l'organe de la vue, etc. C'est grâce à ce même principe de spécialisation des énergies psycho-physiques que le gouvernement d'un pays représente la conscience et la volonté communes de la population et correspond à la partie du cerveau dans laquelle se concentrent la conscience et la volonté individuelles. Les organes spécialisés sociaux sont, en comparaison des organes correspondants du corps humain, plus mobiles et plus variables dans leurs contours extérieurs et quant à leur consistance mécanique par suite de la liberté et de l'indépendance plus grande des différentes parties du système nerveux social, mais leur essence est la même : ils servent d'expression et d'intermédiaire pour les énergies spécifiques des individus et de la société.

La capitalisation même des énergies se produit au sein du système nerveux social d'après les mêmes lois que l'accumulation des énergies-forces dans le corps humain. — Par une action réflexe ininterrompue depuis les temps primitifs, les éléments nerveux sociaux ont été formés et développés par couches successives au moyen de la langue et de l'écriture, par l'exemple et l'enseignement, par la science, l'art et la religion. Chaque génération a déposé son contingent nerveux qui, en se condensant sous la pression et l'influence de nouvelles couches, forme le capital intellectuel et moral que l'humanité actuelle a hérité de ses ancêtres. Les éléments nerveux, porteurs de l'intelligence et des facultés morales de l'homme, présentent ainsi une stratification consécutive d'énergies latentes en analogie avec celles de l'embryon animal; et comme celui-ci en se développant passe par toutes les phases consécutives du développement de ses ancêtres, de même tout homme, depuis son enfance jusqu'à son âge mûr, parcourt dans des espaces de temps minimes, réellement et non pas seulement dans un sens figuratif, toute l'histoire de l'humanité. L'enfant, en ce qui concerne les éléments nerveux, porteurs de son intelligence et de ses facultés morales, c'est l'homme primitif. L'adolescent, c'est l'humanité ayant déjà atteint l'âge héroïque et mythologique. Les générations futures, par de nouveaux éléments nerveux, se condensant toujours sous le poids et l'influence de nouvelles stratifications, atteindront les mêmes périodes de développement plus tôt que nous ne le faisons à l'heure actuelle. La série des couches nerveuses augmentant à chaque génération, la jeunesse, après des milliers d'années, passera peut-être à l'âge de dix ans par les phases que nous avons traversées à vingt ans, à vingt ans par les phases que nous traversons à quarante, et ainsi de suite jusqu'à la fin des siècles; et la raison en est que chaque génération suivante doit nécessairement dans le même laps de temps parcourir un plus grand nombre de phases que la génération précédente. Ces formations nerveuses subissent dans le cours de leur développement des interruptions, des dégénérescences, des déplacements et des ruptures. Elles se transforment et se spécialisent, comme c'est le cas pour toutes les stratifications géologiques et organiques; mais la loi générale qui préside à la capitalisation et à la condensation des énergies nerveuses au sein de la société humaine n'en reste pas moins la loi génésique de l'histoire humaine, la loi primaire de l'évolution progressive du genre humain (1). Par l'adaptation au milieu physique et social, par la lutte pour l'existence, la sélection et la ségrégation, cette loi est modifiée en analogie avec les procès physiologique, morphologique et unitaire qui président au développement des cellules au sein de l'organisme individuel, sans par cela-même perdre son caractère de nécessité et d'universalité.

La substance intercellulaire sociale peut également être capitalisée. Comme dans la nature toute accumulation d'énergies est un résultat de l'action de forces concentrées et non dépensées, de même toute capitalisation de richesses, sous quelque forme que ce soit, implique toujours en dernier lieu une condensation de travail humain, une production de richesses épargnées et non consommées immédiatement. Par leur caractère secondaire, les lois de la capitalisation de la substance intercellulaire sociale ne présentent que les reflets des lois primaires de la capitalisation des énergies du système nerveux social. Le capital fixe et circulant, l'offre et la demande, la valeur et l'utilité des produits échangés et consommés, l'argent et le crédit, la spéculation et la concurrence, toutes les transformations enfin que subit la substance intercellulaire sociale ne présentent que la projection des procès psychophysiques aux-

(1) Tome I, chap. XXII; tome II, chap. IX et suiv.

quels est sujet le système nerveux social (1). Les instruments et les machines mêmes employées à la production, à commencer par le levier et en finissant par la machine à vapeur la plus compliquée, ne sont que des projections des différentes parties et des moyens d'action de notre organisme physique. C'est faute d'avoir conçu cette vérité, c'est pour avoir considéré les lois qui règlent la production, la distribution et la consommation des richesses comme des lois indépendantes et nécessaires par elles-mêmes que l'économie politique a construit un édifice auquel le fondement naturel des lois de la nature fait défaut.

II

L'organisme social manifestant de tous les êtres vivants la connexion de forces la plus compliquée et la plus parfaite, les parties et le tout y agissant avec le plus d'indépendance, il s'ensuit nécessairement qu'il doit être exposé à des déviations plus fréquentes et plus variées de l'état normal et de la loi d'évolution progressive (2). Ces déviations impliquent toujours un état pathologique pour la société qui les subit et donnent naissance à toute une série d'anomalies qui portent le caractère de maladies sociales dans l'acception stricte de ces termes. Cependant cette branche spéciale de

(1) Tome IV, chap. I-VI.
(2) Tome I, chap. XV; tome III, chap. XII; tome IV, chap. VII.

la sociologie, malgré son importance, n'a pu encore se former par la raison que la société humaine n'a pas été appréciée jusqu'à ce jour comme organisme dans le sens réel de ce mot. Comme en conséquence les lois naturelles de l'évolution sociale n'ont pu être découvertes, de même les déviations de ces lois n'ont pu faire l'objet d'une branche spéciale de la science sociologique. La Pathologie sociale, de même que la sociologie positive en général, ne saurait faire un pas sans rechercher, à l'aide de la méthode inductive, des analogies parmi les phénomènes biologiques des organismes de la nature. Ce n'est que par ces analogies que peut être éclairé le dédale inextricable de l'agencement des forces sociales surtout en ce qui concerne leur déviation de l'état normal. Or, la recherche de toute analogie exige la présence d'au moins deux membres d'une proportion. Ce n'est que par la conception de la société humaine comme un organisme réel que le second membre de la proportion, nécessaire pour l'application de la méthode inductive à la sociologie, peut être établi.

La Pathologie sociale, en étudiant les anomalies psychophysiques que manifestent les énergies vitales au sein de la société humaine, en analogie avec les maladies que subissent les organismes de la nature et spécialement le système nerveux des animaux et de l'homme, ne manquera pas de son côté d'éclairer sur beaucoup de points les domaines de la biologie, de la psychiatrie et de la psychologie positive. C'est que la cellule, qui est la source de toute vie et de toute maladie organique, se présente pour ainsi dire à nu dans l'organisme social, représentée qu'elle est par l'individu humain, tandis que l'action isolée des cellules dans les organismes individuels se cache et se dérobe à l'observation. Si grâce aux analogies, tirées de l'action des nerfs sensitifs sur les nerfs moteurs et de la réaction des centres nerveux sur ceux-ci, a pu être expliqué l'agencement des forces sociales, nous croyons que la psychiatrie à son tour pourra expliquer beaucoup de perturbations, qui prennent naissance dans le système nerveux individuel, par les analogies tirées de la Pathologie sociale.

Mais la Pathologie sociale a une plus grande importance encore pour les sciences historiques. L'histoire humaine ne présente qu'une série de guerres et de crises extérieures et intérieures, économiques, juridiques et politiques, auxquelles les différentes associations humaines ont été en proie dès le commencement jusqu'à nos jours. C'est donc l'état pathologique qui a été dominant pendant l'évolution historique de l'humanité à travers les siècles. La Pathologie sociale, en découvrant les lois naturelles qui président au développement de toutes les anomalies sociales, explique par là même toute l'histoire humaine. Mais pour que la Pathologie sociale puisse devenir réellement la science auxiliaire, par excellence, de l'histoire, il faut que celle-ci dirige ses études vers l'élément primaire de toute association humaine, le système nerveux social. Jusqu'aujourd'hui l'histoire a étudié de préférence les faits et gestes historiques isolés ou seulement dans leurs rapports extérieurs et accidentels. Elle s'est en outre occupée principalement des mouvements de la littérature, de l'architecture, de l'art en général, c'est-à-dire de la substance sociale intercellulaire, qui nous a été léguée par les générations précédentes. Mais cette substance n'a été que le reflet et la projection des systèmes nerveux de communautés dont la plupart n'existent plus, mais qui dans le passé ont vécu d'une vie réelle, ont été dirigées par une volonté et une conscience communes. Il s'agit donc pour l'histoire de reconstruire ces organismes d'après les monuments et les documents qui nous sont parvenus, comme le font le géologue et le zoologue en construisant un animal antédiluvien d'après les restes d'un os, d'une aile ou d'une empreinte. Ce n'est qu'à cette condition que l'histoire pourra devenir réellement la science sociale du passé de l'humanité et expliquer la vie humaine pendant le cours de son évolution historique.

Les lois naturelles de cette évolution, c'est à la Sociologie générale de les découvrir et de les constater, et la Pathologie sociale peut lui rendre des services inestimables sous ce rapport comme sous beaucoup d'autres. La plus grande partie des lois biologiques et psychophysiques n'a été découverte en ces derniers temps que grâce à l'observation d'anomalies que présentaient des individus du règne végétal et animal et l'homme lui-même dans des cas exceptionnels. C'est ainsi que la loi d'hérédité a été définitivement prouvée et confirmée par la transmission à la postérité des difformités physiques et des anomalies intellectuelles et morales. La psychologie positive et la psychiatrie n'ont pu éclairer plusieurs côtés obscurs dans l'action du système nerveux que grâce aux observations faites sur les hystériques et à l'aide de l'hypnotisme. On ne saurait douter que la Pathologie sociale ne fournisse de son côté à la Sociologie générale une riche moisson de faits et de données qui pourraient contribuer à la découverte des lois naturelles qui régissent la société humaine dans son état normal et à la solution de problèmes sociologiques non encore résolus.

Pour que la Pathologie sociale soit à même de remplir le rôle important qui lui est dévolu, il faut qu'elle se tienne strictement dans les limites qui lui sont désignées par sa nature même. Elle ne peut avoir pour objet que les maladies sociales dans la conception propre de ce terme. La source première de toute socialisation humaine, — les cas de contact mécanique entre individus et d'action physiologique immédiate entre les représentants des deux sexes exceptés, — c'est l'action réflexe du système nerveux social dans ses parties et dans son unité. Tout ce qui se produit hors de cette action psychophysique n'est plus du domaine de la sociologie. L'organisme physique de l'homme fait l'objet de la biologie et de la médecine; l'homme dans sa qualité de représentant d'une race et d'une espèce à part fait l'objet de l'anthropologie et de l'ethnographie; ses facultés intellectuelles et morales sont étudiées par tout un cycle de sciences spéciales. Toutes elles livrent les matériaux et les faits nécessaires à la sociologie; mais ce n'est qu'en tant qu'ils concernent l'action psychophysique du système nerveux social qu'ils entrent dans le domaine de la sociologie et spécialement dans celui de la Pathologie sociale. Des cas sporadiques de maladie et de mort impliquent des malheurs individuels; mais la mort de Socrate, d'Alexandre-le-Grand, de Jésus-Christ, de Charlemagne, de Pierre-le-Grand, de Napoléon est du domaine de la sociologie, par la perturbation que la disparition de ces personnalités de la scène du monde a causée dans le système nerveux de certaines nationalités, de l'humanité entière. Une épidémie qui décime la population d'un pays est du domaine de la médecine et de l'hygiène, et la sociologie doit en noter les résultats; le malheur public occasionné par une épidémie ne concerne celle-ci qu'en tant que le système nerveux social d'un tel pays manifestera un affaiblissement d'action, une dégénérescence d'énergies vitales. Les richesses d'un pays peuvent être détruites par un cataclysme géologique; celui-ci en sa qualité de phénomène de la nature devra être étudié par la géologie. Mais en tant que le système nerveux social d'une population appauvrie peut plus facilement tomber dans un état d'affaiblissement et de maladie, la destruction du capital national, causé par un tremblement de terre, l'éruption d'un volcan, un ouragan, une sécheresse, etc., sera l'objet des études de la Pathologie sociale. Ce n'est qu'en se bornant à ces limites que la Sociologie et la Pathologie sociale éviteront le reproche qu'on leur pourrait faire, d'envahir des domaines déjà occupés par d'autres sciences, le reproche qu'elles se contentent de glaner dans des champs labourés et ensemencés par d'autres!

M. René Worms, par ses articles sur la Sociologie publiés dans la *Revue internationale de Sociologie*, a parfaitement déterminé l'objet et les limites que la nature même de cette science lui désigne.

Forts de cette limitation, nous allons étudier les maladies auxquelles sont sujettes les associations humaines. En commençant par le système nerveux social, comme source de toute activité normale et anormale de la société, nous passerons à la substance intercellulaire sociale et à leur agencement réciproque. Nous finirons cette étude par des considérations sur les maladies sociales qui touchent spécialement les sphères économique, juridique et politique, sphères indissolublement unies et immanentes les unes aux autres, comme les côtés physiologique, morphologique et unitaire des organismes de la nature, mais qui n'en présentent pas moins des phénomènes spéciaux à l'étude de la Pathologie sociale.

III

Par les dernières découvertes faites dans le domaine de la médecine, il a été suffisamment prouvé que tout état pathologique du corps humain découle d'une dégénérescence ou d'une action anormale de la simple cellule, comme l'unité anatomique élémentaire dont est construit tout organisme. La Pathologie cellulaire constitue une des conquêtes les plus éclatantes de la science moderne. D'après Virchow, il n'y a pas de différence essentielle et absolue entre l'état normal et l'état pathologique d'un organisme. La déviation de l'état normal ne consiste, d'après Virchow, qu'en ce qu'une cellule ou un groupe de cellules manifestent une action hors du temps nécessaire, hors du lieu nécessaire ou hors des limites d'excitation prescrites par l'état normal. L'état pathologique d'un organisme implique donc toujours soit une aberration par rapport au temps, soit une aberration par rapport au lieu, soit une aberration par rapport à l'énergie d'action de la simple cellule. Ainsi une hétérologie est, d'après Virchow, toujours soit une hétérochronie, soit une hétérotopie, soit enfin une hétérométrie. Les tissus lymphatiques qui se produisent au cerveau y naissent par suite d'une hétéropie ; une enflure des tissus lymphatiques au nombril d'un homme âgé constitue une hétérochronie; la *mola hydatidosa* présente une formation excessive de tissus lymphatiques de la choroïdite et implique en conséquence une hétérométrie.

Tant que la cellule ne dépasse pas certaines limites d'aberration, elle peut être réduite de nouveau à l'état normal, elle peut guérir; mais les limites extrêmes une fois passées, elle dégénère et se désorganise, elle meurt. Cependant la mort d'une simple cellule et même d'une association de cellules n'implique pas nécessairement la désorganisation ou la mort du corps entier. Les cellules dégénérées ou mortes peuvent être remplacées par d'autres nouvellement nées ou régénérées et alors l'organisme, loin de faiblir ou de tomber dans un état pathologique, acquiert tout au contraire de nouvelles énergies vitales. Un tel processus de régénération et d'accumulation de nouvelles énergies est commun à tous les organismes et constitue le principe même de l'évolution progressive et de la vie organique. La vie, comme le phœnix, s'élève régénérée des flancs de la mort. La puissance de régénération dont dispose la vie organique se fait remarquer surtout dans les espèces inférieures du règne animal. Les mollusques et les crabes ont la faculté de rétablir des organes et des membres entiers détachés de leur corps. La cicatrisation des blessures, la rejonction, par un procédé de croissance naturelle, des os brisés, constituent des phénomènes qui correspondent dans les organismes plus élevés à cette faculté de régénération naturelle.

Comme le principe de toute anomalie gît dans l'action anormale de la simple cellule, de même toutes les maladies nerveuses commencent par une aberration quant au temps, au lieu ou à l'énergie de la simple cellule nerveuse. Les limites extrêmes des conditions vitales dépassées, la cellule nerveuse se désorganise, dégénère et meurt, et, si elle n'est pas remplacée par d'autres, son état anormal peut se communiquer à des groupes entiers de cellules voisines et même retentir dans le système nerveux entier. La folie sous toutes ses formes, telles que la démence tranquille ou furieuse, la monomanie intellectuelle ou morale, toutes les maladies hystériques sont des états qui découlent de la dégénérescence soit des cellules grises de l'écorce cérébrale, soit des cellules des nerfs sensibles ou moteurs, soit des nerfs vasomoteurs ou du grand sympathique. Les facultés intellectuelles et morales n'étant que des modalités d'action des cellules cérébrales, la conscience et le libre-arbitre ne sont à leur tour que la résultante de cette action. Il s'ensuit nécessairement que les perturbations auxquels sont sujets l'intelligence et le libre-arbitre de l'homme, ne peuvent marcher que parallèlement à la désorganisation des cellules nerveuses qui constituent leur substratum matériel. Nous avons prouvé, dans le cinquième volume de nos *Pensées sur la science sociale de l'avenir*, que la constatation de ce parallélisme entre le corps et l'âme humaine ne se trouve en aucun point en contradiction ni avec les principes de la morale, ni avec la foi en une vie future, ni même avec les dogmes de la théologie chrétienne. Ce n'est que le point de départ de la science positive pour expliquer la connexion causale des phénomènes qui est opposé au point de départ de la morale et de la religion. La science n'étudie et ne peut expliquer que la relation des phénomènes qui se présentent sous la forme soit de matière, soit de force; leur essence lui échappe et ne peut être que l'objet de la foi.

Ainsi, en ne touchant pas au domaine de la foi et de la philosophie idéaliste, en le laissant ouvert à ceux qui y veulent chercher la satisfaction de leurs besoins métaphysiques, nous croyons devoir cependant constater ici que la parfaite analogie que présente la formation de la conscience et de la volonté sociales avec la formation de la conscience et du libre-arbitre individuels fait tomber l'argument principal dont se servent les adversaires de la conception de la société humaine comme un organisme réel. La conscience et le libre-arbitre, minimes chez l'embryon, faiblement développés chez l'enfant, ne se manifestent dans leur plénitude qu'à l'âge mûr de l'homme, quand l'action et la coopération des éléments cellulaires de son système nerveux atteignent leur périhélie de développement. Il en a été de même de l'humanité. Les temps primitifs se sont effacés de sa mémoire, comme les impressions des premières années chez l'individu. La conscience et le libre-arbitre individuels constituent en outre des phénomènes intermittents, et sujets dans certains cas pathologiques à disparaître tout-à-fait. Par le sommeil et durant certains accès hystériques, la conscience et le libre-arbitre de l'homme sont interrompus temporairement; dans certains cas de folie, ils peuvent s'éclipser définitivement. Il en est de même de la société humaine. La conscience et la volonté publiques faiblissent, sommeillent de temps en temps pour se réveiller de nouveau sous l'impression d'événements extraordinaires venant du dehors, ou de crises intérieures. Une société dont la conscience et la volonté commune se sont obscurcies définitivement, est une société en pleine désorganisation. C'est un état pathologique inguérissable ; c'est la mort.

Les principes de la Pathologie cellulaire trouvent ainsi leur confirmation et leur explication la plus positive dans les déviations de l'état normal auxquelles est soumise la société humaine. Comme toute maladie individuelle découle d'un état pathologique de la cellule, de même toute maladie sociale a sa source dans une dégénérescence ou une action anormale de l'individu qui constitue l'unité anatomique élémentaire de l'organisme social. De même une société, attaquée de maladie, ne présente pas un état essentiellement différent de celui d'une société normale. L'état pathologique ne consiste qu'en ce que l'individu ou un groupe d'individus manifestent une activité intempestive, déplacée ou témoignant d'une surexcitation ou d'un manque d'énergie. Un pays qui dégénère économiquement, dont les éléments de droit sont ébranlés, qui est déchiré par des partis politiques, ne présente rien d'absolument différent d'un pays dont la marche de développement est normale et progressive. Ce n'est qu'après avoir dépassé les limites extrêmes des conditions nécessaires pour la vie sociale qu'un pays dépérit définitivement, que sa maladie devient inguérissable. Mais ces limites pour l'organisme social, grâce à l'élasticité du système nercux social, sont par leur nature beaucoup plus larges que celles assignées aux simples cellules organiques. Une nation ne meurt pas aussi facilement qu'un individu. C'est que dans l'organisme social l'individu anormal peut plus facilement, grâce à la liberté plus grande de mouvement, être remplacé par un élément sain. La société, pour y parvenir, a recours même à la violence. Quand un individu abuse de sa liberté d'action, la société, pour s'en débarrasser pour un temps ou pour toujours, a recours à une réclusion temporaire ou à la peine de mort. La cellule malade au sein d'un organisme individuel, dans la plupart des cas, n'en peut pas être éloignée; elle dégénère et meurt à la place qui lui a été pour toujours désignée et sa mort même, par suite de sécrétions nuisibles, peut causer de nouvelles maladies. Au sein de l'organisme social le même phénomène peut se produire, mais ici la propagation du mal est de nature psychophysique et peut être combattue par des moyens de même nature. Ce n'est que lorsque des générations entières deviennent la proie d'une dégénérescence progressive qu'une maladie sociale peut être déclarée inguérissable.

Cependant, sans atteindre les limites extrêmes de désorganisation et de dégénérescence, les associations humaines, comme aussi les organismes de la nature, peuvent, par suite d'influences morbides extérieures ou intérieures, acquérir des dispositions pathologiques qui les rendent accessibles à certaines maladies préférablement à d'autres. Ces dispositions à l'état latent sont désignées par la médecine comme diathèses. Ainsi un individu peut être atteint d'une diathèse cancéreuse, tuberculeuse, goutteuse et dans cet état il succombe plus facilement qu'un individu bien portant à toute maladie aiguë, surtout à celles qui se rapprochent, par leur caractère, de la diathèse dont il est atteint. Une bronchite légère peut, pour un organisme atteint de la diathèse tuberculeuse, avoir des suites mortelles. Les diathèses sociales portent toujours un caractère psychophysique, le système nerveux social étant la source de toute action sociale autant dans l'état sain que dans les états pathologiques. La société musulmane est atteinte de la diathèse religieuse, puisque toutes les crises, même économiques et politiques, y éveillent, aujourd'hui encore, le fanatisme religieux. Plusieurs nationalités européennes souffrent, de nos jours, de la diathèse guerrière. Le penchant prononcé et constant de la race sémitique pour l'industrie et le commerce doit être considéré comme le synonyme d'une diathèse économique. Tant que la spécialisation des facultés intellectuelles et morales de certaines races, nationalités ou classes, ne dépasse pas les limites normales, elle ne fait que coopérer à la marche progressive de l'humanité, la division du travail étant une des conditions de progrès organique en général. Ce n'est que par ses anomalies que cette spécialisation se transforme en diathèses qui peuvent devenir la source d'une dégénérescence du système nerveux social qui en est atteint.

Une des causes essentielles de la plus grande longévité des associations nationales et historiques, consiste en ce qu'elles sont basées sur la connexité et l'alternance des générations qui se suivent en cédant la place à des éléments nouveaux et frais, en se rajeunissant pour ainsi dire sans cesse. C'est une qualité qui distingue le système nerveux social du système nerveux individuel, en marquant en même temps sa plus grande perfection, qualité que l'on peut désigner comme sa plus grande élasticité.

Le mouvement réflexe au sein du système nerveux individuel se propage dans un ordre hiérarchique déterminé. Une irritation modérée de la peau n'excite, en se propageant, que le groupe musculaire dont les racines motrices se trouvent à la même hauteur et sur le même côté que les filets nerveux sensibles qui viennent d'être irrités. A mesure de l'augmentation de l'irritation de la peau, l'excitation des nerfs moteurs passe d'abord à l'autre côté de l'organisme, ensuite à des nerfs et des muscles toujours plus éloignés du centre de l'excitation, jusqu'à embrasser toute la musculature et le système nerveux entier.

Il n'en est pas tout à fait de même du système nerveux social. Ici les cellules et les groupes de cellules sont plus mobiles et tout à fait indépendants des liens mécaniques. L'action réciproque des cellules se produit, non directement par l'intermédiaire des filets nerveux, mais plus librement au moyen de la substance intercellulaire qui, dans ce cas, sert de matière à des réflexes indirects. En lisant un livre, publié à Paris, je puis être excité à une action quelconque à Saint-Pétersbourg ou à la publication d'un autre ouvrage à Londres, et ce réflexe psychophysique, dont le livre est le porteur, peut m'atteindre par les moyens les plus variés de l'échange et des voies de communication, peut m'impressionner de différentes manières et éveiller en moi des pensées et des sentiments distincts, même opposés. Il s'ensuit toute une série de phénomènes qui implique une plus grande élasticité du système nerveux social vis-à-vis de celui de l'organisme animal, sans cependant qu'il en résulte une distinction absolue dans la manière d'agir de l'un et de l'autre (1).

Nous venons de décrire la hiérarchie des différents ordres de groupes nerveux et musculaires, par laquelle les excitations se répandent au sein du système nerveux animal en proportion directe de l'énergie même de l'excitation. Mais les limites de la propagation des excitations nerveuses, ainsi que leur célérité, ne dépendent pas toujours du degré de l'irritation. Une excitation minime de la peau peut, momentanément, atteindre les centres cérébraux, tandis que d'autres excitations plus fortes peuvent se perdre tout à fait pendant leur mouvement vers le cerveau et n'éveiller aucune réaction de la part des groupes nerveux même les plus proches. C'est que chaque centre nerveux d'un ordre plus élevé peut à volonté influencer les groupes nerveux d'un ordre subordonné, de manière à rehausser ou à rabaisser leur impressionnabilité, ainsi qu'à alléger ou à entraver la communication des réflexes par les filets nerveux. Tout le système nerveux ou quelques organes peuvent, grâce à ce procédé, devenir plus aptes à recevoir des impressions d'un genre déterminé et à se fermer à d'autres quelquefois beaucoup plus fortes.

Voyez ce savant naturaliste : il est tellement absorbé par la vue d'un insecte d'espèce rare qu'il vient de trouver, qu'il est devenu insensible aux beautés du paysage qui l'entoure, au chant harmonieux qui frappe son oreille, même à la chaleur des rayons du soleil. C'est que son système nerveux est si impressionné par la vue de l'insecte que toutes les voies de communications pour les autres impressions ont été fermées, de manière que celles-ci ne peu-

(1) Tome III, chap. V.

vent plus atteindre les centres nerveux. Les cellules nerveuses, dans un tel état de tension exclusive dans une direction déterminée, constituent un état psychologique qu'on appelle *attention*. Quand un tel état devient constant, il donne à tout le système nerveux un *ton* spécial qui le distingue des autres systèmes nerveux individuels. Le ton nerveux qui domine chez un animal, peut correspondre à un état constant de crainte, d'irritation, de courage, de férocité, d'abnégation pour la postérité, comme chez la plupart des femelles, ou à un travail commun, comme parmi les abeilles et les fourmis, etc. De même, parmi les individus humains, il y a des guerriers, des savants, des artistes, des industriels dont le système nerveux chez chacune de ces classes est le fruit d'une éducation, d'occupations et de vocations distinctives.

L'innervation du système nerveux social est encore moins déterminée par le degré de l'excitation primaire. Des irritations minimes peuvent, par des réflexes directs ou indirects, se propager jusqu'aux sphères les plus éloignées, tandis que des excitations psychophysiques très fortes se bornent quelquefois à des cercles sociaux très limités. C'est que le système nerveux social, doué d'une élasticité plus grande, dispose par cela même d'une faculté beaucoup plus large et plus puissante d'élever et d'abaisser, d'alléger et d'entraver l'impressionnabilité et l'action des cellules-individus et de leurs différentes réunions. La tension ou l'attention du système nerveux social en est plus variée et plus mobile. Ce n'est pas sans raison que l'opinion publique a été de tout temps désignée comme le prototype de l'inconstance et de l'inégalité d'humeur. La tension du corps social s'étant cependant fixée dans une direction déterminée d'une manière plus nette et plus constante, il en résulte un ton nerveux qui imprime à une famille, une classe, une corporation, à un état ou à une nationalité entière un caractère plus ou moins décisif : caractère religieux, guerrier, pacifique, aristocratique, démocratique, industriel ou commerçant, idéal ou pratique, patriotique ou indifférent pour les intérêts de la communauté.

Pour prouver cependant que ces procédés psychophysiques sociaux présentent une analogie complète avec ceux qui se produisent au sein du système nerveux animal et humain, tâchons de les illustrer par un exemple.

Parmi les agents de change à la bourse de Londres (groupes de cellules-individus) se répand la nouvelle par des communications verbales (réflexes directs) ou par des lettres arrivées de Constantinople (réflexes indirects), que le gouvernement turc (groupe de cellules centrales) a suspendu le payement des coupons de la dette publique. Selon la disposition des esprits à la bourse (tension du groupe de cellules, représenté par les financiers) cette nouvelle peut produire une impression plus ou moins profonde. Elle peut se borner au groupe même des financiers directement intéressés aux payements (premier ordre de réflexes); elle peut ensuite par la voie de la presse (réflexes indirects) passer par degrés à des cercles publics toujours plus éloignés (excitation de cellules du second, troisième, etc... ordre). Le danger d'une crise financière est imminent ; on s'attend à la faillite de plusieurs banques privées et publiques (tension de toutes les cellules-individus, directement ou indirectement intéressées au marché financier). Les affaires s'arrêtent, la spéculation s'intimide, une panique générale se répand ; l'attention du monde financier est absorbée entièrement par la crise dont il est menacé. La Chambre des députés s'émeut de cet état de choses (l'innervation atteint les organes centraux). Le ministère anglais (groupe central de cellules-individus) envoie une note énergique au gouvernement turc, en l'invitant à remplir ses obligations (excitation par un réflexe indirect); le public anglais l'apprend par les journaux et se tranquilise (dépression de l'irritabilité par des réflexes indirects). Il en résulte la reprise des payements de la part du gouvernement turc et l'apaisement définitif de l'irritation causée par la crise.

Comparez maintenant ce processus social avec la perturbation causée par le sentiment de la crainte et de la terreur au sein d'un organisme individuel. L'impression reçue par la vue, l'ouïe ou le toucher se communique par des réflexes désordonnés au cerveau, aux muscles, à tout le système vasomoteur; les battements du cœur se ralentissent, la circulation du sang devient irrégulière, toute l'attention du système nerveux se concentre sur un point, dans la direction d'où le péril menace. A mesure que celui-ci devient moins imminent les réflexes reçoivent un caractère plus paisible, le cœur et le sang reprennent des mouvements plus réguliers, l'attention se dilate et se dirige vers d'autres points et d'autres intérêts. L'analogie des deux processus est parfaite et la différence ne porte que sur l'action psychophysique, relativement plus ou moins libre, des éléments nerveux qui y prennent part.

Mais l'action d'une cellule nerveuse ou d'un groupe de cellules peut non seulement se produire hors de proportion avec l'impression primaire, elle peut encore aller en s'accumulant sans cesse.

Chaque cellule, ainsi que tout individu, membre de la société, constitue un capital de forces psychophysiques, accumulé par toutes les générations précédentes. Ce capital peut être grossi encore par l'adaptation au milieu ou l'éducation, par un travail intérieur ou l'exercice au dehors. Il peut d'un autre côté être dépensé productivement ou improductivement. Chaque cellule, chaque individu, en perdant l'équilibre de ses forces, en passant de l'état de repos ou d'énergie latente à l'état d'action ou d'énergie patente, peut non seulement dépenser lui-même une grande partie du capital accumulé ou le capital entier de forces qu'il représente, mais il suffit quelquefois d'une impulsion minime, d'un mouvement insignifiant pour rompre l'équilibre. Passant d'un centre nerveux à un autre centre, un réflexe insignifiant à son origine peut aller toujours en grossissant comme une avalanche qui descend le flanc d'une montagne. Un animal réveillé par un bruit ou un attouchement léger et se croyant en danger, fuit avec une vitesse toujours croissante, effrayé de sa propre course, souvent jusqu'à l'épuisement total de ses forces. Ce phénomène se produit avec plus d'énergie encore au sein de la société, par la raison même que l'individu humain présente un capital incomparablement plus grand d'énergies psychophysiques propres à perdre leur équilibre et à être dépensées. Dans des moments de tension extraordinaire de la vie politique, il suffit quelquefois d'un mot jeté dans une assemblée publique pour déchaîner un orage de passions qui, passant d'un groupe de la population à un autre, peuvent l'entraîner à se jeter dans une guerre désastreuse, à changer la constitution d'un état, à renverser un trône. C'est la plus grande élasticité du système nerveux social qui est la cause de cette accumulation progressive d'action.

Mais si cette élasticité implique un plus haut degré de développement et de perfection de l'organisme social, elle est en même temps la source des dispositions pathologiques de la société humaine les plus variées et les plus fréquentes.

Une presse subversive, une littérature immorale, l'ambition d'un seul ou l'égoïsme de classes entières, en accumulant par leur propagation même l'action destructive des forces sociales, peuvent amener des crises économiques et des cataclysmes politiques dangereux, suivis comme réaction d'un état de prostration et de marasme.

IV

La psychologie positive connaît une autre série de phénomènes psychophysiques très curieux, c'est la faculté des cellules et des différentes associations de cellules du système nerveux d'échanger réciproquement leur rôle d'action, de se suppléer mutuellement, de *vicarier* les unes pour les autres (1). Les deux hémisphères du cerveau, en cas de lésion, d'apoplexie ou par suite de quelque autre état pathologique entrent en action l'une pour l'autre. Les facultés intellectuelles du malade se trouvent en ce cas un peu affaiblies sans être complètement anéanties. Les nerfs sensitifs peuvent dans certains cas vicarier pour les nerfs moteurs *et vice versa*. L'action de la peau supplée quelquefois à celle des membranes intérieures et celles-ci fonctionnent souvent avec plus d'énergie quand l'action de la peau est affaiblie ou supprimée. Il en résulte quelquefois des phénomènes de compensation organique : le cœur devient hypertrophique quand les veines artérielles se rétrécissent ; il en est de même dans

(1) Tome III, p. 170 et suiv.

ciété d'entraver ou de grossir les réflexes sous l'influence de l'action qui part des centres nerveux. Le gouvernement central peut par la voie de la législation ou des mesures d'administration, surtout dans un pays où les pouvoirs sont centralisés, non seulement modifier l'agencement des forces économiques d'un pays, transposer les limites des droits privés, élargir ou rétrécir les libertés publiques, mais il peut même changer tout à fait la constitution d'un état et transformer le caractère d'une société qui s'est formée pendant une longue série de siècles. Ce n'est que par une évolution très lente à travers des périodes très longues d'adaptation au milieu ambiant, de sélection, de ségrégation, d'hérédité, que les plantes et les espèces animales ont passé d'un type à un autre, ont changé de forme et d'action physiologique. La société humaine présente, par les raisons que nous venons d'énoncer, un tableau tout différent. L'histoire nous apprend qu'une nation guerrière peut dans un laps de temps très court devenir une nation éminemment pacifique, comme la Suède après Charles XII. La France en passant par la Révolution s'est transformée d'une société aristocratique, dont elle avait gardé le type pendant des siècles, en une société éminemment démocratique. De telles évolutions sont quelquefois causées par des secousses violentes intérieures ou venues du dehors; en d'autres cas elles sont le résultat d'une transformation lente et paisible. Dans quelques pays le système féodal a été aboli après toute une série de guerres civiles et de crises politiques; dans d'autres les mêmes résultats ont été atteints sans crises violentes, par la force même des nouvelles conditions de la vie moderne.

De la faculté relativement plus grande de la société humaine de changer de type, de forme et d'action, on a cru pouvoir conclure à une liberté sans bornes d'organiser la le cas de rétrécissement d'un des deux reins; alors l'autre devient hypertrophique. Chez les animaux inférieurs, ces vicariats sont encore, comme on sait, plus fréquents et plus importants que chez l'homme.

Au sein de la société humaine la faculté de vicarier de la part des cellules individus et des différentes réunions de cellules, mutuellement les unes pour les autres, est relativement beaucoup plus grande et augmente en proportion des libertés mêmes, tant économiques et juridiques que politiques, dont jouit la société. Dans une société divisée en castes, les différentes classes de la population rencontrent des difficultés presque insurmontables pour vicarier les unes pour les autres. En cas de guerre ce n'est que la classe militaire qui dans un tel pays prendra les armes pour défendre la patrie en danger. Les brahmanes aux Indes ont monopolisé entre leurs mains le culte religieux comme l'avait fait la caste des prêtres dans l'ancienne Egypte. Dans les pays à constitution aristocratique les affaires publiques reposent entre les mains d'un nombre restreint de familles privilégiées à l'exclusion du reste de la population. Il en est autrement des sociétés à constitution plus libre; la faculté de vicarier y rencontre pour les différentes classes moins d'entraves. La patrie est-elle menacée d'une invasion, voilà que toutes les classes de la population saisissent les armes pour repousser l'ennemi. Que dans un pays démocratique une révolution éclate et toute la masse de la population suspend ses occupations accoutumées : l'agriculteur, l'ouvrier, l'homme de lettres se transforment en agents politiques.

Avec la plus grande faculté du système nerveux social de faire vicarier ses parties les unes pour les autres, croît proportionnellement son élasticité. Elle s'élargit encore par les moyens plus variés et plus puissants dont dispose la so-

société selon le bon vouloir de l'homme et les inspirations de sa fantaisie. Il n'en est rien cependant. L'organisme social, malgré l'élasticité de ses formes et la variabilité de ses fonctions, ne saurait jamais se soustraire aux lois naturelles qui président à l'action des forces sociales et à la vie organique en général. Une association humaine, quelle que soit sa constitution et son type, ne peut jamais supprimer l'une ou l'autre des trois sphères : économique (physiologique), juridique (morphologique) et politique (unitaire) dont l'action simultanée forme la source de toute vie, tant organique que sociale. Toute association humaine doit en conséquence obéir non seulement aux lois qui règlent l'action des forces vitales des trois sphères, prises ensemble, mais encore aux lois spéciales de chaque sphère, prise séparément. Un gouvernement qui ébranle les principes de droit est voué lui-même à la destruction. Un gouvernement, qui ignore les lois économiques, doit finir nécessairement par la banqueroute. Une association sans aucune autorité, sous quelque forme qu'elle soit, ne sera toujours qu'une utopie par la simple raison qu'une telle association implique une absurdité sous le point de vue logique, comme aussi une impossibilité sous le point de vue de la réalité organique. Les trois sphères étant immanentes les unes aux autres, il suffit de nier la nécessité des lois qui président à la vie de l'une d'elles, pour attaquer le principe vital de toutes. Ce n'est pas seulement la vie politique d'un pays qui devient impossible, toute autorité abolie; dans un tel pays doit simultanément cesser toute action économique et toute réalisation d'un droit quelconque. L'anarchie politique entraînerait nécessairement l'anarchie économique et juridique *et vice versa*.

Aucune société ne saurait jamais non plus se soustraire

aux lois naturelles qui président à la lutte pour l'existence, à l'adaptation au milieu ambiant, à la sélection, à la ségrégation, à l'hérédité. La nécessité de se conformer à ces lois ne saurait en outre se borner à la vie intérieure d'une association ou d'un état. Chaque agrégat social forme lui-même un organisme plus ou moins indépendant qui, vis-à-vis des autres communautés, agit comme un individu vis-à-vis d'autres individus. C'est donc sous ce rapport également que toute association humaine subit les lois de la lutte pour l'existence et de l'adaptation.

Enfin toute association humaine doit se conformer à la loi de progrès que nous avons formulée pour chacune des trois sphères et pour toutes dans leur ensemble, en conformité avec la loi d'évolution naturelle basée sur l'intégration et la différenciation consécutive des énergies vitales. Une société qui dévierait de cette loi, tomberait nécessairement dans un état de régression et de maladie organique.

Or, c'est justement à cause de l'élasticité relativement si grande du système nerveux social et de la faculté de ses parties de vicarier les unes pour les autres, que les maladies sociales causées par les transformations violentes, subites et imprudentes, sont si fréquentes. La plupart des réformes que l'opinion publique exige et que les hommes d'état réalisent, est souvent pire que le mal qui doit être guéri : telle médecine appliquée avec trop de hâte et à des doses trop fortes, ébranle souvent l'organisme plus profondément que le mal qu'elle était appelée à combattre. Les réformateurs par trop zélés oublient ordinairement que la *continuité* dans l'évolution constitue une des conditions nécessaires du progrès et de la vie organique en général. La continuité de la vie intérieure d'un agrégat de cellules a pour celle-ci la même signification que l'hérédité pour l'individu.

Ce ne sont pas seulement les anomalies qui passent à la postérité; elles ne constituent pour la plupart que des exceptions; c'est surtout la force vitale, capitalisée par une longue série de générations. Les effets bienfaisants des réformes dans la plupart des cas ne se réalisent qu'en partie et souvent ne donnent que des résultats négatifs; ce qui est sûr, c'est l'interruption qui est causée dans la continuité du développement social par des réformes hâtives et prématurées. Ce n'est donc qu'avec la plus grande circonspection qu'il faut toucher à ce principe fondamental de tout progrès. La médecine a recours à la vivisection et aux traitements violents *in anima vili*. L'homme d'état qui a affaire à un organisme formé d'être doués de conscience et d'intelligence ne doit y mettre le scalpel que dans des cas extrêmes, quand tout autre moyen devient impuissant.

L'Angleterre est forte par la continuité de son développement économique, juridique et politique, interrompu par une seule révolution de courte durée et qui n'a ébranlé sa constitution qu'à la superficie. C'est aussi le principe de la continuité qui constitue la force historique des dynasties; c'est dans ce principe que toute religion et l'église chrétienne surtout puisent leurs forces les plus vives. Il ne faut jamais oublier que si d'un côté l'élasticité du système nerveux social le rend plus apte à se modifier, à se transformer et à se régénérer, il se prête d'un autre côté avec autant de facilité à toutes les difformités qu'on voudrait lui octroyer, ainsi qu'à toutes les maladies qu'on pourrait lui inoculer avec les meilleures intentions du monde. Ce sont les recherches de la Pathologie sociale qui sont appelées à mettre de l'ordre dans l'état chaotique des esprits qui, de nos jours, ont pris pour devise la réorganisation de la société moderne dans l'intention de réaliser un état de bonheur et de prospérité universelle.

V

L'anthropologie et l'ethnographie, en étudiant les lois de la lutte pour l'existence, de l'adaptation, de la sélection, de la ségrégation et de l'hérédité dans leur application à l'homme, n'ont en vue que l'individu en sa qualité de représentant d'une race ou de l'espèce humaine. La Sociologie le considère comme membre de la société humaine. Or, ces lois se modifient d'une manière profonde dans leur application à la vie sociale. La cellule, faisant partie d'un organisme individuel, lutte pour son existence; elle s'adapte au milieu, elle est soumise à la sélection, à la ségrégation, à la loi d'hérédité, mais elle vit non-seulement comme individu, mais encore comme partie d'un tout; elle agit non-seulement dans ses propres intérêts, mais encore sous l'influence et en vue d'intérêts communs; pour elle le milieu ambiant n'est pas seulement la nature qui l'entoure, mais encore les forces sociales, physiques et psychiques, auxquelles elle doit s'adapter; elle se spécialise comme unité physiologique et morphologique non-seulement par la sélection et la ségrégation individuelles, mais sous l'influence de la totalité des forces de l'organisme; c'est sous cette influence enfin et à ces conditions qu'elle hérite des qualités physiques et psychiques de ses ancêtres et les lègue à sa descendance. Il en est de même de l'homme au sein de la société, autant en ce qui concerne son évolution progressive qu'en ce qui a rapport aux déviations de la marche normale de développement. Quoique ces déviations se manifestent toujours par une dégénérescence physique, intellectuelle ou morale de l'individu, elles n'en touchent pas moins le système nerveux social, dont l'individu constitue l'unité organique élémentaire.

Occupons-nous d'abord de la dégénérescence physique de l'homme en sa qualité de membre de la société.

Dans le règne végétal et animal, la lutte pour l'existence ainsi que la sélection et la ségrégation décident en dernier résultat toujours en faveur du plus capable et du plus robuste, en éliminant par des voies plus ou moins violentes les plus faibles et les moins doués. Il en est autrement de l'homme, membre de la société : c'est l'intérêt commun qui décide souvent du résultat de la lutte. Un ouvrier, physiquement faible et maladif, mais doué de capacités et de connaissences spéciales, nécessaires pour la prospérité d'une industrie, sera plus facilement à même d'acquérir des moyens d'existence et de fonder une famille, qu'un travailleur d'une constitution physique irréprochable, mais ne pouvant offrir que le travail de ses bras. Le premier sera donc en mesure de laisser après lui une postérité plus nombreuse, quoique physiquement moins bien douée, tandis que le dernier n'en laissera peut-être pas du tout, faute de moyens d'existence. En généralisant cet exemple, on trouvera que dans une société civilisée ce n'est pas la constitution normale de l'organisme physique qui décide de la survivance, de la sélection et de la ségrégation, mais que ce sont les moyens d'existence qui, par un travail toujours plus spécialisé par l'épargne et les héritages, se concentrent souvent entre des mains débiles.

Combien d'existences qui auraient dû déjà dès l'enfance

succomber dans la lutte de la vie, ne parviennent-elles pas à en triompher grâce à des moyens artificiels, en léguant leurs anomalies physiques et leurs défauts moraux à une postérité nombreuse! Une société n'évitera donc la dégénérescence physique qu'à la condition que la partie physiquement plus saine de la population disposera aussi de plus de moyens pour fonder une famille et léguer ses qualités physiques à la postérité. Les guerres meurtrières, dont l'Europe a été le théâtre dès la fin du dernier siècle, et le service militaire universel ont eu pour résultat l'abaissement du physique des populations de l'Europe continentale. L'Angleterre, placée sur des îles inabordables pour les grandes armées continentales, a pu seule se soustraire aux guerres et aux charges du service militaire obligatoire et universel. Aussi c'est par rapport à sa population qu'une dégénérescence se remarque le moins.

Si toute la population mâle sans distinction d'âge et de santé était obligée de subir le service militaire, la loi de survivance du plus capable et de la sélection naturelle pourrait, en cas de guerre, manifester son influence; mais ce n'est que la jeunesse, c'est-à-dire la fleur de la nation sous le rapport physique, qui est vouée à l'extermination par la guerre pour la défense des faibles, des malades et des vieillards. Le résultat est le même que si dans un troupeau d'animaux c'étaient toujours les plus robustes qui s'avançaient pour défendre les individus plus faibles ou entachés de quelque défaut physique, tandis que ce seraient ceux-ci qui laisseraient une postérité plus nombreuse. Il est clair qu'un tel troupeau devrait définitivement dépérir après quelques générations. La société humaine dispose certainement de plus de moyens, tant physiques que psychiques, pour lutter contre les anomalies sociales en général, mais elle n'en triomphe pas toujours, et la dégénérescence physique d'une population constitue une question d'une importance si haute qu'elle mérite d'être étudiée de la manière la plus consciencieuse par l'homme d'État et le savant.

La dégénérescence physique réagit de son côté sur les facultés intellectuelles et morales de l'individu et de la société. *Mens sana in corpore sano.* C'est avant tout la constitution physique de la tête et du cerveau qui décide de la place qu'une race, une nationalité et un individu occupent dans l'échelle hiérarchique des êtres intelligents.

M. G. de Lapouge, dans une étude remarquable publiée dans la *Revue internationale de Sociologie,* sous le titre : « Lois de la Vie et la Mort des Nations », a parfaitement élucidé les résultats du croisement de deux nationalités ou de deux races, stratifiées l'une sur l'autre dans le même pays par suite d'une conquête. « Supposez, dit-il, que dans un pays barbare ou occupé par un peuple déchu, de race inférieure, s'établisse une poignée de conquérants d'une race intelligente et hardie. Vainqueurs et vaincus ne font au bout d'un temps qu'un seul peuple chez qui les uns commandent et les autres travaillent. Il s'est produit comme une sorte de fécondation dans laquelle le conquérant joue le rôle d'élément mâle. Si rien ne vient troubler l'évolution anormale, il est évident que ce peuple arrivera bientôt à un degré élevé de prospérité. Les conquérants par la supériorité de leur intelligence, de leur audace, de leur courage, les sujets par le nombre de leurs bras travaillent en commun au développement de la civilisation, et cette association de la puissance cérébrale et de la force musculaire donne des résultats que chacun des éléments n'aurait pu produire isolé. Mais..... les croisements que la nature humaine ne permet pas d'éviter, altèrent la race des conquérants. Goutte à goutte, le sang de la race supérieure s'en va dans la classe inférieure et le sang servile s'infiltre dans les familles des vainqueurs. Les uns n'ont plus les hautes qualités des ancêtres dont ils ne descendent qu'en partie ;... chez les autres on commence à rencontrer des individus dont la race incertaine se réclamerait plutôt des conquérants et qui souffrent d'être relégués dans la classe asservie ».

Il est clair que si la classe de vainqueurs était restée chez elle, divisée en familles et clans, elle n'aurait pas dégénéré. Cela ne s'est produit que parce qu'en formant un système nerveux à part, elle est venue se superposer sur un autre système nerveux social plus fort en quantité mais de qualité moins élevée. C'est sous l'influence de ce dernier système, qui pour les vainqueurs est devenu le milieu ambiant auquel ils ont dû s'adapter, qu'est résultée leur dégénérescence.

L'exemple que nous venons de citer peut servir d'illustration pour une dégénérescence causée par le croisement sexuel. Mais la dégénérescence intellectuelle et morale peut encore être causée par la voie de réflexes nerveux, se propageant au moyen d'œuvres d'art, de littérature, etc. C'est en étudiant les symptômes pathologiques de la substance intercellulaire sociale que nous tâcherons d'élucider la dégénérescence sous ce point de vue.

VI

La propagation des maladies, surtout de celles qui sont connues sous la dénomination de maladies épidémiques, est fréquemment causée par la pénétration de parasites dans l'organisme des végétaux, des animaux et de l'homme. Ces êtres de dimensions minimes deviennent, lorsqu'ils trouvent un terrain favorable à leur multiplication, dangereux par suite de leur tendance à se nourrir au détriment des forces vitales de l'organisme qu'ils infestent et surtout à cause des substances souvent vénéneuses qu'ils sécrètent. Les bacilles et les champignons pathogénésiques, découverts grâce au microscope perfectionné de nos jours, font aujourd'hui l'objet d'une branche spéciale et importante de la médecine.

Le parasitisme est également la cause de toute une série de maladies sociales d'autant plus fréquentes et plus répandues que la société humaine, par la mobilité des éléments dont elle est formée et par le manque de connexion mécanique, présente plus de facilité aux éléments étrangers et ennemis de pénétrer et se répandre dans son sein. Toute immigration d'éléments exploitateurs, nécessiteux ou pervers, incapables de pourvoir à leur propre existence par un travail productif et honnête, et ayant tendance à se nourrir et à s'enrichir au détriment de la population indigène, implique un cas de parasitisme social. Une telle immigration peut se produire par des voies paisibles, par degrés, insensiblement, ou bien par des moyens violents, en causant des perturbations subites et profondes à l'organisme social. L'exploitation d'une population industriellement peu développée par un pays qui dispose d'un surplus de forces intellectuelles et matérielles et qui abuse de sa supériorité; l'inondation de branches entières de l'industrie, du commerce, des arts libéraux par une classe nombreuse d'individus peu scrupuleux, ne poursuivant que leurs intérêts personnels au détriment de la prospérité générale, enfin l'usure dans l'acception la plus large de ce mot, voilà des cas où le parasitisme peut se manifester non seulement par des voies paisibles, mais encore sous l'égide de la légalité. La conquête d'un pays par une nationalité étrangère, la réduction de la population indigène à l'esclavage ou au servage, l'imposition d'obligations morales ou matérielles incompatibles avec la justice et la liberté, voilà des exemples de parasitisme réalisé par des moyens violents.

Mais le parasitisme avec toutes ses suites pernicieuses peut, au sein de la société humaine, comme aussi dans tout organisme de la nature, prendre naissance indépendamment d'une immigration d'éléments pathogénésiques du dehors. Comme chaque cellule, chaque tissu et chaque organe d'une plante ou d'un animal peuvent naître, vivre et se développer au détriment d'autres cellules, tissus et organes et même au détriment de la vie commune de l'organisme, de même dans une société tout individu ou toute association agricole, industrielle, commerciale, financière ou corporative peut acquérir un caractère parasitique.

Cela arrivera chaque fois que les forces régulatrices de l'organisme se trouveront hors d'état de retenir l'action de ses différentes parties dans les limites qui leur sont désignées par leur nature même, et que l'équilibre des forces matérielles et morales de la communauté en sera rompu. Un gouvernement avide et partial; une noblesse oisive, s'enrichissant aux frais de l'État; une classe financière, industrielle et commerciale exploitant pour ses intérêts l'ignorance, les passions ou les besoins pressants de la classe ouvrière; des ouvriers désœuvrés, incapables, appauvris, vivant aux frais de leurs collègues industrieux, actifs et prévoyants; la littérature, l'art, la presse exploitant par des représentants peu scrupuleux les mauvais penchants et les instincts immoraux d'une partie du public pour s'en enrichir, voilà des exemples du parasitisme intérieur donnant naissance à une grande variété d'états pathologiques sociaux. Toute vie organique consiste soit dans une tension latente des énergies vitales, soit dans une lutte patente. Comme chaque cellule et chaque groupe de cellules ne cesse de lutter pour l'existence au sein de tout organisme de la nature, de même tout individu et toute association d'individus sont destinés par leur nature même à une lutte incessante contre les intérêts opposés de leurs semblables. Mais cette lutte n'a un caractère productif et régénérateur qu'autant qu'elle ne finit pas par l'extinction et l'épuisement des forces et des intérêts en conflit. A mesure que cette lutte atteint des sphères plus élevées, à mesure que le facteur psychique gagne du terrain sur le facteur physique dans la marche de l'évolution sociale, la lutte perd son caractère exterminateur et inhumain et se laisse influencer de plus en plus par les principes altruistiques, par l'intérêt commun et l'amour chrétien. Comme pour l'individu, de même pour la société entière ces principes doivent servir de phare le plus sûr pour déterminer la direction qu'il faut tenir afin de ne pas dévier de la marche progressive de développement et d'éviter les maladies sociales auxquelles toute association humaine est exposée dès qu'elle s'en écarte.

Il est prouvé maintenant qu'à chaque maladie correspond un bacille spécifique. On a déjà découvert le bacille du choléra, de la phtisie, de la diphtérie et beaucoup d'autres. Les maladies sociales sont-elles causées également par des parasites spécifiques? Sans doute. Les anomalies et les crises économiques sont, dans la sphère industrielle, commerciale ou financière, causées par les tendances du producteur à s'enrichir au détriment de la masse de la population et par celles du consommateur à donner à la production une direction incompatible avec les intérêts de la communauté. Toute exploitation sous l'égide de la légalité implique un cas de parasitisme juridique; tout abus de pouvoir, un cas de parasitisme politique. Comme l'organisme individuel est hanté par des bacilles spécifiques pour chaque maladie, l'organisme social est infesté par des parasites économiques, juridiques, politiques. Ces trois catégories de parasites se subdivisent encore chacune en plusieurs classes et espèces dont chacune correspond à une maladie spéciale de l'organisme social. Le parasite agricole exploite dans le but d'un enrichissement immédiat la propriété foncière, en épuisant le sol, en abattant les forêts, en détériorant les bâtisses et l'inventaire, en faisant des biens-fonds un objet de spéculation. En Russie, une grande partie des biens-fonds de la noblesse ruinée par l'émancipation des serfs est exploitée par toute une classe nouvellement formée d'entrepreneurs qui a les traits caractéristiques des parasites agricoles. Tout fabricant qui fait concurrence aux producteurs de sa spécialité, en livrant des produits de qualité douteuse, peu solides, falsifiés, est un parasite industriel. Tous ceux qui s'interposent entre le producteur et le consommateur dans le but de les exploiter sans alléger l'échange des produits, tels que les accapareurs de blé en vue d'une disette, les cabaretiers spéculant sur l'ivrognerie des basses classes de la population, doivent être considérés comme des parasites commerciaux. Toutefois, les bacilles les plus dangereux de la sphère économique sont représentés par ceux qui pratiquent l'usure sous quelque forme que ce soit. Ce n'est pas à tort que la voix populaire les a toujours désignés comme des sangsues qui se repaissent du sang du peuple.

La sphère juridique a aussi des spécialités parasitiques.

Tout juge partial, ignorant et improbe est un parasite juridique. Il en est de même de l'avocat qui exploite l'ignorance, les passions ou l'état nécessiteux de sa clientèle, ou qui, par des manipulations que prête la loi, fait triompher une cause injuste. Tout individu, toute entreprise industrielle, commerciale ou financière qui se couvre de formes légales pour s'enrichir ou hausser ses profits aux dépens du producteur ou du consommateur, nous offre un cas de parasitisme juridique.

Enfin le parasitisme politique est représenté par tous ceux qui, par leurs capacités et leur moralité, ne répondent pas aux exigences de leur position politique et officielle, par tous les agitateurs politiques qui n'ont en vue que leur ambition ou leur intérêt personnel. Un gouvernement qui crée des sinécures ou charge le budget de l'entretien d'un nombre excessif d'employés ne fait que multiplier des parasites.

Le parasitisme social n'a pas seulement la tendance à se spécialiser dans les différentes sphères de la société; il présente encore une grande variété de degrés sous le point de vue du danger dont il menace la société. Au bas de cette échelle se trouvent tous ceux qui se mettent en opposition ouverte avec les principes mêmes sur lesquels repose la vie organique de la société, les infracteurs des lois destinées à garantir la sécurité personnelle et la propriété des citoyens. La société, afin d'écarter les dangers dont elle est menacée de la part de cette espèce de parasites, les éloigne de son sein pour un temps plus ou moins long par la réclusion ou pour toujours par la peine de mort. Dans ce dernier cas, la société en agit comme la médecine avec les parasites organiques : elle extermine l'ennemi.

L'infraction ouverte et violente aux lois constitue le trait caractéristique de cette espèce la plus basse de parasites; aussi est-ce à la justice civile et criminelle d'y parer.

Le parasitisme légal s'élève par son côté extérieur, par les formes sous lesquelles il se manifeste, au dessus du parasitisme illégal de toute la distance qui sépare la légalité de l'illégalité. Mais par ses effets pernicieux, le parasitisme légal l'emporte quelquefois sur le parasitisme illégal. La voix du peuple a, de tout temps, voué les usuriers à l'exécration publique. C'est en cédant à cette voix populaire que la législation moderne a institué des peines criminelles sévères contre l'usure. Aussi les usuriers constituent-ils l'espèce de bacilles pathogénésiques qui vient immédiatement sur l'échelle des parasites sociaux après les voleurs, les brigands et les assassins.

A la classe des usuriers touche de très près, quoique d'un degré plus haut, la classe très nombreuse des individus qui existent et prospèrent au détriment des intérêts des autres membres de la société. Les formes que prend cette espèce de parasites sont très variées; nous en étudierons quelques-unes plus tard. Il suffit de constater ici que, dans la plupart des cas, cette catégorie de parasites se dérobe aux poursuites de la loi positive. C'est à l'opinion publique de suppléer par ses arrêts à la loi formelle, dans tous les cas où le parasitisme n'en peut pas être atteint. Au sein d'une société où l'opinion publique imprime une marque d'opprobre à toute manifestation de parasitisme, sous des formes légales, le mal ne saurait prendre des dimensions alarmantes.

La concentration des richesses par l'héritage ou par suite de conjonctures extraordinaires entre des mains indignes et incapables d'en user d'une manière productive, présente une autre catégorie de parasitisme plus passif que le parasitisme précédent, mais qui n'en est pas moins d'un effet négatif pour la vie sociale. L'opinion que le propriétaire d'une grande fortune peut en user ou en abuser d'après son gré sans être obligé d'en rendre compte devant qui que ce soit, repose sur les principes proclamés par le droit romain. Sous le point de vue formel ces principes sont inattaquables; vouloir les enfreindre c'est vouloir ébranler les éléments de tout droit au sein de la société. Il en est autrement si on les considère sous le point de vue moral. Le propriétaire d'une grande fortune n'en peut jouir que parce qu'il est membre d'une société qui garantit la sécurité de sa personne et de sa propriété. Et cette protection repose non seulement sur la force matérielle, mais encore sur des principes éthiques. Le riche ne jouit pas seulement dans une société cultivée d'avantages matériels, il est encore plus un privilégié sous le point de vue intellectuel et moral. La société met à sa disposition non seulement des valeurs d'utilité matérielle, mais encore des biens de valeur immatérielle, fruit d'un travail accumulé par une longue série de générations. Il ne suffit donc pas que le propriétaire d'une grande fortune paye plus d'impôts que les individus moins favorisés par la fortune, pour qu'il soit déchargé de toute obligation envers la société. Ce n'est que par un emploi digne et noble de sa fortune qu'il remplira ses devoirs publics, soit comme grand propriétaire foncier, soit comme industriel, soit comme capitaliste. Une consommation déréglée, toujours improductive par sa nature même, déclanche un torrent de passions jamais assouvies, éveille des appétits impossibles à rassasier, dirige le travail d'une partie de la population vers la production de richesses dont la valeur est incertaine, éphémère, souvent d'utilité négative. Comme le bacille pathogénésique produit dans certains cas des maladies, non par lui-même, mais par les substances vénéneuses qu'il sécrète, de même un tel consommateur se présente comme un parasite social par l'influence pernicieuse de sa consommation.

L'absentéisme est un symptôme de parasitisme pour le grand propriétaire foncier. Ce n'est qu'en se plaçant au milieu de ses vassaux et de ses fermiers, ce n'est qu'en vivant en contact intime avec la population agricole de ses vastes biens-fonds, ce n'est qu'en contribuant, par les moyens matériels dont il dispose et par son influence morale, au développement physique, intellectuel et moral de cette population qu'il se défera aux yeux de celle-ci de son caractère de parasite et qu'il s'acquittera de ses obligations envers le pays. Si le grand propriétaire foncier doit s'attacher au sol, le grand capitaliste n'y est pas tenu. Comme le capital dont il est le représentant, il est par sa nature un cosmopolite. Le marché d'argent avec ses succursales, les bourses, embrasse de nos jours le monde entier. Les grandes fortunes mobilières se font et se défont sur ce marché par des manipulations auxquelles président plutôt le hasard et des conjonctures accidentelles que l'intelligence. En dernier résultat, c'est le plus gros capital qui y décide de la victoire. Il en résulte que l'acquisition même des grandes fortunes mobilières par des spéculations hasardeuses porte déjà dans son origine le sceau du parasitisme. Pour s'en décharger devant l'opinion publique, le capitaliste a devant lui la large arène de la bienfaisance publique, de la protection des lettres et des arts, de l'entreprise industrielle en grand. C'est en contribuant à l'avancement des connaissances humaines, en protégeant les arts, en se vouant à élever la prospérité matérielle, intellectuelle et morale d'une population ouvrière nombreuse que le détenteur d'une grande fortune mobilière peut se dégager devant l'opinion publique du reproche de parasitisme qui s'attache à l'origine même de sa fortune. Les dons et les legs princiers des archimillionnaires des États-Unis d'Amérique, destinés à la création d'instituts de bienfaisance, d'universités, d'observatoires astronomiques, de bibliothèques publiques, rendent témoignage non seulement de l'esprit élevé des donateurs, mais encore de l'influence que l'opinion publique aux États-Unis exerce sur les représentants de la ploutocratie américaine.

CHAPITRE SECOND

ANOMALIES SOCIALES, CAUSÉES PAR LE SYSTÈME NERVEUX SOCIAL.

I

Les anomalies, auxquelles est sujet le système nerveux social, prenant toujours le caractère de maladies psycho-physiques, c'est à la psychiâtrie que le domaine de la pathologie sociale touche de plus près.

La substance corticale du cerveau humain contient, à elle seule, de 500,000 à un million de cellules nerveuses qui donnent naissance à un nombre presque dix fois plus grand de fibres nerveuses. Il suffit, souvent, de la lésion d'une seule de ces cellules ou de ces fibres pour que son état anormal retentisse dans le système nerveux entier. Il en est de même du système nerveux social. Parmi les millions de membres dont est formée une nationalité ou un État, il suffit souvent de l'état pathologique, intellectuel ou moral, d'un seul individu pour que l'anomalie se communique à d'autres cellules-individus et définitivement au système nerveux social entier, par les mille voies et les mille moyens dont dispose l'homme pour influencer ses semblables. Un individu est soudainement pris de l'idée fixe de la venue de la fin du monde, à un jour déterminé très proche. Il cesse de travailler, dilapide tout ce qu'il possède et ne s'occupe qu'à réciter des litanies. C'est un cas de monomanie subjective qui fait l'objet de la psychiâtrie. Mais au dixième siècle de notre ère, cette conviction se répandant par la parole et par l'écriture de proche en proche, avait fini par saisir des populations entières qui quittaient leurs occupations habituelles, léguaient leur propriété aux églises et aux couvents et émigraient en Palestine pour y attendre le jour du jugement dernier. C'est un cas pathologique social. Qu'une femme empoisonne son mari, voilà un crime isolé qui ne touche que la justice criminelle. Mais le procès de la Brinvilliers, par le retentissement qu'il a eu de son temps, a donné lieu à toute une série de crimes de même nature jusqu'à pousser les femmes à organiser des associations dans le but d'empoisonner leurs maris. Le cas implique donc une maladie sociale. Il en est de même de toute idée maladive, de tout sentiment pervers, de toute passion déréglée dès que, par des réflexes directs ou indirects, ils gagnent un nombre plus ou moins grand d'individus ou de groupes d'individus.

Comme l'intelligence et la volonté individuelles ne sont que la résultante de toutes les cellules nerveuses dans leur ensemble, de même l'intelligence et la volonté sociales ne présentent que la résultante de l'action des membres de la société. « Si l'on est bien pénétré, dit M. Ribot (1), de l'i-

(1) Th. Ribot : Les Maladies de la Personnalité, p. 123.

dée que la personnalité est un consensus, on n'aura pas de peine à admettre que la masse d'états conscients, subconscients et inconscients qui la constituent, se résume, à un moment donné, en une tendance ou un état prépondérant qui, pour la personne elle-même et pour les autres, en est l'expression momentanée. Aussitôt cette même masse d'éléments constituants se résume en un état central qui passe au premier plan... L'état de conscience prépondérant à chaque instant est pour l'individu et pour les autres sa personnalité. C'est une illusion naturelle dont il est difficile de se défaire, mais une illusion qui repose sur une conscience partielle. En réalité il n'y a que deux attitudes successives, c'est-à-dire une différence de groupement entre les mêmes éléments avec prédominance de quelques-uns et ce qui s'en suit ».

Il en est de même de la personnalité d'un agrégat social. Son état peut être conscient, subconscient ou inconscient selon le groupement des éléments sociaux et selon le degré et la direction que prend l'action réflexe des différentes parties du système nerveux social. L'action devient-elle anormale, il en résulte des états morbides qui atteignent plus ou moins profondément la personnalité sociale comme unité, comme système.

Ce n'est qu'au sens figuratif qu'on a désigné jusqu'aujourd'hui l'état d'un pays en proie à une crise économique, juridique ou politique, comme un état de démence, de délire ou de paralysie. Après la constatation de l'existence effective d'un système nerveux social, ce n'est plus figurativement qu'il faut concevoir ces états, mais dans un sens parfaitement réel.

Sous la dénomination de folie ou de démence, la psychiatrie sous-entend toutes les anomalies du système nerveux individuel. La folie peut l'embrasser en entier ou bien se borner à la sphère sensible, psychomotrice, intellectuelle ou morale. Elle peut prendre la forme de l'hystérie, de l'asthénie, de la paralysie, de la monomanie, de l'amnésie, dont chacune se subdivise encore en différentes catégories. Grâce au degré plus haut de développement du système nerveux social, il est exposé à des troubles plus variés et plus fréquents que le système nerveux individuel, par la même raison par laquelle l'individu civilisé est plus sujet à devenir la proie de la démence que le sauvage et celui-ci plus que l'animal.

Les troubles dans le système nerveux individuel peuvent être engendrés, soit par un désordre dans la substance cérébrale, soit par la souffrance d'un organe périphérique. Dans ce dernier cas, les folies sont désignées par la psychiâtrie comme folies sympathiques.

Pour ce qui concerne les états pathologiques du système nerveux social, ils doivent être tous considérés comme des troubles cérébraux en même temps que sympathiques. Les éléments anatomiques nerveux, les individus humains, n'étant pas liés dans la société mécaniquement les uns aux autres comme dans le système nerveux individuel, tout le système nerveux social peut être considéré sous un certain rapport comme un cerveau dont les parties réagissent les unes sur les autres, à l'égal des cellules cérébrales (1). Mais, comme en même temps la société dispose d'organes spéciaux qui correspondent aux organes périphériques du système nerveux individuel, leur action peut être considérée simultanément comme périphérique et sympa-

(1) Tome II, chap. I et suiv.

thique. C'est la position et la connexion des groupements et des stratifications sociales qui, pour chaque cas, décidera du caractère central ou périphérique, normal ou pathologique, du système nerveux social.

Quant au processus pathologique lui-même, il commence toujours par une surexcitation morbide d'une ou de plusieurs cellules nerveuses, suivie par une dégénérescence et une inertie temporaire ou définitive.

« Quand un groupe de cellules, dit M. T. Luys (1), en état d'éréthisme permanent arrive d'une façon hâtive à un état de délabrement organique, ce groupe de cellules dégénérées, impropre à la transmission des courants nerveux, rayonne à distance, frappe d'inertie les éléments nerveux du voisinage, et, comme une tache d'huile qui se répand, il frappe d'une sorte de désorganisation progressive les territoires ambiants.

« Tous les actes intermédiaires de la folie sont compris entre les deux termes : l'irritation incoercible de la cellule nerveuse au début, et sa nécrobiose, fatalement associée, dans un temps plus ou moins prolongé, à cette irritation primordiale.

« Quand un foyer d'excitation prend naissance dans un coin du cerveau (idée fixe, obsession), les éléments actifs sont, par cela même, amenés à dépenser rapidement leurs réserves. Ils passent d'une façon hâtive à l'état d'éléments usés par un surmenage intempestif, ils subissent la dégénérescence nécrobiotique, et dans un temps rapide, deviennent des non-valeurs cérébrales (2). »

---

(1) T. Luys : Le traitement de la folie, p. 51.
(2) Id., p. 49.

Il suffit de changer les termes de cette exposition du processus pathologique individuel, en y introduisant les coefficients sociaux : individu-cellule et réflexes indirects, pour trouver le parallélisme entre l'action morbide qui se produit au sein du système nerveux individuel et celle dont peut être attaqué le système nerveux social.

Tâchons maintenant de nous rendre un compte plus exact des analogies que présentent les différentes formes de folie et de démence chez les individus et chez les différentes communautés sociales.

II

M. le Dr Edmond Dupouy définit l'*hystérie*, comme une névrose caractérisée par des troubles variables et complexes du système nerveux de la vie de relation et de la vie organique. L'hystérie convulsive est toujours accompagnée d'une action irrégulière et violente du système musculaire. La société humaine, n'étant formée que d'un système nerveux et d'une substance intercellulaire, ne peut pas à, l'égal de l'individu, manifester des troubles hystériques par des convulsions musculaires. C'est la simple dislocation mécanique des individus et des richesses qui supplée dans la société au travail des muscles. Aussi toute action irrégulière et violente du système nerveux social est-elle dans la plupart des cas accompagnée d'un mouvement de dislocation inusité et violent des individus et des produits qui circulent au sein de la société. Une disette, une crise financière, industrielle et commerciale, une guerre surtout sont toujours précédées ou suivies d'une dislocation plus ou moins violente et irrégulière d'une grande partie de la population et des valeurs du pays.

Mais ce sont surtout les troubles psychiques, causés par l'hystérie dans l'organisme individuel, qui présentent des analogies nombreuses avec l'état pathologique d'une société, dont le système nerveux est attaqué de ce mal. M. Dupouy caractérise de la manière suivante l'état intellectuel et moral des femmes attaquées de folie hystérique :

« Femmes, elles sont fantasques, paradoxales, ergoteuses, acariâtres, superstitieuses, avides de notoriété et d'émotions. Elles manquent presque toujours de sens moral. On les voit rechercher avec le même empressement le sermon d'un grand prédicateur, les péripéties d'un procès scandaleux, les joies de la charité et le triste spectacle d'une exécution capitale. Mobiles dans leurs sentiments, elles passent très facilement des larmes au rire, de la joie excessive à la tristesse, de la tendresse passionnée à la colère hautaine, de la chasteté aux propos lascifs et aux idées lubriques. Elles adorent la publicité, et pour arriver à faire parler d'elles, elles emploient tous les moyens, la dénonciation, la simulation d'infirmités, de maladies, et le revolver; elles sont heureuses de passer pour être victimes de quelque chose; elles disent avoir été violées. Pour arriver à leurs fins, elles trompent tout le monde : mari, famille, confesseur, juge d'instruction, et leur médecin au besoin, s'il veut bien consentir à être dupe de leurs affirmations ridicules. »

Cet agencement de la femme hystérique n'est-il pas parfaitement analogue à la manière dont se comporte la population d'une grande ville pendant une crise financière ou à l'occasion de perturbations politiques? Ne présente-t-il pas un tableau fidèle de l'agitation des partis pendant les élections? Et dans le passé ne trouve-t-on pas le même agencement désordonné des forces intellectuelles et morales, causé par des réflexes convulsifs et contradictoires du système nerveux social à l'occasion de toutes les révolutions religieuses, économiques et politiques dont l'humanité a été assaillie?

L'hystérie n'est jamais la suite d'une dégénérescence du système nerveux dans sa totalité ; il suffit, pour que le mal éclate, de l'action désordonnée et violente d'un petit groupe de cellules, surtout de celles des centres nerveux. C'est par des réflexes irréguliers et convulsifs qu'ils entraînent les autres parties encore saines du système nerveux dans le cercle de leurs perturbations. Il en est de même de la société. Les crises et les révolutions n'ont été pour la plupart causées que par un petit nombre de personnalités ambitieuses, inquiètes ou fanatisées. C'est par la parole, l'écriture, la presse qu'elles ont entraîné les masses à des actions violentes, quelquefois salutaires s'il s'agissait de combattre un mal plus dangereux, mais pour la plupart destructives et pernicieuses.

L'action réflexe des personnalités historiques qui ont causé des perturbations dans la marche des sociétés a de tout temps porté le caractère de *suggestions* psychiques pareilles à celles qui sont produites de nos jours sur les sujets hypnotisés. La masse populaire n'a été de tout temps qu'un troupeau inintelligent qui a suivi aveuglément les mots d'ordre dictés par ses chefs.

A la question : qu'est-ce que la suggestion hypnotique, réduite à sa formule la plus simple? M. T. Luys répond (1) :

(1) Le traitement de la folie, p. 75.

« C'est le cerveau d'un sujet hypnotisé qui est actionné par le cerveau d'autrui ; — c'est la pensée, la volonté de l'hypnotiseur transmise à l'hypnotisé, et mettant directement en action les forces cérébrales automatiques par un véritable artifice expérimental. Si bien que sous cette incitation impérative, d'origine extérieure (altruiste), le cerveau de l'individu hypnotisé complètement inconscient, dont la personnalité consciente sommeille, se met en action, automatiquement, comme un appareil mécanique. »

Les grands conquérants et législateurs, les hommes d'État éminents, les fondateurs de nouveaux systèmes religieux qui ont dominé leur siècle et ont entraîné l'humanité dans des voies nouvelles, n'ont-ils pas été des hypnotiseurs qui ont agi sur le système social nerveux de leur temps, comme l'hypnotiseur de nos jours influe par suggestion sur la volonté et l'intelligence du sujet hypnotisé ? Les effets bienfaisants ou pernicieux de ces grandes suggestions historiques ont dépendu de la source, pure ou trouble, qui leur a donné naissance. L'histoire nous apprend que des États, des nationalités et des races entières ont été relevées de leur abaissement par le génie d'un seul grand homme, tandis que d'autres ont dégénéré sous l'influence de faux systèmes religieux, d'une législation dégradante ou par l'action désordonnée et perverse des chefs.

Toutes les crises violentes, auxquelles est sujet le système nerveux tant individuel que social, sont nécessairement suivies par des état de prostration et d'exténuation des forces vitales.

L'asthénie ou *l'adynamie* constitue un état d'abattement et de prostration générale des forces de l'individu. Elle est caractérisée par un ralentissement et une atténuation des fonctions psychophysiques du système nerveux dans sa totalité, mais ce sont de préférence les centres nerveux qui en sont frappés d'abord et plus facilement. Cet état peut survenir sans aucune lésion des organes et des cellules et sans s'annoncer par aucune douleur sourde ou aigue. L'asthénie n'en constitue pas moins un état pathologique qui sous l'influence de conditions défavorables peut entraîner des suites fâcheuses. Une légère indisposition, une émotion peu violente, sans effet pernicieux pour un organisme sain et robuste, peuvent causer des perturbations profondes à un organisme qui se trouve dans un état de prostration nerveuse. La mélancolie et l'hypochondrie peuvent être considérées comme des cas spéciaux d'asthénie, causées qu'elles sont par un ralentissement et une dépression générale des fonctions psychophysiques.

Cet état d'asthénie, le système nerveux social le subit également et il survient, comme aussi chez l'individu, après de fortes commotions psychophysiques. Les énergies vitales ayant été excitées démesurément, l'équilibre des forces nerveuses ayant été ébranlé trop profondément, la dépense subite du capital nerveux exige, par une réaction naturelle des éléments en souffrance, une réintégration des forces vitales. Une crise économique, un ébranlement politique sont toujours accompagnés d'une dépense excessive des énergies vitales dont dispose une société. Aussi les suites inévitables de telles crises et de pareils ébranlements ont été de tout temps des états d'abattement et de prostration économique ou politique, intellectuelle ou morale.

L'amnésie ou la perte totale ou partielle de la mémoire, constitue un cas spécial de prostration nerveuse. Dans la société l'amnésie, comme maladie sociale, se manifeste par un manque de sens pour les traditions historiques et nationales, un manque de vénération pour les faits et les gestes, les monuments de l'art et la science des ancêtres, par un manque de gratitude pour les bienfaiteurs et les grands hommes de la nation et de l'humanité. Cet état peut témoigner soit d'une extrême jeunesse, soit d'une décrépitude sénile. Aussi l'humanité dans son enfance et les différentes communautés au premier âge ont toujours fait preuve d'amnésie, et il en sera probablement de même aux derniers jours de l'humanité vieillissante. Mais ce sont des états naturels d'évolution psychophysique. L'amnésie d'une société dans la plénitude de ses forces ne peut être causée que par des états pathologiques qui correspondent aux crises hystériques du système nerveux individuel. Aussi le trait caractéristique de toutes les révolutions, c'est le manque de considération et d'attachement pour les traditions et les fondements historiques de la nation et de l'État. C'est que toute révolution implique un état pathologique dont les suites, pour la société qui en est tombée victime, sont les mêmes que pour les individus en proie à la névralgie.

Quant aux *monomanies*, qui constituent des cas de délire partiel causé par l'état morbide d'une partie de la substance grise du cerveau, il n'est pas difficile, après tout ce qui vient d'être exposé, d'en trouver les analogies avec les états pathologiques de la société qui y correspondent. La monomanie intellectuelle de l'individu peut se manifester sous la forme d'une monomanie religieuse, ou comme une monomanie de persécution ou de grandeur. L'histoire, de son côté, ne nous montre-t-elle pas des communautés, des nationalités, des races entières dominées par le fanatisme religieux, entraînées par des idées de gloire et de domination universelle ou bien s'affaissant sous un abattement moral, saisies de paniques subites ? Il en est de même des monomanies de la sphère psychomotrice. Les hordes d'Attila, de Tchingis-Kan, de Tamerlan, féroces, rapaces et incendiaires, ne présentent-elles pas, comme systèmes nerveux sociaux, des analogies exactes avec les états morbides qui dans les individus enfantent la *monomanie homicide*, la *kleptomanie* et la *pyromanie*? Un grand nombre de communautés de l'antiquité ont péri par les suites de l'*érotomanie* ou *nymphomanie*, favorisée qu'elle était non seulement par des institutions publiques, mais encore par le culte religieux du paganisme. Des classes entières de la société moderne tombent victimes de la *dipsomanie*. La consommation des liqueurs fortes a dans quelques pays pris des dimensions telles qu'il ne s'agit plus d'un mal qui frappe l'individu, mais d'un fléau social.

Toutes les formes de démence que nous venons d'énumérer peuvent être accompagnées de *délire*. Le délire n'est ordinairement qu'un symptôme d'une surexcitation ou d'une dépression excessive du système nerveux. Dans le premier cas, c'est le délire furieux qui éclate; dans le second cas, le délire est tranquille. Les associations humaines ne sont-elles pas également sujettes au délire? Toutes les guerres religieuses et les révolutions n'en sont-elles pas accompagnées? Toute crise violente, économique, juridique ou politique, implique une surexcitation, suivie d'une prostration nerveuse; elle prédispose donc le système nerveux social, à l'égal de celui de l'individu, au délire furieux d'abord et tranquille ensuite.

Les anomalies que nous venons d'énumérer ne présentent cependant pas des états pathologiques inguérissables. Il en est autrement de la *paralysie*. Elle indique toujours une dégénérescence et une altération profonde des centres nerveux et des fonctions du système nerveux. La paralysie peut se borner à une partie seulement du système nerveux et alors elle est locale ; elle peut au contraire se propager de plus en plus et alors la paralysie devient progressive. — Des communautés sociales peuvent manifester des symptômes analogues. Un peuple, un État qui ne prêteraient aucune résistance à une invasion ennemie, ne devraient-ils pas être considérés comme frappés de paralysie? Et les peuplades sauvages qui disparaissent sous l'influence et au contact de la civilisation, ne présentent-ils pas le tableau d'une paralysie progressive, qui les rend incapables de réagir contre le nouveau milieu ambiant qui les entoure?

III

Après avoir déterminé les analogies que présentent les anomalies du système nerveux social avec celles du système nerveux individuel, il faut en noter aussi les différences. Sans être absolues et essentielles, elles n'en sont pas moins assez profondes et croissent en raison du développement progressif de l'organisme social. — Un aliéniste a eu raison de remarquer que le cerveau de chaque homme, même le mieux constitué, contient un grain de folie. C'est que toute idée fausse et toute anomalie morale implique déjà le commencement de la folie. Si celle-ci n'éclate pas toujours en symptômes pathologiques précis et saisissables, c'est que, par la réaction d'autres éléments nerveux, le grain morbide est étouffé dans son origine même avant qu'il ait le temps et la possibilité de jeter des racines plus profondes. Ce n'est que quand cette réaction vient à manquer ou se trouve impuissante à rétablir l'équilibre psychophysique, que le mal se répand et étend ses ravages sur un domaine plus large d'éléments nerveux. Mais même alors ces éléments, porteurs d'idées fausses, peuvent agir sans causer de perturbation générale physiologique ou morphologique et sans désorganiser l'unité physique du corps. Il y a des fous parfaitement bien portants. Ce n'est que lorsque les anomalies atteignent un très haut degré qu'elles finissent par désorganiser le physique. Un philosophe qui aurait acquis la conviction qu'il n'existe rien de réel hors de lui dans l'espace et le temps n'en pourrait pas moins vivre à son aise et jouir de tous les bienfaits que la nature et la société lui offriraient. Ce n'est que si cette conviction prenait la consistance d'une idée fixe et amenait ce philosophe à refuser toute nourriture et tout mouvement, que cette idée pourrait indirectement être cause d'une désorganisation de ses forces corporelles.

Il en est autrement de la société humaine. Celle-ci ne consistant qu'en un système nerveux dont la substance intercellulaire sociale n'est que la projection, les éléments nerveux dont elle est formée détermineront directement par les énergies spécifiques qui les animent l'action physiologique (économique), la structure (juridique), ainsi que l'unification (politique) du corps social. Les idées fausses et les anomalies morales qui prennent naissance au sein de la société et qui se propagent en gagnant un nombre toujours plus grand d'adeptes, sans rencontrer une réaction de la part d'autres individus ou associations, peuvent causer immédiatement des perturbations profondes dans la sphère économique, juridique ou politique. C'est à la société humaine que la locution « les idées gouvernent le monde » doit être appliquée dans sa conception la plus large.

Suggérez à la masse populaire qu'elle a un droit absolu à l'existence et que c'est la communauté qui en est responsable et doit lui en fournir les moyens, et les énergies sociales se dirigeront dans la sphère économique vers la consommation au détriment de la production des richesses. Il en serait de même de l'idée du droit au travail que la communauté serait obligée de fournir aux individus et dont elle serait responsable. D'un autre côté, le sentiment de responsabilité individuelle, renforcé du principe d'association et de solidarité, peut rehausser et raffermir l'action productive, régler d'une manière plus juste et plus adéquate la distribution et la consommation des richesses.

Si dans la sphère juridique le sens de ce qui est juste se perdait, cette perte agirait d'une manière dissolvante sur toutes les relations fondées sur le droit établi. La structure histologique de la société en serait ébranlée et disjointe.

L'unité nationale, l'attachement à la dynastie régnante, le respect pour la constitution de l'État reposent sur des idées et des sentiments populaires qui se manifestent dans la sphère politique et qui, affaiblis, faussés ou pervertis donnent lieu à des anomalies ou à des diathèses politiques qui réagissent à leur tour sur les sphères économique et juridique.

L'élasticité du système nerveux social, la faculté des éléments nerveux de vicarier les uns pour les autres, la capacité d'accumuler les énergies vitales et de les dépenser à un degré plus grand, voilà ce qui distingue la vie sociale de celle du système nerveux individuel, tant dans son état normal, que dans ses manifestations anormales.

Mais, dira-t-on, si les idées, les convictions et les sentiments individuels et populaires ont une telle puissance par rappport à la société humaine, quelle valeur peuvent avoir toutes les analogies recherchées par la science entre l'action des forces sociales et la vie organique de la nature? C'est que les idées et les sentiments eux-mêmes ne sont que des condensations d'entités et de relations réelles existant dans l'espace et le temps. Une idée, un sentiment juste réflète la réalité d'une manière vraie et complète; une idée fausse, un sentiment pervers présente une généralisation et une condensation difformes de la réalité. En se manifestant à leur tour au dehors, en se propageant, les idées et les sentiments justes et vrais produisent comme dernier résultat l'harmonie et le progrès, tandis que les idées fausses et les sentiments pervers se heurtent nécessairement contre les exigences du milieu ambiant, physique et social, et rencontrent une réaction de la part des intérêts lésés et des lois de la nature qu'ils enfreignent. Ces lois étant communes à la nature et à la société, une idée fausse, un sentiment pervers, en se projetant au dehors, ne peuvent donner qu'une projection anormale et privée d'énergie vitale dans l'une des sphères sociales ou dans toutes simultanément. La méthode d'induction a justement pour objet de séparer les idées et les sentiments justes des idées et des sentiments faux en rectifiant ceux-ci à l'aide d'analogies entre l'action des énergies sociales et celle des forces organiques de la nature.

CHAPITRE TROISIÈME

ANOMALIES SOCIALES CAUSÉES PAR LA SUBSTANCE SOCIALE INTERCELLULAIRE

I

La vie intérieure de l'organisme social se manifeste dans ses commencements par une action immédiate des cellules entre elles; c'est un échange de *services* contre services. La vie de famille, et toutes les relations immédiates des individus et des groupes d'individus entre eux au moyen de signes, de gestes, de la parole, sont basées sur l'échange de simples services, principe élémentaire de toute action sociale. A mesure que la vie organique se complique, que l'organisme se développe, les services, grâce à la division du travail, se spécialisent de plus en plus. C'est alors qu'un nouveau facteur vient intercéder entre l'échange immédiat des seuls services : c'est l'échange des *richesses* produites par le travail contre d'autres objets propres à satisfaire les besoins des différents membres de la société. Cet échange peut à son tour consister soit dans un échange de richesses contre richesses, soit dans un échange de richesses contre des services ou du travail (1).

A mesure du développement économique de la société et d'une division du travail toujours plus spécialisée, les richesses produites peuvent, sans être consommées immédiatement, être employées à la production d'autres richesses. En s'accumulant toujours plus fortement elles forment le *capital* fixe et circulant de la communauté; les bâtiments, les moyens de transport, les matières premières, les instruments, les machines en font partie.

C'est ainsi que prend naissance et s'augmente, parallèlement au développement du système nerveux social, la substance sociale intercellulaire, d'après les mêmes principes et les mêmes lois qui président à la formation de cette substance au sein des organismes de la nature. L'endosmose et l'exosmose, phénomène physico-chimique causé par la diffusion des liquides de densité et de nature différentes, l'assimilation des matières utiles et la désassimilation des matières superflues et nuisibles, voilà ce qui constitue l'action élémentaire de la vie physiologique des simples cellules. A mesure de l'élévation de l'organisme sur l'échelle hiérarchique des êtres, cette action primaire se spécialise de plus en plus; la simple absorption des matières nutritives se transforme en digestion et en respiration au moyen d'organes toujours plus compliqués et plus parfaits. Il en résulte la circulation des matières nutritives au sein de l'organisme, fonction qui a pour but leur répartition entre les tissus et les cellules selon les besoins de chacune d'elles. Le sang est l'agent principal de nutrition pour les organismes des

(1) Tome III, chap. VIII - IX; tome IV, chap. II et suiv.

espèces animales les plus élevées. Claude Bernard l'a parfaitement caractérisé comme le milieu intérieur. En effet, c'est le sang qui répartit entre les cellules et les tissus les matières qui lui parviennent au moyen de l'absorption générale et intestinale, par la voie de la digestion et de la respiration, et c'est lui qui reçoit à son tour des matériaux, transformés dans un but spécial par les différents tissus et organes, soit pour les utiliser, soit pour s'en débarrasser. Comme la substance intercellulaire faisant partie des os, des muscles et de tous les tissus protecteurs et vasomoteurs constitue un capital fixe, de même les matières nutritives échangées au moyen du sang et transformées par lui représentent un capital circulant. Il y a donc analogie parfaite entre le processus physiologique de la nutrition des organismes de la nature et l'action économique de la société humaine : de l'un et de l'autre côté il y a appropriation des forces de la nature ambiante, transformation des matières acquises à l'aide de la division du travail, capitalisation, offre et demande, échange, circulation, consommation. Les deux processus impliquent simultanément une action physique et psychique. Il est constant que non seulement les différents organes de l'organisme végétal et animal vivent d'une vie plus ou moins indépendante, mais que même les simples cellules disposent d'une certaine dose de volonté et de la conscience de leur existence. Ainsi il est prouvé que les cellules qui tapissent les intestins ont la faculté de choisir parmi les matières nutritives celles qui leur conviennent le plus. D'un autre côté l'action économique de l'homme, comme membre de la société, ne saurait jamais se soustraire tout à fait au facteur matériel, dont dépend toute production, distribution et consommation des richesses. Malgré l'invention des machines les plus compliquées l'homme ne pourra jamais se soustraire tout à fait au travail mécanique et la consommation ne cessera jamais d'être un procédé physico-chimique. Même la consommation soi-disant immatérielle est toujours accompagnée d'un procédé matériel (1). La différence entre le processus physiologique et le processus économique ne consiste en conséquence qu'en ce que le facteur psychique entre en proportion plus forte dans la formule qui sert d'expression à la loi économique de la société en comparaison de celle qui exprime le processus physiologique propre aux organismes de la nature. Et cette prédominance du facteur psychique est intimement liée à la différence qui se manifeste entre le système nerveux social, plus libre et conscient dans ses parties, et le système nerveux animal, dont les parties sont liées mécaniquement les unes aux autres. La substance intercellulaire, en sa qualité de facteur secondaire de la vie organique, n'étant que la projection du système nerveux, il s'ensuit que les qualités de ce dernier s'y reflètent d'une manière plus ou moins marquante et complète. Ces qualités sont une mobilité, variabilité, capitalisation, idéalité plus ou moins grande autant en ce qui concerne la production, que pour l'échange et la consommation.

Cette analogie se dessine encore avec plus de netteté si l'on considère les principes sur lesquels reposent la *valeur* et *l'utilité* des produits échangés au sein de la société humaine et des organismes de la nature.

En effet, sur quel principe cet échange s'exécute-t-il ? Au sein des organismes de la nature, ce sont les cellules les plus actives et parmi celles-ci les cellules nerveuses et nommément les plus excitables qui produisent et consomment, di-

(1) Tome III, chap. VII et suiv.

rectement ou indirectement, les matières nutritives en plus grande quantité ou de plus haute qualité. De tous les organes, le cœur produit par ses battements le travail mécanique le plus grand et il dispose de la plus grande quantité de matières nutritives amenées par le sang pour restituer ses énergies dépensées. Le cerveau, siège de l'intelligence et des facultés morales, est l'organe le plus excitable du système nerveux et de tous les organes nerveux il reçoit le plus de sang. Il en reçoit même toujours en proportion de son activité : pendant le sommeil il en dispose le moins et le plus pendant le travail intellectuel. *Ubi stimulus, ibi fluxus*. La plupart des aliénistes les plus marquants de nos jours sont de l'opinion que la démence, quelles que soient ses causes psychiques, va toujours de pair avec l'hyperémie du cerveau, la suractivité de la pensée et la surexcitation du sentiment causant toujours une congestion cérébrale. — C'est donc le principe des services reçus et rendus, du travail produit et consommé qui, par rapport à l'activité physiologique des organes de la nature, décide de la quantité et de la qualité des substances nutritives échangées. Dans la société humaine, c'est en dernier lieu également la quantité et la qualité de travail rendu qui décide de la possibilité pour le consommateur de se saisir au moyen de l'échange des produits nécessaires à la satisfaction de ses besoins, et c'est par l'échange qu'est déterminée la valeur des objets, leur prix d'achat. La formule qui exprime la loi de l'offre et de la demande contient certainement, outre l'élément de travail humain rendu ou accumulé, encore d'autres facteurs, tels que la rareté des produits, les conjonctures favorables ou défavorables ; mais ces facteurs ne sont qu'accidentels, tandis que la quantité et la qualité de travail rendu et accumulé forment la base même, sur laquelle repose le principe de la valeur. Sous ce rapport, il existe donc analogie complète entre les processus économique et physiologique.

Il en est de même de l'utilité des produits consommés.

L'utilité des produits repose sur un tout autre principe que leur valeur. Celle-ci est en dernier lieu mesurée par la quantité et la qualité du travail ; c'est donc la *production* qui lui sert de point de départ. L'utilité au contraire est déterminée par les résultats de la *consommation*. Or la consommation d'un produit peut causer au consommateur soit un affermissement et une rénovation de ses forces physiques ou psychiques, soit leur affaiblissement et leur désorganisation, soit enfin un simple plaisir sans résultat utile ou nuisible. Dans le premier cas, *l'utilité* du produit consommé sera *positive*, dans le second *négative*, dans le troisième *neutre*. Le pain qui sert d'aliment à la masse de la population est une richesse d'utilité éminemment positive ; l'alcool et l'opium doivent au contraire être considérés comme des produits d'utilité décidément négative; le tabac, consommé modérément, peut servir de type à une utilité neutre (1).

Non-seulement les utilités physiques, mais de même les objets qui ont pour but de satisfaire nos besoins intellectuels, esthétiques et éthiques, tombent sous l'une ou l'autre de ces trois catégories d'utilités.

Un livre instructif, un chef-d'œuvre de l'art, un monument national présentent des utilités psychiques positives ; un livre immoral, un objet de luxe sans goût, une pièce de théâtre antipatriotique, voilà des utilités psychiques négatives ; des vers médiocres, un tableau de la main d'un

(1) Tome III, chap. IX.

artiste de peu de talent, un objet de luxe d'aucune valeur esthétique, voilà des utilités psychiques neutres.

Vouloir nier la nécessité scientifique de cette classification des utilités, à cause de la difficulté de tirer une limite précise entre ces groupes, c'est nier la nécessité en général de classer les phénomènes.

Certainement les limites entre les trois catégories d'utilités sont sujettes à se déplacer. Le blé, transformé en alcool, peut changer son utilité positive en utilité négative. L'opium, employé comme remède contre une maladie, peut acquérir une utilité positive.

Il y a des utilités de nature mixte. Un habillement peut, en protégeant le corps contre les intempéries de l'atmosphère, avoir sous d'autres rapports des qualités antihygiéniques et être en même temps un objet de luxe frivole. Il réunirait dans ce cas en lui des utilités positive, négative et neutre. Il en serait de même d'une maison qui aurait été louée pour parties par une société de bienfaisance, par un cabaret, et par un estaminet; d'une pièce de théâtre dont le premier acte serait instructif, le second immoral et le troisième insipide.

Cependant il y a des richesses typiques, d'utilité positive, ce sont les matières nutritives de première nécessité; il y en a qui peuvent servir de types comme utilités négatives, comme l'alcool, l'opium, les œuvres immorales d'art et de littérature; il y en a enfin qui présentent des types d'utilité neutre, comme le tabac, les objets de luxe, etc. C'est à la statistique de faire le bilan des richesses d'un pays conçues sous le point de vue de l'utilité. C'est à elle de vaincre les difficultés que pourrait présenter un travail pareil. La division des capitaux en fixes et circulants est de même une classification à limites très mobiles, le capital, en se transformant, passant sans cesse d'une catégorie à une autre. Cette classification des capitaux n'en a pas moins été reconnue nécessaire par la science et a été l'objet de recherches statistiques.

Un individu peut en même temps être militaire, savant et propriétaire de biens-fonds. Faut-il renoncer pour cela à la classification de la population en catégories distinctes d'après leurs occupations ?

Une utilité négative peut, par le plaisir momentané qu'elle cause, être plus recherchée qu'une utilité positive ; et la raison en est que les utilités neutres de beaucoup de valeur d'échange peuvent être demandées par des consommateurs dont les besoins les plus pressants sont déjà satisfaits et qui disposent de moyens pour satisfaire en outre leurs caprices et leur passion pour le luxe.

La valeur et l'utilité des produits, reposant sur des principes différents et sous plusieurs rapports même opposés (la valeur, sur la quantité et la qualité du travail ; l'utilité, sur les résultats de la consommation), il s'ensuit qu'il doit y avoir divergence entre l'appréciation de l'état économique d'un pays selon que l'on le juge du point de vue de la valeur ou de celui de l'utilité des produits. De deux pays qui produisent, échangent et consomment une égale quantité de valeurs, celui qui consomme le plus de produits d'utilité positive et le moins de valeurs d'utilité neutre et surtout d'utilité négative doit être considéré comme se trouvant dans une situation économique plus saine et normale. Ne voyons-nous pas des pays pauvres dont la population croît en nombre et jouit d'une constitution physique excellente ; et des pays riches dont la population décroît en nombre et en qualité ? Ne voyons-nous pas des classes entières de population ne lisant que peu de bons livres et d'autres classes travaillées par des idées fausses et des passions inassouvies, se repaître d'une littérature de mauvais goût, immorale et anti-patriotique?

La grande faute de l'économie politique, c'est d'avoir omis dans ses considérations et ses déductions le facteur important que représente l'utilité des richesses et des services tant physiques que psychiques et d'avoir en général négligé le principe de la consommation pour ne s'occuper que de la production et de l'échange des richesses et des services. Dans plusieurs traités d'économie politique, le chapitre de la consommation manque même totalement. C'est par là que l'économie politique s'est mise en contradiction avec la médecine et l'hygiène d'un côté, avec la morale et la religion de l'autre.

II

Le principe d'utilité, de même que celui de la valeur des produits, se manifeste dans la société humaine parfaitement en analogie avec l'action physiologique des organismes de la nature. Les matières utiles et propres à soutenir la vie de l'organisme, à nourrir, à reconstruire et à régénérer les cellules, les tissus et les organes, l'organisme se les approprie par l'absorption, l'assimilation, la digestion et la respiration; les produits nuisibles et inutiles, il les refuse ou s'en délivre par la désassimilation et la sécrétion. Seulement, le domaine de l'action des énergies vitales au sein de l'organisme de la nature est plus restreint; le temps, l'espace et le degré d'action leur sont assignés dans des limites beaucoup plus bornées, que ce n'est le cas pour l'homme comme membre de la société. Ses besoins sont plus variés et le facteur psychique joue un rôle plus prédominant dans la production, la distribution et la consommation des richesses sociales. Cependant ce ne sont que des différences relatives et non essentielles; les lois fondamentales qui président à la vie économique de la société humaine et à l'action physiologique des organismes de la nature sont identiques.

La variété plus grande des besoins tant physiques que psychiques, et le choix plus libre des moyens de les satisfaire déterminent la possibilité pour l'homme de dévier plus facilement de la marche normale de développement. L'erreur, la passion, l'incontinence et leurs suites inévitables, la dégénérescence physique, morale et intellectuelle, sont des facteurs qui ont une signification beaucoup plus grande pour la destinée de l'homme que pour celle d'une simple cellule. Aussi les symptômes pathologiques que manifeste la substance intercellulaire sociale sont-ils beaucoup plus variés et fréquents que ceux de la substance intercellulaire des organismes naturels. Mais en même temps l'organisme social, plus élastique et disposant de moyens de réhabilitation plus puissants et plus variés, est en état de supporter beaucoup plus d'irrégularités et d'anomalies par rapport à la composition de sa substance intercellulaire.

Il y a dans chaque société une masse de richesses non seulement d'utilité neutre, mais même d'utilité négative qui y circulent sans cependant désorganiser définitivement l'organisme. Et ces utilités neutres et négatives, tant physiques que psychiques, sont souvent recherchées avec plus d'instance et sont payées d'un prix beaucoup plus haut que les utilités positives. C'est que la satisfaction immédiate et momentanée que cause souvent une utilité négative, la fait préférer, malgré les suites quelquefois désastreuses qu'elle entraîne, à une utilité positive dont la consommation est souvent accompagnée de moins de plaisir et quelquefois même d'efforts pénibles, malgré ses résultats bienfaisants. Ne voyons-nous pas des populations entières préférer l'alcool à une nourriture saine et la vie dans les logements malsains des villes au travail des champs? Un public nombreux ne préfère-t-il pas la lecture de romans pornographiques aux chefs-d'œuvres de l'art et de la littérature? Les utilités négatives, qui circulent au sein d'un organisme social, sont parfaitement analogues aux *poisons* introduits dans un organisme naturel; elles ne tuent pas immédiatement, comme c'est le cas pour les poisons, puisque l'organisme social réagit plus puissamment contre une désorganisation immédiate, mais elles n'en causent pas moins une dégénérescence profonde, physique, intellectuelle et morale.

Par le phénomène physiologique qui est désigné en médecine comme *accoutumance*, un organisme individuel peut, en recevant des matières vénéneuses par des doses successivement toujours plus fortes, s'habituer à des poisons qui l'auraient tué s'il les prenait subitement et sans y être préparé. Une société humaine peut aussi s'accoutumer par l'action lente d'utilités négatives à en supporter des doses qui pour une autre société deviendraient mortelles. Une société très cultivée peut supporter par accoutumance le luxe effréné des classes élevées et les excès d'une presse libre sans en ressentir une perturbation profonde; mais gratifiez-en un pays encore peu développé dont les forces n'aient pas encore atteint le degré de résistance nécessaire pour combattre les effets pernicieux de ces utilités négatives, et il résultera sans nul doute une désorganisation profonde et peut-être la mort.

La consommation des utilités neutres n'entraîne pas des

suites pernicieuses aussi prononcées; mais leur indifférence même prouve qu'un organisme social peut parfaitement se passer de cette catégorie d'utilités sans qu'il en résulte un affaiblissement ou une dégénérescence organique. Mais la recherche de ces utilités, qu'on pourrait caractériser plutôt comme des futilités, dirige le travail d'une partie souvent nombreuse de la population vers leur production; c'est donc une dépense d'énergies vitales ne donnant après la consommation que des résultats nuls pour la régénération physique et psychique des individus. La valeur des utilités neutres qui circulent dans un pays, telles que le tabac, la bière et tous les liquides qu'on emploie non pour étancher la soif, mais pour le simple plaisir d'avaler, les objets de luxe sans valeur esthétique, etc., représentent une somme de travail national souvent très grande. C'est donc une dépense d'énergies vitales sans résultat, un poids de matières inertes dont est chargée la société inutilement, et cette dépense et ce poids ne font toujours que croître en proportion du développement de la civilisation moderne. Il en est de même de la masse écrasante de livres médiocres, de journaux inutiles, de tableaux qui ne trouvent pas d'appréciateurs, dont est surchargé de nos jours le marché de tous les pays civilisés. Notre globe entier pourrait être aujourd'hui enveloppé du papier imprimé qui témoigne de l'activité intellectuelle du genre humain. Cependant, hélas, la plus grande partie de toutes ces productions de littérature et d'art, si elles ne sont pas nuisibles, appartiennent par leur caractère à des utilités neutres. Les chefs d'œuvres, les utilités positives, dans le domaine de l'esprit et de l'art, n'en sont devenues que plus rares.

Comment expliquer l'accroissement progressif d'un tel facteur inerte et inutile sous le point de vue des intérêts vitaux de la société, tandis que les organismes de la nature ne les supportent que dans des proportions très faibles et les rejettent immédiatement par des procédés de désassimilation et de sécrétion ? Ce phénomène social est la suite inévitable de la plus grande liberté dont jouissent les membres de la société humaine en comparaison avec les cellules d'un organisme naturel. Grâce à cette liberté plus grande, l'individu peut concentrer entre ses mains, directement ou indirectement, une plus grande quantité de travail épargné en forme de valeurs échangeables, de capitaux, d'argent, de crédit. Il peut en conséquence acheter plus de valeurs et plus d'utilités produites par d'autres. Après avoir satisfait ses besoins les plus pressants, un tel individu peut subvenir encore à des besoins moins urgents, des besoins artificiels enfantés par le caprice, la satiété, l'oisiveté. La recherche des utilités, propres à satisfaire ces besoins, lorsqu'elle est soutenue par l'offre d'une quantité correspondante de travail ou de signes du travail, comme l'argent, les papiers de crédit, etc., provoque la concentration du travail sur la production de ces utilités neutres. Et c'est ici que se manifeste l'incommensurabilité et même l'antagonisme entre les principes de la valeur et de l'utilité des richesses échangées. La valeur, comme nous l'avons déjà énoncé, représente la quantité et la qualité de travail, l'effort psycho-physique que coûte la production; l'utilité est déterminée par les résultats de la consommation, positifs, négatifs ou indifférents. L'eau, utilité éminemment positive, n'a que peu de valeur d'échange; une broche de diamants d'une grande valeur d'échange, ne représente dans la plupart des cas qu'un objet d'utilité neutre. C'est donc la distribution inégale des richesses qui est la cause première de la production et de la consommation des utilités neutres, tandis que par rapport aux utilités négatives ce sont plutôt les passions, l'incontinence, l'immoralité et l'ignorance.

Quoique la consommation des utilités neutres ne donne que des résultats indifférents pour l'organisme social, la croissance disproportionnée de cette catégorie de valeurs n'en témoigne pas moins de l'état pathologique d'une société et peut, certaines limites outrepassées, contribuer à l'affaiblissement et à la dégénérescence du système nerveux social. La dépense d'énergies vitales dans le but de la production d'utilités sans résultat positif pour la régénération des énergies correspondantes, doit avoir pour résultat définitif un épuisement organique pour tout le système nerveux. D'un autre côté, l'offre même de ces utilités ainsi que des utilités négatives éveille artificiellement des besoins, des appétits et des tendances qui sans cela auraient peut-être dormi indéfiniment. L'offre des liqueurs fortes aux peuplades sauvages n'a-t-elle pas été la cause de leur démoralisation et de leur dépérissement? A combien de dépenses inutiles les objets de luxe exposés dans les magasins, n'entraînent-ils pas le public, souvent au dépens des moyens dont il dispose pour satisfaire des besoins urgents et de toute nécessité? La consommation des utilités neutres en proportion trop forte a toujours eu pour résultat le relâchement d'énergies et de mœurs, un raffinement excessif de besoins, l'efféminalion générale. Ce n'est pas sans raison que le beau sexe livre le contingent le plus nombreux des consommateurs d'utilités neutres.

Une distribution inégale des valeurs entraîne toujours une circulation irrégulière d'utilités en dirigeant la production vers les utilités neutres et négatives au détriment des utilités positives. Il en résulte une circulation anormale de richesses en analogie avec la circulation irrégulière du sang dans les veines et les artères. Et comme dans l'organisme de l'individu de telles irrégularités de circulation causent soit des hypérémies, suivies de congestions et d'inflammations, soit des anémies, suivies de défaillances et d'un affaiblissement général des fonctions physiologiques, de même la consommation excessive d'utilités neutres et négatives par un petit nombre d'individus peut, au sein de la société, causer soit une hypérémie, soit une anémie sociale. Rome sous les Césars, en attirant vers elle les richesses du monde entier, souffrait d'hypérémie, tandis que la plus grande partie des provinces, épuisées par des contributions et des impôts excessifs, étaient anémiques.

L'économie politique, en n'estimant la vie économique d'une société qu'en proportion des valeurs d'échange qui y circulent, sans prendre en considération le caractère des utilités, n'a pu arriver qu'à des déductions incomplètes et souvent fausses en ce qui concerne la prospérité véritable des nations. Ce n'est que par les recherches de la Sociologie et spécialement de la Pathologie sociale que ses déductions peuvent être rectifiées et complétées.

Tout ce qui a été dit plus haut concernant la valeur et l'utilité des richesses doit être appliqué également aux services. Le travail échangé, à l'égal des richesses, acquiert une valeur de marché, un prix. Les services échangés contre des services sont eux aussi doués d'utilité soit positive, soit négative ou neutre. Les services que se rendent mutuellement les représentants des deux sexes au sein d'une famille bien réglée portent un caractère d'utilité éminemment positive; la prostitution est l'arène d'échange de services d'un caractère éminemment négatif. Une administration éclairée, impartiale et énergique, rend au pays des services d'utilité positive, tandis qu'un gouvernement ignorant, partial et faible ne peut en rendre que de qualité négative. Tout ce qui dans une société est fait de trop, sans qu'il en résulte des conséquences utiles ou nuisibles, doit être mis en compte des services de qualité neutre.

La statistique en dressant les tableaux des mariages, des divorces, de la natalité des enfants légitimes et illégitimes, de la prostitution, des crimes et délits, présente à la Pathologie sociale les données et les matériaux, pour en déduire les combinaisons nécessaires et les lois qui président à la formation des anomalies sociales et à l'évolution rétrograde des associations humaines.

DEUXIÈME PARTIE

LES MALADIES

DES DIVERSES SPHÈRES SOCIALES

Après avoir fait le diagnostic des maladies sociales d'après leurs symptômes, d'abord en ce qui concerne le système nerveux social et puis touchant la substance sociale intercellulaire, tâchons de nous rendre un compte plus exact des formes que les anomalies sociales peuvent prendre spécialement par rapport à chacune des trois sphères, dans lesquelles se produit l'action des forces sociales, savoir : les sphères *économique, juridique* et *politique*. Quoique les trois sphères soient indissolublement liées entre elles, quoiqu'elles soient immanentes les unes aux autres à l'égal des sphères correspondantes somatiques : *physiologique, morphologique* et *unitaire*, chaque sphère n'en manifeste pas moins des symptômes pathologiques spécifiques. Toutes les parties de l'organisme et toutes ses sphères d'action étant solidaires entre elles et avec la totalité de l'organisme, chaque anomalie doit sans aucun doute réagir sur le tout; mais il n'en existe pas moins des maladies qui attaquent de préférence soit la sphère économique ou juridique, soit la sphère politique. Une crise financière constitue le symptôme d'un état pathologique de la sphère économique, quoique les suites en retentissent toujours dans la sphère juridique par un ébranlement des droits publics et des intérêts privés, ainsi que dans la sphère politique par la perturbation qu'elle cause dans les finances de l'État; l'institution de privilèges en faveur d'un nombre restreint de citoyens, l'abolition violente de droits acquis ou leur translation arbitraire d'une classe de la population à une autre constituent des anomalies juridiques, quoiqu'elles ne manquent jamais de désorganiser simultanément les relations économiques et politiques. Enfin une déclaration de guerre, l'introduction de l'état de siège par l'administration centrale, toute crise politique se font puissamment et immédiatement sentir dans la sphère économique par le ralentissement de la circulation des valeurs et dans la sphère juridique par la suspension des droits et des libertés publiques, quoique les symptômes marquent de préférence un état anormal de la sphère politique.

Et comme dans chacune des trois sphères agissent toujours simultanément les deux éléments anatomiques dont est constituée toute communauté humaine : le *système nerveux social*, comme source d'action primaire, et la *substance sociale intercellulaire*, comme projection de celui-ci, et que chacun de ces facteurs manifeste en cas d'anomalie des symptômes particuliers, il en résulte que les maladies économiques et politiques doivent avoir pour substratum physique et psychique soit le système nerveux, soit la substance sociale intercellulaire. L'inertie économique, l'imprévoyance, la dissipation, le manque d'esprit d'épargne, d'entreprise et d'invention, l'absence d'aptitudes industrielles constituent des anomalies spécifiques dans la sphère économique qui ont pour substratum les éléments anatomiques du système nerveux social. Par contre, la prédominance d'utilités neutres et négatives sur les utilités positives, la distribution inégale des richesses, les entraves que rencontre leur circulation sont des symptômes d'anomalies économiques qui ont pour substratum la substance sociale intercellulaire. Cette double source d'anomalies se manifeste de même dans la sphère juridique. Le manque de sens pour le juste, l'absence de respect pour les droits d'autrui, des juges partiaux et vénaux, des tribunaux impuissants à garantir la sécurité publique et privée, voilà les symptômes de l'état pathologique du système nerveux dans son action au sein de la sphère juridique. D'un autre côté, l'accumulation désordonnée de lois contradictoires, l'introduction d'un code civil ou criminel qui ne répond pas aux besoins et au niveau de culture de la masse de la population, l'absence de garanties pour la propriété mobilière et immobilière, pour les transactions financières, pour le commerce et l'industrie, voilà des anomalies qui, dans la sphère juridique, se produisent par rapport à la substance sociale intercellulaire. Il en est de même de la sphère politique. Une guerre civile, le changement d'un ministère, le renversement d'un gouvernement, un pouvoir central impuissant, présentent des symptômes de crises et d'anomalies politiques dont la source gît dans un état pathologique du système nerveux social, tandis que le déficit d'un budget, des impôts excessifs, la suspension des paiements de la dette publique constituent des symptômes d'anomalies politiques qui se rapportent à la substance sociale intercellulaire.

Les maladies psychophysiques auxquelles est sujet l'individu découlent également de deux sources : l'une primaire, représentée par les centres nerveux et les nerfs sensibles et moteurs, et l'autre secondaire, représentée par la substance intercellulaire. Toutes les désharmonies, les déséquilibrations et les malformations psychiques, toutes les formes de la folie, aiguë et chronique, généralisée et partielle, continue et intermittente, doivent être ramenées à l'une ou à l'autre de ces deux sources et, dans la plupart des cas, à leur action simultanée. Ce sont, d'un côté, les lésions et les dégénérescences du système nerveux, et, de l'autre, la distribution irrégulière et la décomposition du sang, ce représentant de la substance nutritive par excellence, ainsi que les sécrétions morbides accompagnées d'autointoxication qui causent toutes les aliénations dans l'acception la plus large de ce terme. C'est au médecin, guidé par les sciences biologiques et la psychiâtrie, de faire le diagnostic de la maladie de l'individu d'après les symptômes qu'elle manifeste et d'appliquer les remèdes thérapeutiques que l'art médical indique; c'est à l'homme d'État, éclairé par la pathologie sociale, d'étudier et d'analyser l'état anormal d'une société et de rechercher les moyens de combattre les maladies sociales dont les symptômes se sont manifestés.

CHAPITRE QUATRIÈME

ANOMALIES DE LA SPHÈRE ÉCONOMIQUE

I

L'intégration plus intense des énergies marchant de pair avec leur différenciation toujours plus spécialisée constitue les fondements de la loi d'évolution progressive non seulement pour la vie organique, mais pour la totalité des phénomènes de la nature. Dans la sphère économique de la société humaine cette loi se manifeste par une production, un échange et une consommation toujours plus intenses et plus spécialisées des richesses et des services. Pour que les forces économiques se produisent avec une intensité et une différenciation croissantes, il faut que d'un côté le système nerveux social dans son ensemble et dans ses parties élémentaires, les cellules humaines, agisse avec une vigueur spécifique toujours plus intense et que la substance intercellulaire sociale s'accumule et se spécialise toujours plus fortement. La coopération de ces deux facteurs, dont se compose la vie économique de la société, donne naissance au capital, à la division de travail, à l'échange des produits, à la consommation de valeurs toujours plus variées. Tout cet agencement complexe de forces physiologiques, dont est accompagnée l'évolution progressive de la vie économique de la société, nous l'avons résumé dans la formule :

Augmentation de la propriété marchant de pair avec une liberté économique toujours plus large.

Nous avons choisi cette formule parce qu'elle exprime de plus près l'analogie de l'action des forces économiques au sein de la société humaine avec celle des forces physiologiques des organismes de la nature et surtout du corps humain, comme le plus parfait de ces organismes. La formule correspond en même temps aux deux principes élémentaires dont les manifestations constituent le monde phénoménal qui nous entoure dans sa totalité et dans ses modulations infiniment variées : le principe de consistance, de concentration et de limitation que nous nommons matière, et le principe d'action, de propagation et d'échange que nous nommons force. La propriété c'est le travail concentré, accumulé, délimité; la liberté, c'est l'action des énergies se manifestant au dehors, se propageant, s'échangeant; c'est en conséquence la matière animée sociale en action.

Sous le terme de la formule : augmentation de propriété, il faut sous-entendre une augmentation de valeurs non seulement en quantité mais encore et surtout en qualité; une concentration de valeurs non pas entre un nombre limité d'individus, mais entre les mains d'un nombre toujours croissant de membres de la société. De grandes fortunes isolées vis-à-vis d'une population nécessiteuse de prolétaires constituent un état social pathologique. Un tel accroissement de la propriété se trouve en contradiction avec la liberté économique et ne peut se développer qu'à ses dépens. En effet, une population ouvrière vivant au jour le jour et forcée de livrer son travail à vil prix sous peine de mourir de faim, peut-elle être considérée comme jouissant de quelque liberté que ce soit dans ses rapports économiques?

La masse de la population se vouant à un travail toujours plus énergique et en même temps propriétaire, voilà l'idéal d'évolution progressive vers lequel tend la société humaine et qu'indique la formule que nous venons d'énoncer.

Cette formule n'a rien cependant à faire avec les tendances communistes qui ne sauraient être réalisées que par une distribution des richesses violente et arbitraire. Elle n'a pas non plus en vue l'égalité dans la distribution des richesses comme idéal économique d'une société qui progresse. Une égale répartition des fortunes est aussi irréalisable que l'identité physique des personnes et l'égalité de leurs qualités morales. Celles-ci, comme les fortunes, peuvent être acquises ou héréditaires. L'école la moins avancée des communistes, en admettant la légitimité de la fortune acquise, dénie celle de la fortune héréditaire. Ce n'est, d'après leur opinion, qu'un arrangement artificiel créé par des lois arbitraires dans le but d'enrichir les classes privilégiées au détriment de la masse des prolétaires. Est-il juste, demandent-ils, de garantir la jouissance de richesses, quelquefois énormes, au profit d'un petit nombre d'héritiers appartenant aux classes élevées de la société, tandis que la masse populaire se trouve dénuée des moyens nécessaires pour satisfaire les besoins même les plus urgents? — Il n'y a qu'une réponse à de pareils arguments : L'hérédité des fortunes n'a pas dès le commencement été instituée par la loi écrite et conventionnelle, mais par la nature même des relations sociales, qui elles-mêmes découlent des lois nécessaires qui président à la vie organique en général. La loi écrite ne fait sous ce rapport, comme sous beaucoup d'autres, que sanctionner, régulariser et déterminer avec plus de précision la loi naturelle. L'hérédité des fortunes a existé de tout temps, avant toute législation coutumière ou formelle, dès que l'humanité fut sortie de l'état primitif et barbare, dont le trait caractéristique consistait justement en ce qu'il n'y avait pas de propriété et en ce qu'il n'y avait conséquemment point d'objets à hériter. L'hérédité des fortunes n'est que le résultat de l'objectivation physique, intellectuelle et morale de la solidarité des générations entre elles. Quant au principe de la justice, il en peut être aussi peu question quant à l'hérédité des fortunes que quant à l'hérédité des qualités physiques et psychiques individuelles. Est-il juste que cet enfant vienne au monde robuste et sain et que cet autre naisse chétif et maladif? Que ce couple donne naissance à des individus doués de capacités brillantes, tandis qu'un autre ne met au monde que des médiocrités et des demi-idiots? — L'hérédité, instituée par des lois immuables de la nature, non seulement se soustrait aux principes de la justice égalitaire, mais a su encore de tout temps se dérober à la loi positive dès que celle-ci a voulu l'abolir ou même la limiter par rapport à certaines formes de la propriété. Abolissez l'hérédité de la fortune foncière, et les biens-fonds n'auront de valeur qu'en tant qu'ils présentent une rente viagère, tandis que le prix des richesses mobilières, devenues les seuls représentants des valeurs héréditaires, s'élèvera. Avec l'abolition du droit d'héritage, même pour celles-ci, les épargnes cesseront tout à fait ou bien l'accumulation des richesses prendra des formes insaisissables pour la loi spoliatrice. Les héritages se feront en cachette, en argent comptant ou en pierres précieuses, au lieu de passer à la postérité au grand jour. — Les individus étant doués d'aptitudes et de capacités infiniment variées et les générations qui se suivent étant indissolublement liées les unes aux autres par une loi immuable de la nature, vouloir égaliser les effets de cette inégalité et limiter cette solidarité en tant qu'elles se produisent et s'objectivent au dehors, dans l'espace et le temps, c'est mutiler une loi naturelle et faire subir à la société les conséquences que doit nécessairement entraîner une telle mutilation, savoir : l'anéantissement de la liberté individuelle, la cessation de toute initiative d'action, de tout esprit d'entreprise, de toute épargne et de toute accumulation de capitaux au-delà de ce qui est nécessaire pour les satisfactions personnelles pendant la courte durée de la vie individuelle.

Tout ce qui concerne la substance sociale intercellulaire n'étant que la projection des énergies du système nerveux social, il faudrait, pour atteindre une égale distribution des richesses, réaliser préalablement l'égalité des énergies de tous les éléments anatomiques qui font partie du système nerveux d'une communauté. Or y a-t-il deux individus qui, sous le rapport physique, intellectuel ou moral, soient identiques? A commencer par l'enfant, encore inconscient de sa propre existence, jusqu'à l'homme mûr dont l'intelligence s'est élevée au niveau de la civilisation de son siècle, à commencer par le crétin jusqu'à l'homme de génie, l'humanité entière et chaque communauté, prise séparément, ne présentent-elles pas une hiérarchie d'aptitudes et de capacités infiniment variées et différenciées d'une manière distincte? L'égalité des fortunes ne saurait en conséquence être réalisée qu'à une condition : c'est par la restriction de la liberté d'action des membres les mieux doués et les plus actifs, ou par une réglementation despotique de l'activité de chaque membre pris séparément. C'est ce que font les communautés religieuses basées sur le principe de la discipline monastique, de la pauvreté obligatoire et du célibat. Mais l'existence de pareilles communautés qui, en leur qualité de corporations, disposent elles-mêmes de moyens d'existence et de valeurs mobilières et immobilières quelquefois importantes, n'est possible qu'au sein d'une société qui leur garantit leur droit de propriété et où la communauté religieuse puise le personnel pour renouveler ses rangs.

L'égalité des fortunes se présentant comme une utopie irréalisable, c'est tout au contraire vers la plus grande inégalité dans la distribution des richesses que tend une société dans sa marche progressive ; et c'est elle qui se présente comme l'idéal de sa plus grande perfectibilité. Mais qu'on ne s'effraye pas ! Ce n'est pas une inégalité désordonnée et incohérente, passant abruptement d'un extrême à l'autre, c'est une inégalité graduée, formant une échelle ininterrompue de termes moyens, qui doit être l'idéal d'une société se trouvant en harmonie avec la loi progressive. Non seulement une telle société doit disposer d'une population de travailleurs qui soient en même temps propriétaires de biens-fonds ou de valeurs mobilières s'accroissant sans cesse par la production et l'épargne, mais il faut encore que de grandes fortunes concentrées entre un petit nombre de mains lui donnent l'autorité, la puissance et l'indépendance financière, commerciale et industrielle. Une telle concentration est absolument nécessaire pour unifier l'action des différents facteurs économiques à l'intérieur, pour leur donner la solidité, la consistance et la continuité hors desquelles tout progrès organique n'est qu'éphémère et illusoire, enfin pour soutenir avec succès la lutte économique à l'extérieur, vis-à-vis des autres communautés, ainsi que sur le marché du monde entier. C'est à une pareille concentration de richesses entre les mains d'une ploutocratie entreprenante et intelligente que l'Angleterre, la France et l'Allemagne sont redevables du rôle qu'elles jouent dans les relations internationales et qu'elles parviennent à garantir la prospérité et la sécurité de leur industrie à l'intérieur. La loi de l'évolution progressive dans la sphère économique découle des mêmes principes généraux que ceux qui président à la sphère juridique et politique; c'est, comme nous l'avons déjà énoncé, une intégration toujours plus intense des forces vitales marchant de pair avec une différenciation toujours plus spécialisée. Une communauté, privée d'une forte autorité judiciaire et d'un gouvernement indépendant et puissant, présentera toujours un organisme en proie à des crises, des déséquilibrations et des anémies incessantes, comme cela sera de même le cas pour toute association financière, commerciale et industrielle privée de capitaux et de crédit. Dans la lutte pour l'existence et en cas de concurrence, de telles communautés ne manqueront pas de succomber à la longue fatalement, si même les forces vitales dont elles disposent, prises ensemble, mais éparpillées sur différents points, l'emportaient sur la somme des énergies moindres, mais plus concentrées, dont disposent leurs adversaires. C'est que la concentration même des forces constitue un principe nécessaire de progrès et de succès, tant pour la société humaine, qu'en ce qui concerne la vie organique en général.

La réunion des richesses entre les mains d'un nombre

plus ou moins limité d'individus et de corporations n'impliquera pas un symptôme pathologique si, à côté des grands propriétaires de biens-fonds et des grands capitalistes, il existe un nombre suffisant de propriétaires et de capitalistes moyens qui serviront de liaison entre ceux-là et la masse des petits propriétaires et des petits rentiers. Ceux-ci, en se groupant autour des représentants des fortunes moyennes, en s'en servant comme soutiens et comme centres d'action, pourront plus facilement se prémunir contre la prédominance excessive des intérêts économiques de l'aristocratie foncière et de la haute bourgeoisie et préserver la communauté des anomalies qu'une telle prédominance entraîne. La petite propriété et la moyenne formeront en même temps la base large et solide où les hautes classes de la société pourront puiser et renouveler leurs forces sans épuiser le sol et sans dégénérer elles-mêmes en parasites. Ce n'est que la dégénérescence de la grande fortune dans ce sens qui implique un état pathologique avec toutes ses conséquences désastreuses.

Mais ce n'est pas seulement sous le point de vue économique que la grande fortune manifeste une influence décisive au sein d'une société. Cette influence se fait sentir dans toutes les sphères : intellectuelle, éthique, esthétique et politique. Un pays sans une concentration de richesses, sous quelque forme que ce soit, serait un pays d'ouvriers, d'artisans et de paysans, non seulement sans grande culture agricole, sans grandes entreprises industrielles et commerciales, mais encore sans une haute culture intellectuelle et sans idéal dans l'art. En fermant à l'individu tout espoir de s'élever au-dessus de ses semblables par son travail, ses aptitudes et ses talents, une communauté basée sur l'égalité des fortunes serait une société où régneraient l'uniformité, l'ennui, l'envie, l'apathie intellectuelle, serait une société dénuée de tout entrain et de toute initiative. Ce n'est pas non plus du principe d'égalité que s'est servie la nature pour la réalisation de l'évolution progressive des forces, tant organiques qu'inorganiques. C'est le plus fort et le plus capable qui, dans le règne végétal et animal, a survécu; c'est la quantité et la qualité des substances nutritives et leur concentration en faveur d'individus et d'organes privilégiés, les plus capables d'en user et même d'en abuser, qui ont décidé de la victoire dans la lutte pour l'existence. Pour la société humaine le princi pe et le point de départ sont les mêmes. L'histoire entière et l'état dans lequel se trouvent encore aujourd'hui les peuplades sauvages en rendent témoignage. Mais à mesure de l'évolution progressive de la société ce sont les capacités intellectuelles et les qualités morales qui entrent en une proportion toujours plus grande comme coefficients pour décider de la victoire dans la lutte tant entre les individus qu'entre les différentes associations et les États indépendants. On ne saurait douter qu'à l'avenir de même la lutte s'élèvera à des sphères dans lesquelles le facteur psychique l'emportera dans une proportion toujours plus forte sur les tendances physiques et purement animales.

Une société sans conflits d'intérêts, sans concurrence dans la production, sans lutte pour l'existence, serait une société vouée à la mort; mais l'opposition des intérêts, la concurrence et la lutte ne doivent jamais perdre leur caractère organique dont le principe repose dans une transformation continue et systématique des facteurs vitaux sans les détruire et même sans affaiblir leur action. Ce n'est que par ce chemin que les résultats les plus productifs peuvent être atteints avec le moins de perte d'énergies vitales; ce n'est que dans cette voie que la société peut avancer en se développant d'une manière progressive selon la loi d'évolution. Une déviation de cette loi implique toujours un mouvement de régression, un état pathologique, une maladie. Le parasitisme sous toutes ses formes, l'affaiblissement de l'action physiologique, la distribution anormale des richesses, la prédominance d'utilités neutres et négatives sur les valeurs d'utilité positive, voilà les symptômes de désorganisation et de dégénérescence de toute association humaine dans la sphère économique, symptômes qui impliquent toujours en même temps une augmentation partielle de la propriété au détriment de la liberté ou *vice versa* un élargissement de la liberté économique dégénérée en licence aux dépens de la propriété.

L'économie politique a étudié tous ces cas d'anomalies économiques d'une manière très détaillée, mais elle les a considérés hors de toute analogie avec les phénomènes correspondants que présentent les organismes de la nature. Il en est résulté un édifice scientifique privé de la base solide des lois naturelles.

II

L'argent et le crédit présentent les phénomènes sociaux qui, à première vue, semblent se prêter le moins à des analogies quelconques avec tout ce qui se passe au sein des organismes de la nature. Pour les expliquer il suffit cependant de se rappeler que les transformations que subit la substance intercellulaire sociale par l'action du système nerveux social ne constituent que la *projection* des énergies psychophysiques de celui-ci. Or, ces énergies manifestent constamment la tendance vers l'unification, qu'elles réalisent en formant des organes centraux, tels que le gouvernement, les tribunaux, le commandement de l'armée, etc. Cette tendance vers l'unification se projette au dehors et se réalise par rapport aux richesses produites, échangées et consommées, par la création d'une mesure commune à toutes les valeurs. Avant d'atteindre cette unification dans les formes qu'elle présente aujourd'hui, avant de s'arrêter aux métaux précieux et aux signes qui les représentent, l'esprit humain a passé par différents essais d'unification incomplète. Les peuples sauvages en Afrique reconnaissent encore aujourd'hui, comme mesures d'échange, du sel, du tabac, du rhum, des perles, des pièces d'étoffe. Les métaux précieux, par leur indestructibilité et par leur divisibilité toujours proportionnelle à la valeur des parties divisées, se prêtent le mieux à servir de mesure d'échange. Aussi l'action unificatrice du système nerveux social s'est-elle définitivement arrêtée aux métaux précieux en projetant sur eux d'un commun accord le centre d'action, autour duquel gravitent toutes les autres valeurs qui circulent dans la société. La meilleure preuve que le prix des produits exprimé en argent présente un phénomène psychophysique dont la source gît dans les tendances unificatrices du système nerveux social, est donnée par tous les signes, d'une valeur intrinsèque nulle, dont la société se sert pour suppléer aux métaux précieux en leur qualité de mesure de la valeur. Il n'est pas nécessaire que les billets de crédit, les obligations, le papier-monnaie soient réalisables à vue ou à quelque terme désigné d'avance. Il suffit que l'opinion publique attache à ces signes une valeur d'échange relative, pour les rendre propres à servir de mesure d'échange. Si les signes de crédit ont cours au-dessous de leur valeur nominale, c'est que l'opinion publique n'est pas sûre de réaliser ces signes, même dans l'avenir; mais l'espoir une fois raffermi, le papier-monnaie, par l'action psychophysique du système nerveux social, peut servir de mesure de valeur pendant un temps indéfini à l'égal des métaux précieux. Les signes d'argent ont dans la sphère économique la même signification que l'écriture dans la sphère intellectuelle et les objets d'art dans la sphère esthétique. Comme ceux-ci représentent des projections de l'action des cellules nerveuses du cerveau humain, de même les signes d'argent ne sont que la projection du système nerveux social dans la sphère économique.

Se trouve-t-il au sein de notre organisme quelque chose qui corresponde à une pareille projection? Sans nul doute. Le sang des veines et celui des artères est, pour chacun de ces deux systèmes, de composition uniforme, et c'est par une action d'intégration du système nerveux, que cette uniformité est produite. Il en est de même de l'égalité de température que le corps humain soutient constamment dans toutes ses parties. Le système nerveux individuel se sert de réflexes comme moyen de communication entre les organes centraux et les différentes parties; la nature des réflexes, leur essence n'a pas encore été saisie par la physiologie et la psychologie; on ne saurait cependant douter que par leur essence et leur analogie avec l'action du télégraphe électrique ils ne portent plutôt le caractère de signes que celui d'une action physico-chimique. L'action des réflexes dans le corps humain est en outre causée par le système nerveux individuel directement, celui-ci étant lié dans ses parties et dans le tout mécaniquement. Il n'a pas besoin de se servir de signes indirects semblables à l'écriture, comme c'est le cas pour le système nerveux social. Par la même raison, le système nerveux individuel ne se sert pas de moyens indirects pour unifier la substance intercellulaire. Il en est autrement du système nerveux social. Ses rapports avec la substance intercellulaire sociale sont beaucoup plus compliqués et portent, par suite de l'échange des produits qui circulent, le caractère d'une action indirecte. Il a en conséquence besoin de signes indirects pour unifier l'échange. Pour y parvenir il concentre son attention sur un petit nombre d'objets propres à être échangés contre le plus grand nombre possible de valeurs. Ces objets sont représentés par les métaux précieux et par les signes qui servent d'équivalent à l'argent. Ces objets et ces signes n'ont de valeur comme argent que grâce à cette tension concentrée et unificatrice du système nerveux social. Qu'un gouvernement révolutionnaire soit renversé, et les signes d'argent qu'il a émis perdent toute leur valeur, comme cela a eu lieu en Hongrie en 1849; qu'on découvre demain un métal plus propre à remplir le rôle de valeur universelle échangeable, et l'or et l'argent n'auront de valeur que comme produits industriels.

Le crédit, encore plus que l'argent, découle de la source primaire de toute action physiologique et économique, le système nerveux. Seulement dans ce cas il s'agit non d'une action patente mais d'énergies latentes. Le crédit a toujours en vue une action future, la dépense de forces actuelles qui doivent être rétablies dans un avenir plus ou moins prochain. Les énergies patentes font, par leur action, crédit aux énergies latentes dans l'espoir d'en être indemnisées dans l'avenir. Cette opération ne devient possible au sein de l'organisme individuel que par l'action régulatrice et rémunératrice du système nerveux qui veille à ce que les obligations de la part de tous les organes, de tous les tissus et de toutes les cellules soient remplies à terme et que les frais des avances faites par les unes soient compensées par le travail des autres.

Le crédit particulier ainsi que toutes les institutions de crédit public et gouvernemental reposent au sein de l'organisme social en dernier lieu sur le même principe. Quand un gouvernement fait un emprunt chez la maison Rothschild, celle-ci, en lui prêtant en métaux précieux ou en signes d'argent la somme demandée, lui avance le travail national accumulé sous la forme d'argent dans l'espoir d'en être indemnisée par le payement d'intérêts et par l'amortissement de la dette contractée, c'est-à-dire par des services et du travail qui doivent se produire encore dans un avenir plus ou moins prochain. La maison Rothschild agit, dans cette occasion, parfaitement en analogie avec l'action d'un groupe de cellules qui, dans le corps humain, coopèrent à la production du sang nécessaire à l'alimentation du cerveau dans l'espoir d'en être indemnisées par une réaction des cellules de la substance grise dont ils ont besoin pour s'activer de nouveau et accumuler de nouvelles énergies.

C'est pour avoir méconnu le caractère psychophysique de l'argent et du crédit, c'est pour avoir considéré les phénomènes économiques, produits par ces facteurs, comme des phénomènes originaires et non comme de simples projections du système nerveux social, que les économistes ont souvent fait fausse route dans leurs recherches scientifiques et que les hommes d'État, par de fausses mesures, ont amené des crises financières.

Puisque l'argent et le crédit représentent des phénomènes de projection psychophysique qui découlent de la tendance du système nerveux social à unifier la substance intercellulaire, puisque la réalisation de cette tendance unificatrice exige la coopération des éléments nerveux sociaux pris dans leur ensemble, il s'ensuit qu'une désorganisation et une dégénérescence de ces éléments doit se faire sentir avant tout et avec le plus de puissance sur la partie de la substance intercellulaire qui est l'objet de l'action unificatrice, savoir sur les valeurs d'argent et sur le crédit. Aussi les bourses sont-elles les baromètres qui reflètent les moindres perturbations psychiques de la société. Elles reflètent, en conséquence, nécessairement aussi, toutes les anomalies nerveuses : surexcitation, suractivité, abattement, panique, crises hystériques, monomanies de grandeur et de persécution, paralysie, folie lucide et raisonnée. L'argent et le crédit représentent non seulement des valeurs d'échange à l'égal d'autres produits, mais la valeur d'échange intégrée, universelle, échangeable contre toutes les autres valeurs. Il s'ensuit que la quantité et la qualité de pareilles valeurs, ainsi que leurs fluctuations plus ou moins violentes, doivent, par contre-coup, affecter toutes les autres valeurs d'échange soit en haussant le prix, soit en le baissant, soit en en activant, soit en en déprimant la circulation. L'action, partant de ces centres d'échange, se répand dans toutes les directions par contre-coups subits ou continus sur un rayon plus ou moins étendu en analogie du processus de surexcitation ou de dépression que subissent les différents groupes de cellules sous l'influence des centres nerveux qui règlent la vie physiologique de l'organisme individuel. En effet, la bourse centrale d'un pays ainsi qu'une banque nationale, en tant qu'elles représentent, non pas seulement des valeurs concentrées, mais aussi des personnalités qui en disposent, correspondent à ces centres nerveux réellement et non pas seulement au sens figuratif. L'anatomie et la psychologie ne sont pas encore parvenues à déterminer les parties du cerveau où ces éléments nerveux se trouvent concentrés. Dans l'organisme social ces centres physiologiques sont représentés par des organes spécifiques, que l'on pourrait désigner comme le cerveau de la sphère économique de la société. C'est de ces centres que part l'action régulatrice et unificatrice de la vie économique d'un pays ou d'un État. D'après les expériences et les observations récentes faites dans le domaine de la physiologie et de la psychiâtrie, il a été prouvé qu'à chaque partie et à chaque fonction du corps correspond un groupe spécial de cellules nerveuses du cerveau. Dans le corps humain ces groupes spéciaux sont cependant réunis dans un organe central qui, comme dit Th. Ribot, apparaît comme un lacis prodigieusement enchevêtré et inextricable. Dans l'organisme social les différentes sphères : économique, juridique et politique disposent chacune d'organes centraux distincts qui en règlent l'action et qui présentent une hiérarchie de cerveaux. Le faîte de cette échelle est occupé par le gouvernement, organe central de la sphère politique, dont la destination consiste dans l'unification de toutes les manifestations spéciales de l'organisme social, les organes spécifiques de la sphère économique et juridique y inclus.

Par suite de cette intégration des intérêts économiques dans des organes centraux à part, représentés par les bourses, et grâce à l'irritabilité et à la variabilité des éléments qui en font partie, ces centres économiques sont les plus exposés à des maladies. En effet, nulle part le parasitisme sous toutes ses formes ne trouve une arène aussi favorable qu'à la bourse. Nulle part l'ignorance, l'imprévoyance, l'imprudence ne sont exploitées avec autant de cynisme, nulle part le faible ne se trouve tellement à la merci du plus fort, du plus adroit et du plus rusé, nulle part le hasard et la conjoncture fortuite ne décident à un tel degré de la victoire. La propriété n'y est souvent qu'un accaparement et la liberté ne s'y fait jour que par une spéculation déréglée et le jeu de bourse.

Si le rôle des bourses se bornait à manifester un agencement morbide pareil, il faudrait les supprimer comme des centres pathogénésiques dangereux, qui ne servent qu'à répandre au sein de l'organisme social des sécrétions venimeuses d'intoxication. Cependant, malgré les anomalies nombreuses auxquelles sont sujettes les bourses à cause de leur incitabilité maladive, un pays de haute culture économique ne saurait s'en passer. Si elles sont une source de déséquilibration et de malformation, elles servent, par contre, dans leur état normal, à régler, à alléger et à mettre en harmonie la circulation des valeurs qui sont produites, échangées et consommées au sein de la société. Les effets échangés à la bourse sont appelés à répandre dans le pays les capitaux qui font fructifier l'industrie; ils éveillent l'esprit d'entreprise, allègent le commerce, animent le crédit; ce n'est que quand la bourse se trouve dans un état pathologique qu'elle inonde le pays de valeurs imaginaires, et encourage une spéculation basée exclusivement sur le hasard et la confiance aveugle d'un public ignorant. Un pays cultivé, industriel et commerçant ne saurait, en conséquence, comme nous venons de le dire, se passer de l'institution des banques et des bourses ; mais malheur au pays où ce cerveau de sa vie économique est atteint d'une diathèse ou d'un état morbide chronique.

Par quels moyens serait-il possible de parer à un tel état

morbide ou au moins de mitiger les conséquences désastreuses qui en résultent?

Les éléments spécifiques nerveux, concentrés dans les institutions de crédit, qui règlent la vie économique d'un pays, correspondent, comme nous l'avons indiqué, aux parties cérébrales de l'organisme individuel qui président à sa vie physiologique. Ces parties spécifiques du cerveau sont disciplinées par l'organe central, le cerveau entier, qui règle et unifie l'action de toutes les forces vitales du corps tant physiologiques que morphologiques et unitaires. Dans l'organisme social cet organe central est représenté par le gouvernement, comme dans l'organisme individuel par le cerveau entier. L'unité d'action dans l'organisme social ne saurait en conséquence se réaliser que si les organes centraux secondaires : économique, juridique et politique, suivent la direction de l'organe central qui représente l'unité de l'organisme social entier. C'est donc au gouvernement de veiller à ce que les banques, les bourses et toutes les institutions de crédit ne dépassent pas les limites que leur assigne l'intérêt de l'État et de la communauté, que leur action ne soit pas entachée de parasitisme, qu'elles ne prospèrent pas au détriment de la propriété et de la liberté, privée et publique. Toutes les anomalies, toutes les crises financières, ont été plus ou moins causées par un manque de contrôle et de direction de la part des gouvernements vis-à-vis des institutions de crédit publiques et privées. Si d'un côté une réglementation trop minutieuse et trop sévère peut paralyser et étouffer l'esprit d'entreprise et de spéculation, il n'en est pas moins de première nécessité que la vie économique, en ce qui concerne surtout les organes centraux, soit réglée par le gouvernement sous peine de subir des anomalies qui peuvent gagner par degré l'organisme entier et tarir les sources mêmes où il puise ses forces.

III

Les opinions des économistes sur les avantages de la grande propriété immobilière opposée à la petite et de celle-ci vis-à-vis de la première sont très divisées et quelquefois contradictoires. Ceux qui penchent vers les idées démocratiques se prononcent d'une manière décidée en faveur de la petite propriété, tandis que les adeptes des tendances conservatrices et aristocratiques se déclarent en faveur de la grande propriété immobilière. Malgré le grand nombre d'arguments que les uns et les autres énoncent pour défendre leur thèse, la question en litige n'a pu encore être tranchée par l'économie politique. C'est que la préférence qu'on devrait donner à l'une ou à l'autre de ces deux formes de propriété ne saurait être déterminée théoriquement. Elle dépend d'un grand nombre de facteurs physiques et psychiques : de la configuration du sol, du climat, des influences atmosphériques, du développement historique d'une communauté, de sa constitution politique, etc. Sur un sol, comme celui de la Chine centrale, qui se prête au jardinage au moyen de la main-d'œuvre et d'outils très simples, la petite propriété peut prospérer. Mais si la Chine était couverte de terre glaise qui ne peut être labourée qu'au moyen d'un grand nombre de bestiaux, la grande propriété ou du moins la propriété moyenne y aurait présenté des avantages plus grands. Dans un pays à irrigation artificielle, la petite propriété ne saurait prospérer que si l'État se charge des grands travaux d'irrigation et en règle tout le système.

Dans ce cas, c'est donc l'État qui supplée à l'insuffisance de la petite propriété et se comporte comme le grand propriétaire unique du sol. Par contre, dans un pays couvert de marécages, de grandes forêts et de pâturages impropres à la culture, la grande propriété présenterait des avantages décisifs sur la petite. Et toutes les sphères sociales étant, en ce qui concerne leur évolution et leur action réciproque, solidaires entre elles, il s'ensuit que la formation de la propriété immobilière dépend en outre de la constitution politique de l'État et de l'évolution historique par laquelle il a passé. Une société aristocratique ne peut être assise solidement et jeter des racines profondes qu'à condition de s'appuyer sur la grande propriété foncière, tandis que la petite propriété immobilière correspond le plus à une société organisée démocratiquement.

Les mêmes facteurs géologiques, topographiques, atmosphériques, historiques et constitutionnels doivent décider des avantages que présente la propriété commune du sol vis-à-vis de la propriété immobilière personnelle et *vice versa*. La propriété commune du sol existe encore aujourd'hui dans la Russie centrale et orientale, aux Indes, en Suisse et dans plusieurs autres pays. — La propriété commune du sol présente, sans nul doute, des désavantages marqués pour ce qui concerne l'exploitation agricole des biens-fonds, mais la valeur la plus grande d'un pays est représentée non par les produits échangeables, mais par sa population. Or, quant à celle-ci, la propriété commune présente, sur un sol encore vierge et pour un pays qui se trouve encore en marche vers la civilisation, des avantages tellement importants que ce n'est qu'avec la plus grande circonspection qu'on devrait y porter la main. Certainement, à mesure du développement progressif d'une communauté, la propriété commune tend à se dissoudre en petites propriétés personnelles. Une législation sage devrait en conséquence avoir en vue non une dissolution abrupte et violente de la communauté du sol, mais l'évolution naturelle de la propriété immobilière en harmonie avec son développement historique et le génie national de la masse populaire.

Conformément au principe que nous avons énoncé plus haut, que ce n'est pas l'égalité, mais une plus grande inégalité qui caractérise un degré plus élevé de l'évolution sociale, nous sommes d'avis qu'un pays qui réunit en lui toutes les formes de propriété immobilière, la grande à côté de la moyenne et de la petite, et la propriété communale du sol à côté de la propriété personnelle, présente le plus de garanties de prospérité et de progrès vis-à-vis de tout autre pays dont la constitution physique et sociale ne permettrait de réaliser qu'une seule de ces formes de propriété immobilière. Un tel pays à propriété uniforme serait privé des ressources et des avantages que présentent les autres formes de propriété immobilière et serait exposé à des malformations économiques et politiques de nature très grave. Ce n'est que la multiplicité des formes qui, dans la nature, ainsi que dans la société, garantit la plénitude du développement des énergies vitales.

La multiplicité des formes de la propriété immobilière sert également d'immunité pour un pays contre toute une série d'anomalies économiques. La prépondérance excessive d'une de ces formes entraine presque toujours la suppression et la ruine de toutes les autres formes. Ainsi les latifundia de l'ancienne Rome ont absorbé et dissous la petite propriété en Italie, en sapant en même temps les fondements les plus sûrs de l'État romain. Au nord de la Finlande, où prédomine la petite propriété, la grande propriété foncière a complètement disparu. En Russie, la lutte entre la grande et la petite propriété foncière est engagée depuis l'émancipation des serfs, et dans plusieurs parties de l'empire elle finit par la ruine des grands propriétaires. Ce serait un malheur irréparable pour la Russie, si la grande propriété finissait par sombrer définitivement.

La propriété immobilière est sujette à un état pathologique d'une autre nature encore. C'est l'endettement excessif des biens-fonds. Dans quelques pays, les hypothèques atteignent des dimensions qui surpassent la valeur même des biens-fonds. Le propriétaire, dans ce cas, n'est que le fermier du capitaliste, entre les mains duquel se trouvent les obligations hypothécaires. Cette anomalie est surtout au désavantage d'un pays lorsque ces obligations se trouvent entre les mains de l'étranger. C'est sous une autre forme un véritable impôt dont est surchargé la propriété immobilière d'un pays en faveur de l'étranger. C'est la suppression de la propriété nationale par le capital cosmopolite.

Ce que nous venons d'énoncer concernant la propriété immobilière s'étend également à la grande industrie dans ses rapports avec les arts et métiers et la petite industrie, surtout celle exercée à domicile. L'absorption de celle-ci et la ruine des arts et métiers par la grande industrie constituent toujours un état pathologique pour le pays qui en est atteint. Un état morbide pareil ne saurait être prévenu que par des voies naturelles et jamais au moyen de mesures arbitraires et spoliatrices. Or l'évolution naturelle d'une société qui progresse économiquement consiste dans la réalisation du principe de la plus grande inégalité dans le sens que nous venons de lui donner. Ce principe implique une transition graduelle entre les extrêmes de concentration et de dénûment et une multiplicité toujours croissante des rapports qui en résultent. Ce n'est que quand la grande industrie est liée, par une chaîne ininterrompue de nœuds transitoires représentés par l'industrie moyenne, aux arts et métiers et à la petite industrie, que celle-ci peut trouver des garanties suffisantes contre son absorption par le grand capital cosmopolite. Ce n'est qu'à cette condition que l'industrie, s'appuyant sur une base plus large, peut acquérir une certaine fixité et une indépendance relative vis-à-vis des influences flottantes du marché international. Ce n'est enfin qu'à cette condition que l'industrie d'un pays peut conserver son caractère national sans être privée de la concentration des forces économiques nécessaire pour soutenir la concurrence au dehors. L'idéal du progrès économique auquel, en conséquence, toute communauté doit tendre, c'est la diffusion la plus large, dans la masse de la population, des aptitudes industrielles, de l'esprit d'entreprise et d'invention, de prévoyance et d'épargne, afin que chaque ouvrier ait la possibilité de devenir rentier lui-même et de prendre comme capitaliste une part active au mouvement industriel. Par la réunion, dans la même personne, de la main-d'œuvre et du capital, la question d'antagonisme, à première vue irréductible, entre le travail et le capital, sera résolue par la vie réelle elle-même. Les associations coopératives d'ouvriers, industrielles, commerciales et financières, de production et de consommation, caisses d'épargnes, institutions de crédit mutuel, etc., qui de nos jours ont pris dans la plupart des pays d'Europe un grand essor, en rendent témoignage.

Cependant, malgré ce mouvement réparateur et médicateur, l'antagonisme entre le travail et le capital soulève encore dans les classes engagées dans la lutte des passions orageuses. Le sentiment de solidarité, condition *sine qua non* de toute action sociale, ainsi que de toute entreprise industrielle, devrait servir de contrepoids aux divergences d'intérêts des différents facteurs qui y coopèrent. Cependant ce sentiment ne fait que faiblir de jour en jour, obscurci qu'il est par l'excitation qui a gagné la classe ouvrière. C'est que la prédominance de la grande industrie présente pour un pays des dangers plus sérieux encore que ceux qu'entraîne la grande propriété foncière. La transmigration de la population agricole dans les grandes villes et son entassement dans les grands centres industriels avec tous les désavantages et les périls qui en résultent sous le rapport hygiénique, moral et économique, ont donné aux questions sociales le caractère aigu et passionné qui les distingue de nos jours et qui présage dans l'avenir des orages nombreux. La déséquilibration sociale qui en est le résultat a donné naissance à ce qu'on entend de nos jours par la *question sociale* proprement dite, quoique les phénomènes qu'elle embrasse ne constituent qu'un domaine spécial et très limité de la vie organique de la société moderne.

La raison en est claire. Sur le terrain de la grande industrie, le capital, ce représentant cosmopolite de la fortune mobilière, se trouve placé immédiatement vis-à-vis du travail d'une population concentrée sur certains points du territoire en masses compactes. Les intérêts du travail et du capital se heurtent sur ce terrain limité de plus près et avec le plus d'énergie. Pour l'agriculture, cette opposition d'intérêts n'est pas aussi prononcée, surtout dans les pays où la petite propriété foncière s'est raffermie et où la propriété moyenne sert de liaison et de transition entre la grande et la petite propriété immobilière. L'exploitation agricole est plus disséminée que celle de la grande industrie ; elle est en outre dans la plupart des pays, en ce qui concerne surtout les rapports entre propriétaires et fermiers, réglée, sinon par la loi écrite, au moins par des habitudes et coutumes traditionnelles, mitigées encore par l'esprit conservateur de la population agricole. Le grand propriétaire, comme aussi le moyen et le petit, sont des personnalités placées vis-à-vis de la population locale. Le capital engagé dans la grande industrie moderne est, au contraire, dans la plupart des cas, impersonnel, anonyme, cosmopolite. Les directeurs des compagnies d'actionnaires ne sont souvent que des mercenaires qui font marcher l'entreprise dans le but unique de procurer des intérêts aussi élevés que possible aux détenteurs d'actions disséminés dans le monde entier, et les actions, cotées à la bourse, passent de mains en mains en dehors de tout contact avec la population ouvrière engagée dans l'entreprise. Que le prix du travail baisse, le taux du capital et la valeur des actions — toutes les autres conditions supposées égales — s'élèveront nécessairement. Le capital étant impersonnel, représentant une chose et non une personne, peut donc manifester, lorsqu'il trouve les conjonctures favorables, des tendances à déprimer le prix du travail jusqu'au dessous du niveau de ce que les Anglais appellent *standard of life*, c'est-à-dire au-dessous de ce dont le travailleur a besoin pour exister. C'est cette tendance du capital à déprimer le prix du travail que les socialistes nomment la loi d'airain, sous laquelle, disent-ils, gémit la population ouvrière grâce à l'organisation économique de la société moderne. Ont-ils raison de prêter ce caractère à la loi qui règle l'offre et la demande de travail ? Sous un rapport, oui. Car toutes les lois naturelles sont nécessaires, immuables et, pour ainsi dire, fatales. La loi d'hérédité ne porte-t-elle pas encore plus ce caractère et ne faudrait-il pas avec encore plus de fondement la désigner comme une loi d'airain ? Dans la coopération ainsi que dans la lutte du capital avec le travail, il y a deux facteurs sous beaucoup de rapports mutuellement incommensurables : la chose et la personnalité. Le capital est impersonnel, tandis que le travailleur constitue une individualité de chair et d'os. Le capital appartient à la substance sociale intercellulaire, tandis que le travailleur fait partie du système nerveux social. Le tort des socialistes consiste, non en ce qu'ils désignent la loi qui règle l'offre et la demande du travail, comme une loi immuable, mais en ce qu'ils la marquent comme une élucubration artificielle de la société moderne, comme le fruit de l'égoïsme, de l'arbitraire et du despotisme, comme une loi enfin qui peut être abolie par des réglementations législatives ou administratives. Or ce n'est pas par ce chemin que cette loi naturelle peut dans son application et ses conséquences être mitigée et transportée dans des sphères d'évolution plus élevées. Ce résultat ne peut être atteint que par des moyens de même nature que ceux dont est issue la loi elle-même, par des voies organiques. Et c'est justement par ces voies que la partie saine de la population ouvrière cherche de nos jours à y remédier. Nous avons indiqué plus haut les tendances de la population ouvrière à s'organiser, d'une manière indépendante, au moyen d'associations coopératives. Il nous reste encore à marquer le caractère international dont se sont investies quelques-unes de ces tendances.

Ce n'est pas fortuitement que de nos jours le mouvement dont est agitée la classe ouvrière porte un caractère international. L'adversaire qu'elle croit devoir refouler étant investi d'un caractère cosmopolite, ce n'est que sur le même terrain et avec les mêmes armes qu'elle peut espérer le combattre avec des chances de succès. Pour contrebalancer les intérêts internationaux des capitalistes et des grands industriels, soit qu'ils s'appuient sur des associations ouvertement constituées, soit qu'ils agissent de commun accord tacitement, la classe ouvrière organise de son côté des syndicats chargés de veiller à ses intérêts et les délégués de ces associations forment la contre-partie aux relations des représentants de la grande fortune mobilière sur le marché du monde. Ce sont de nouveaux organes en voie de formation d'après les mêmes principes vitaux qui ont présidé à la genèse et au développement de tous les organes spécifiques de l'organisme individuel, ainsi que social, destinés à régler et à équilibrer l'action des différents facteurs dont la coopération ou l'antagonisme détermine l'agencement physiologique d'un organisme. Ces nouveaux organes extérieurs, après s'être constitués en conformité avec la loi d'adaptation au milieu ambiant, fonctionneront avec les mêmes moyens et dans le même but que les organes coordinateurs intérieurs de l'organisme. En réprimant les excès d'action et en excitant les énergies encore latentes en ce qui concerne l'économie internationale, ces nouveaux organes correspondront parfaitement aux organes de dépression et d'excitation qui règlent toute la vie intérieure des organismes individuels. La science sociale, guidée par les lois naturelles, ne saurait refuser à cette action le droit de se produire et de se développer. Ce ne sont que les anomalies qu'elle manifeste et leurs conséquences désastreuses que la pathologie sociale est appelée à étudier et à constater. C'est ce dont nous allons nous occuper.

La thèse fondamentale, qui sert de point de départ aux socialistes et même aux communistes, c'est le principe que le salaire de l'ouvrier doit suffire aux nécessités urgentes de son existence. Rien de plus juste. C'est avant tout la science sociale qui reconnait les lois naturelles comme base de toute action organique qui y doit souscrire. L'individu constituant l'élément anatomique le plus précieux de l'organisme social en sa qualité de cellule élémentaire, source de toute action vitale, la science sociale positive en déduit que c'est à la conservation, au développement et à l'accumulation des énergies qui l'animent que doit coopérer avant tout l'action de l'organisme social. Mais ce but peut-il être atteint hors de l'action de la cellule elle-même? la cellule peut-elle conserver et développer ses énergies indépendamment de l'exercice autonome de ses propres forces? Non, toute la nature organique nous en rend témoignage. Il faut en conséquence que l'individu, pour conserver, développer et accumuler ses énergies vitales, travaille et que son travail soit d'autant plus autonome et plus intense qu'il veut s'élever plus haut sur l'échelle des êtres. C'est ici que le chemin que poursuit la science sociale se sépare de la voie qu'ont choisie le communisme, le collectivisme et le socialisme. C'est la réglementation du travail d'un caractère plus ou moins coercitif que ces écoles préconisent, tandis que la science sociale positive montre, comme l'idéal vers lequel doit tendre toute société dans son évolution progressive, le travail libre.

Le *standard of life* présente deux côtés différents. Il peut être considéré et évalué sous le point de vue de la production ou sous celui de la consommation.

Quant à la production, la norme du *standard of life* a été déterminée de nos jours par les représentants de la classe ouvrière en ces termes : huit heures de travail, huit heures de repos et huit heures de sommeil.

Si cette formule n'exprimait qu'une norme idéale de laquelle toutes les branches industrielles devraient s'approcher autant que possible, il n'y aurait rien à redire. Mais, sous le point de vue pratique, la réalisation de co *pium desiderium* se heurte contre des difficultés sérieuses et quelquefois insurmontables. Il y a des branches d'industrie qui ne peuvent s'y prêter sans être infailliblement ruinées. Telles sont la plupart des professions soi-disant libres, telle est surtout l'industrie agricole. Le paysan du nord de la Russie travaille pendant les longues journées et les nuits claires de l'été jusqu'à 16 et 18 heures par jour pour utiliser l'espace de temps très court que le climat septentrional lui mesure pour la culture des champs, sauf à se dédommager plus tard par un repos prolongé en hiver. Un pays, privé de capitaux et avec une industrie manufacturière naissante, ne peut soutenir la concurrence étrangère, lorsque celle-ci dispose de capitaux plus forts et d'une industrie plus développée, qu'en y suppléant par un travail plus assidu et plus prolongé. En forçant la population d'un tel pays à ne travailler que huit heures par jour, on vouera des branches entières de son industrie naissante à une ruine certaine et la population qui s'en nourrit à la famine. Ce n'est pas tout. Le but que la formule énoncée plus haut a en vue : la prospérité matérielle et le développement intellectuel et moral de la population ouvrière, ne pourra être atteint qu'à condition que les huit heures de repos seront effectivement vouées à relever le niveau matériel et immatériel du peuple. Si les huit heures de repos sont vouées au désœuvrement, à l'intempérance, aux agitations politiques, le niveau général de prospérité d'un pays baissera nécessairement au lieu de s'élever. Il en résultera un état pathologique qui consumera par degrés les forces vitales du pays. C'est que le taux des salaires par lui-même ne peut jamais servir de mesure pour déterminer le degré de prospérité réelle de la population ouvrière d'un pays. Car ce n'est pas la valeur des produits, comme nous l'avons démontré, qui décide du développement progressif du système nerveux social dans son ensemble et dans ses parties, représentées par les individus-cellules, mais c'est de l'utilité positive, neutre ou négative que dépend la prospérité ou la dégénérescence d'une population. Des salaires élevés n'ont souvent servi qu'à une consommation plus forte d'utilités neutres et même négatives en entraînant la population ouvrière à l'intempérance, au désœuvrement et à la dissipation. Le bas prix des salaires au contraire a servi quelquefois de frein salutaire aux mauvaises passions et a ramené le peuple à une discipline plus sévère du travail. Les populations qui se trouvent placées au bas de l'échelle de civilisation ne font ordinairement preuve d'énergie que lorsqu'elles sont pressées par des besoins urgents et de première nécessité. Pour elles une élévation de salaire ne serait qu'une prime à l'inactivité et leur prospérité marcherait en proportion inverse de cette élévation. C'est que la formule qui doit exprimer le niveau du *standard of life* est composée de deux coefficients : la hauteur des salaires et le niveau moral et intellectuel de la population qui en jouit. Lorsque ces deux coefficients croissent simultanément, ils donnent lieu à une évolution progressive en même temps matérielle et psychique. Si le niveau intellectuel et moral d'une population baisse, le haut prix des salaires ne peut servir qu'à accélérer la marche rétrograde; tandis qu'une population intelligente et morale peut souffrir matériellement par suite de l'abaissement du prix du travail sans se dégrader et sans donner lieu à une dégénérescence du système nerveux social.

Mais, dira-t-on, bien des membres des hautes classes de

la société moderne, surtout dans les pays qui jouissent d'une haute culture et disposent de beaucoup de richesses, ne font que chômer toute leur vie grâce aux valeurs, quelquefois énormes, qui se trouvent concentrées entre les mains d'un petit nombre d'individus. La population ouvrière n'est-elle pas induite par leur exemple à repousser le travail comme un poids dont elle est accablée arbitrairement, et ne serait-il pas injuste de traiter trop sévèrement son désir de participer de son côté aux jouissances de la vie ? C'est la science sociale dont nous sommes les adeptes qui se refuse le moins à reconnaître à la classe ouvrière le droit de se récréer et de raviver ses forces, dépensées au travail, par un repos suffisant et par des distractions, à condition seulement que celles-ci ne se trouvent pas en contradiction avec les règles de l'hygiène et les préceptes de la morale. Les cellules de l'organisme végétal et animal ne se reposent-elles pas également par des intervalles plus ou moins réguliers afin de régénérer les énergies dépensées par le travail organique? Quant aux fêteurs, nous en avons déjà, dans la première partie de notre étude, relevé le caractère éminemment parasitique qui les livre à la déconsidération publique. Or, une société cultivée et riche peut, sans déchoir, se permettre le luxe d'un parasitisme pareil lorsqu'il est pratiqué par une classe d'individus peu nombreuse. Mais lorsque la masse de la population tend à se revêtir du même caractère, nulle communauté, quelles que soient sa culture et ses richesses, ne pourrait supporter un tel déchet de ses forces, sans être vouée infailliblement au dépérissement et à un appauvrissement général.

L'excitation de la population ouvrière à exiger des salaires toujours plus élevés, en faisant même abstraction des conséquences désastreuses qu'une telle agitation peut entraîner pour la classe ouvrière elle-même, ne manque pas de causer encore d'autres perturbations purement économiques. Une élévation excessive des salaires doit nécessairement entraîner, *cœteris paribus*, l'abaissement correspondant du revenu du capital. Celui-ci, quoique n'étant par lui-même qu'une chose et, comme telle, ne constituant qu'une partie de la substance sociale intercellulaire, n'en représente pas moins les intérêts vitaux d'une autre partie de la population, ceux des grands et des petits rentiers. Ceux-ci, de même que les ouvriers, constituent les éléments primaires du système nerveux social. En abaissant le revenu du capital on les prive d'une partie notable de leurs moyens d'existence et la dépression des valeurs peut même, surtout en ce qui concerne les petits rentiers, rabaisser ces moyens jusqu'au-dessous de leur *standard of life*. En abaissant le revenu du capital engagé dans l'industrie, on peut de plus l'en chasser tout à fait, au grand détriment des intérêts de la population ouvrière elle-même. En même temps on décourage l'esprit d'économie et d'épargne et on stimule les tendances d'imprévoyance qui portent l'individu à dépenser ses revenus improductivement. Or, ce n'est que par l'épargne que peut être conservé et augmenté le capital national qui fait fructifier l'industrie, la grande autant que la petite. Toute autre voie de former le capital et de le mettre à la disposition de l'industrie est illusoire. L'État lui-même, s'il devenait le seul entrepreneur industriel d'un pays, ne pourrait se procurer le capital nécessaire que par des impôts et des emprunts, c'est-à-dire en ayant recours aux épargnes forcées ou volontaires de la population même.

Dans le but de mettre fin aux exigences excessives de la classe ouvrière et de les concilier avec les intérêts du capital, dans plusieurs pays à grande industrie se sont constitués des comités d'arbitrage, chargés de résoudre les questions en litige entre les patrons et les ouvriers, entre le capital et le travail. Ces comités représentent de nouveaux organes qui ont pris naissance et qui se sont formés sur le même principe et d'après la même nécessité vitale que tous les organes appelés à régler l'action physiologique au sein de la société humaine. Ces organes, nouvellement créés, n'ont cependant pas encore acquis la consistance et l'intensité nécessaires pour réprimer la surexcitation qui a gagné une grande partie de la population ouvrière. Des grèves ruineuses continuent à produire leurs ravages, en marquant leur chemin par des ruines et des souffrances matérielles et morales. Les pertes énormes que les dernières grèves d'ouvriers ont causées en Amérique en rendent témoignage.

L'antagonisme naturel entre le capital et le travail se complique encore d'une multiplicité de causes occasionnelles et fortuites. Aucune entreprise ne saurait exister longtemps, si les frais de production des denrées qu'elle débite ne sont couverts par les valeurs produites. Or la valeur des produits est fixée par l'offre et la demande, qui à leur tour dépendent d'un grand nombre de conjonctures déterminées par la concurrence, l'énergie de la consommation et d'autres facteurs, quelquefois tout à fait incalculables. Tous ces facteurs peuvent non seulement rabaisser outre mesure et même réduire à zéro l'intérêt du capital engagé, mais encore forcer l'entrepreneur à congédier une partie des ouvriers dans le but de restreindre la production, ou bien à réduire le salaire des ouvriers jusqu'au-dessous de la norme de leurs frais d'entretien. L'entreprise une fois sombrée, il ne s'agit plus d'antagonisme entre le capital et le travail, mais de la ruine de l'un et de l'autre. Si la ruine n'atteint que des entreprises isolées, la crise peut conserver un caractère temporaire et local. Mais quelquefois des branches entières d'industrie en sont atteintes et alors l'état pathologique peut prendre un caractère chronique et retentir dans l'organisme entier d'une société. C'est aux hommes d'État de prévenir de pareilles crises générales et de parer à leurs suites désastreuses par des mesures financières, législatives et internationales. Quant à la Pathologie sociale, elle n'a qu'à les analyser et à rechercher les lois qui président à ces anomalies dans la sphère économique.

Nous avons déjà énoncé plus haut que, selon les principes établis par la Pathologie cellulaire de Virchow, il n'existe pas de différence absolue entre l'état normal et l'état pathologique d'un organisme. L'état anormal ne consiste qu'en ce que les cellules manifestent une action intempestive, déplacée, ou bien qu'elles agissent avec une énergie soit excessive, soit insuffisante. Une maladie, en d'autres termes, n'est toujours qu'une aberration d'un certain groupe de cellules soit dans le temps, soit par rapport au lieu, soit par l'excès ou le manque d'énergie d'action (1).

Toutes les anomalies dans la sphère économique de la société se réduisent également à l'une de ces trois catégories d'aberrations. Une entreprise financière, commerciale, industrielle ou agricole ne vient à faiblir et à dégénérer que lorsque la production, la distribution ou la consommation des valeurs sont intempestives, déplacées ou qu'il y a excès ou manque de production ou de consommation. Analysez les crises financières qui ont sévi en Angleterre vers le milieu de notre siècle par suite de la construction hâtive et prématurée des chemins de fer et vous trou-

(1) Tome IX, chap. VII.

verez qu'elles ont eu pour source principale une aberration dans le temps. La Russie souffre encore aujourd'hui du déplacement à l'étranger des capitaux représentés par les emprunts d'État ou hypothéqués sur la propriété foncière. C'est donc une aberration d'espace. La crise agricole, à laquelle est en proie de nos jours une grande partie de l'Europe, est causée par une surproduction de céréales marchant de pair avec un manque de consommation. Par contre, en temps de guerre, un phénomène opposé se produit ordinairement. La demande et la consommation des objets nécessaires pour la défense du pays sont excessives et urgentes; l'État, et en dernier compte la nation, sont obligés de payer ces objets à un prix outre mesure au-dessus des frais de leur production en enrichissant les entrepreneurs au détriment des finances de l'État. Il y a dans ce cas excès anormal de consommation vis-à-vis d'une sous-production des valeurs qui sont demandées. Ce sont donc des aberrations d'énergie.

Des crises analogues sont quelquefois causées, non par des fluctuations subites et imprévues dans l'offre et la demande, comme c'est le cas en temps de guerre, mais par une transformation et une dislocation lente des conditions dans lesquelles se trouve le marché. La crise agricole de nos jours n'a pas éclaté subitement sur l'Europe; elle s'est annoncée par des pronostics plusieurs années d'avance. Ce n'est qu'à l'imprévoyance de leurs gouvernements que les agriculteurs doivent imputer les désastres auxquels ils sont en proie. Plus le marché s'étend, plus la supputation et l'appréciation des facteurs qui déterminent l'offre et la demande d'un produit sont difficiles et sujettes à des mécomptes. De là aussi tant de branches d'industrie qui, de nos jours, se trouvent en souffrance sans qu'on puisse en approfondir les causes. La complexité des intérêts, l'excès de la concurrence, les déplacements et les fluctuations violentes et imprévues que subit le capital et la main-d'œuvre sont tels que le besoin de régler les intérêts en conflit se fait sentir de plus en plus. Les syndicats des capitalistes et des entrepreneurs, les associations d'ouvriers, locales et internationales, qui se sont formées de nos jours, en rendent témoignage.

Cette partie de la question sociale a déjà été l'objet de tant d'études spéciales que nous croyons pouvoir nous borner à ces indications générales. Elles suffiront pour orienter le lecteur dans le dédale si compliqué de l'agencement et de la connexion des forces sociales et pour le placer au point de vue dont nous considérons la vie économique de la société dans ses manifestations normales et pathologiques.

Individualité et solidarité, ce sont les deux pôles autour desquels tourne toute vie organique et sociale (1). Quoique opposés l'un à l'autre, ces deux pôles n'en constituent pas moins la cheville ouvrière de l'évolution de toute société. L'harmonie, l'unité de l'action constituent certainement le but final de tout être vivant; mais conformément aux lois immuables de la nature, elles ne sauraient être réalisées qu'au moyen de la lutte des différents éléments qui font partie de tout être organisé.

Dans l'état normal, qui est toujours le symptôme d'une évolution progressive, selon la formule que nous avons énoncée, savoir : accroissement de propriété et de liberté, la lutte ne saurait donner en dernier résultat que des plus-values tant pour les éléments anatomiques qui forment le

---

(1) Tome II, p. 421; t. III, p. 380 et 421; t. IV, p. 61, 87, 203 et 386; t. V, p. 368.

système nerveux social que pour ceux qui constituent sa substance intercellulaire ; les anomalies et les déviations de la loi de progrès entraînent au contraire toujours la dépression et la dégénérescence des énergies vitales représentées par la population, ainsi que la dévaluation des richesses en circulation au sein de la société. Rechercher la solution de la question sociale hors des lois naturelles qui règlent la vie économique de la société en conformité avec la vie organique générale, c'est construire des utopies, s'occuper de rêves irréalisables, c'est se placer hors du domaine de la science et de la réalité des choses. — La science sociale exclut-elle les considérations éthiques qui doivent régler les rapports du patron et du capital avec le client et l'ouvrier? Celle qui a proclamé comme dogme l'individualisme exclusif et la lutte pour l'existence sans trêve ni merci, s'en est rendue coupable. Mais la science sociale de l'avenir qui reconnaîtra la société en sa qualité d'organisme réel, proclamera, à côté du principe d'individualisme, celui de solidarité, et celui-ci est un principe éthique par sa nature même. A mesure que le principe de solidarité atteindra des régions plus élevées, il y entraînera le principe d'individualisme lui-même et l'un et l'autre, dans cette évolution progressive, se satureront mutuellement du principe idéal de toute société humaine, de la charité chrétienne. C'est donc dans cette direction que doit marcher toute concurrence économique, c'est vers ce but que doit tendre la lutte pour l'existence des membres de la société. Toute autre direction impliquerait une marche rétrograde, une concurrence à rebours, une lutte improductive et ruineuse autant pour les énergies vitales concentrées dans le système nerveux social, que pour les valeurs représentées par la substance sociale intercellulaire.

IV

Nos recherches sur les anomalies qui se produisent dans la sphère économique, doivent-elles être suivies d'une étude détaillée des doctrines qui agitent et passionnent les esprits de la génération contemporaine : l'anarchisme, le communisme, le socialisme d'État et le collectivisme ? Nous ne le croyons pas. Il suffira de résumer les arguments que nous avons déja énoncés pour élucider le point de vue que la science sociale guidée par la méthode d'induction occupe vis-à-vis de ces différentes écoles. L'anarchie est la négation absolue de la société elle-même et le communisme implique la négation de toutes les lois qui président à la production et à la distribution des richesses. Ces doctrines se jugent donc par elles-mêmes. Quant au socialisme d'État et au collectivisme surnommé improprement socialisme, il en existe autant de systèmes qu'ils comptent d'adhérents, et chacun de ces systèmes pâtit encore de contradictions intérieures irréductibles. Les uns proposent la réglementation à outrance de la production de la part de l'État, les autres celle de la distribution des richesses par les mêmes moyens, les troisièmes l'une et l'autre, sans cependant expliquer comment une réglementation de la production et de la distribution des richesses sera possible sans une réglementation de la consommation ; car c'est la consommation qui décide en dernier lieu de la quantité et de la qualité des objets qui doivent être produits et distribués (1). Ainsi l'État

(1) T. III, chap. IX.

en se chargeant de l'acquisition et de la distribution des produits nécessaires à l'armée, en règle en même temps d'une manière précise la consommation. Si chaque soldat pouvait exiger un logement, un habillement ou la nourriture à son gré, l'État pourrait-il y suffire ? Or une réglementation de la consommation par rapport à une population entière, ne saurait être réalisée que par une armée d'employés et de contrôleurs et par un système infiniment compliqué de règles minutieuses et tyranniques à l'instar des ordres religieux les plus sévères. Cependant les adeptes d'un tel système se posent en même temps comme défenseurs de la liberté individuelle et publique. Il y a donc contradiction absolue entre les prémisses et les déductions dans ce qu'ils proposent.

Il y en a qui proposent l'abolition de la propriété foncière sans expliquer de quelle manière les propriétaires actuels seront indemnisés, sur quel principe les terres confisquées par l'État seront distribuées parmi la masse de la population et ce que l'on fera des dettes hypothéquées sur les biens-fonds, fortune mobilière immense, dont les détenteurs se trouvent éparpillés parmi toutes les classes de la population. Faut-il appuyer encore sur la perte considérable et la dévaluation des capitaux engagés dans l'agriculture qu'un morcellement violent du sol, entrepris dans un but et sur des principes purement théoriques, entraînera nécessairement ?

Il y en a qui veulent abolir le capital sans cependant préciser ce qu'ils sous-entendent sous ce terme. Est-ce le capital en général dans sa totalité ? Alors c'est le communisme qu'ils prêchent. Est-ce exclusivement le capital engagé dans l'industrie, et alors comment les richesses seront-elles produites ? Par les moyens de l'État ? Mais où les puiserat-il, si ce n'est en faisant des emprunts et en augmentant les impôts ? L'État deviendra dans cet ordre de choses non seulement le seul capitaliste, mais encore le seul entrepreneur d'industrie. Il en résultera un monopole industriel concentré entre les mains de l'Etat, qui étouffera toute initiative individuelle, tout esprit d'entreprise, d'action et de progrès. Le capital devra-t-il au contraire être livré par des associations ouvrières libres ? Rien ne s'y oppose même dans l'organisation actuelle de la société. De telles associations ne représenteraient, comme aujourd'hui, que des compagnies d'actionnaires. Si au contraire elles devaient être formées sur un principe coercitif, c'est de nouveau l'État qui en devrait être chargé.

Karl Marx propose de distribuer les produits d'après la quantité d'heures de travail employées à la production sans prendre en considération l'énergie et la qualité du travail. Il en résultera que les ouvriers laborieux et capables seront rémunérés à l'égal des travailleurs paresseux et inhabiles ; il en résultera une concurrence à l'envers, l'inertie, l'incapacité l'emportant sur l'énergie, le savoir, l'habileté, la prévoyance et la moralité, et une pareille concurrence négative ne pourra avoir pour suite inévitable qu'un abaissement général du niveau du travail national. D'autres espèrent réaliser la prospérité générale par une distribution des richesses non en proportion de la quantité et de la qualité du travail, mais en proportion des besoins qu'on devrait satisfaire. Or tout travail consiste dans des efforts physiques et intellectuels, circonscrits dans un cercle très restreint, tandis que les besoins croissent d'une manière indéfinie à mesure de leur satisfaction, et leur satisfaction est toujours accompagnée de plaisir. Dans cet ordre de choses, la consommation augmentera donc toujours au détriment de la production qui ira toujours en s'abaissant. Toutes ces doctrines et ces projets ne sont que des rêves et des fantaisies nébuleuses. Une science positive, comme la Sociologie, ne peut s'occuper que d'entités réelles. Son idéal, c'est la vérité scientifique, qu'elle tend à réaliser en étudiant les faits historiques et les données que présente la réalité. En étudiant les anomalies sociales, la Pathologie sociale doit, sans aucun doute, rechercher en même temps les remèdes qui pourraient rétablir l'état normal d'une communauté. Mais ce n'est qu'en constatant les lois nécessaires qui président au développement de la société humaine qu'elle peut s'en charger. L'application même de ces remèdes est du domaine de l'art. C'est aux hommes d'État, dans l'acception la plus large de ce terme, de s'en occuper. C'est aussi à eux de prendre en considération les besoins, les tendances et les exigences enfantées par les conditions nouvelles de la vie sociale de notre temps, d'en éliminer ce qui se trouve en contradiction avec les lois constatées par la science et de donner raison à tout ce que, dans les aspirations des différentes doctrines économiques, juridiques et politiques, il y a de réalisable. La législation de plusieurs États s'en occupe déjà et il est à espérer qu'on ne s'arrêtera pas à ces premiers pas. L'individu étant l'élément primaire de toute vie sociale, étant la source où toute communauté puise ses énergies vitales, ce n'est qu'en élevant le niveau physique, moral et intellectuel de l'individu qu'il sera possible d'améliorer le sort de la masse populaire. La Pathologie sociale étant, à l'égal de la médecine moderne, une pathologie de préférence cellulaire, se place au même point de vue. Elle est d'accord sous ce rapport avec le christianisme qui, de même, se fonde avant tout sur la régénération morale de l'individu. Toutes les mesures d'amélioration qui pourraient amener dans leur suite un affaiblissement de la responsabilité, de l'initiative et de l'énergie d'action individuelles ne seraient que des mesures palliatives, dont les conséquences seraient pires que le mal qu'elles seraient appelées à guérir.

Toute communauté, comme unité, n'étant que la résultante des actions individuelles, il s'en suivra nécessairement une dégénérescence du système nerveux social dans son ensemble et, comme suite secondaire mais également inévitable d'une telle dégénérescence, un dépérissement en quantité et en qualité de la substance sociale intercellulaire, c'est-à-dire un appauvrissement général. Les communautés qui se seront préservées d'une telle dégénérescence individuelle et générale supplanteront alors, dans la lutte pour l'existence, les organismes sociaux affaiblis et incapables de leur résister. La victoire sera décidée soit par des moyens violents, tels que l'annexion d'une partie du territoire, l'imposition de ruineuses obligations financières, commerciales ou industrielles, la conquête du pays entier, soit par une action lente et pacifique, telle qu'une concurrence économique victorieuse, une exploitation usuraire dans la sphère économique ou une immigration excessive d'éléments étrangers. Une forte centralisation administrative, une armée nombreuse, des conjonctures politiques favorables pourront retarder la désorganisation, ajourner l'avènement de la catastrophe définitive, mais ce ne sera toujours qu'un délai de grâce accordé à l'exécution d'un arrêt inappellable, qui sera prononcé par le tribunal inexorable de l'histoire conformément aux lois naturelles auxquelles aucun organisme social ne saurait essayer de se soustraire sous peine d'en subir les conséquences inévitables.

CHAPITRE CINQUIÈME

ANOMALIES DE LA SPHÈRE JURIDIQUE

I

Comme il n'existe pas de corps inorganique privé de toute *forme*, pas d'organisme sans *structure morphologique*, de même est-il impossible d'imaginer une association humaine sans aucun élément de *droit*. C'est par le droit, dans l'acception la plus large de ce terme, que les relations des membres d'une société entre eux et avec la puissance publique, quelle que soit sa forme et sa manifestation, individuelle ou collective, momentanée ou constante, sont déterminées d'une manière plus ou moins nette, continue et spécialisée. Tout échange de services, même de ceux qui ne visent qu'à la satisfaction des besoins les plus urgents, toute production, circulation et consommation de richesses, même dans l'état primitif et rudimentaire de la société, nécessitent déjà une démarcation entre les différentes sphères d'action de la vie sociale. L'action de tout individu, qu'elle se manifeste par un acte isolé ou qu'elle consiste dans un agencement continu se réitérant périodiquement dans la même sphère, doit nécessairement servir de limite à l'action des autres membres de la société, ainsi qu'à celle des organes centraux (1).

Il en est de même de la nature tant animée qu'inanimée. Ce sont les vibrations périodiques de molécules circonscrites dans des cercles définis qui produisent sur nos sens l'effet de l'impénétrabilité, de la consistance et de la plasticité de ce que nous nommons matière. En analysant plus profondément les phénomènes de la nature, on ne trouve toujours en dernier résultat que des énergies latentes ou patentes, équilibrées ou déséquilibrées, se limitant réciproquement par des sphères d'action plus ou moins restreintes et plus ou moins précises; le principe d'inertie que nous désignons comme matière nous échappe grâce à cette analyse en dernier résultat tout à fait. La structure morphologique des végétaux et du corps animal n'est également que le résultat de la limitation des forces organiques à différentes sphères d'action, et c'est la coordination de ces vibrations convergentes qui produit l'effet de consistance et d'élasticité des différents organes de notre corps.

Comme l'action des molécules et des cellules se délimite et s'équilibre dans les organismes individuels et en constitue le principe morphologique, de même dans la société humaine l'action des individus-cellules en se délimitant dans l'espace et le temps donne naissance aux éléments du droit et constitue la sphère juridique de la vie sociale.

Le point de départ de toute association humaine, c'est la

(1) Tome I, chap. IX.

famille, qu'elle soit constituée sous forme monogame ou polygame, sur un principe de coercition ou de liberté. Mais déjà dans l'état primitif de la société les relations entre les deux sexes ont dû nécessairement être fondées sur une certaine division du travail, ne fût-ce que par suite de la divergence dans la structure physique de l'homme vis-à-vis de celle de la femme, chargée par la nature même de l'enfantement et des premiers soins nécessaires pour élever la postérité nouvelle. De même la nécessité de se pourvoir de moyens d'existence, soit en cueillant des fruits, soit en s'adonnant à la chasse ou à la pêche, a dû dès les premiers temps forcer l'homme à s'emparer par la violence, par la ruse ou par un accord quelconque, tacite ou exprès, et pour un temps plus ou moins prolongé, d'un terrain plus ou moins précisément délimité ou d'un certain espace d'eau hanté par la faune aquatique ou enfin d'un nombre plus ou moins grand d'objets propres à satisfaire ses besoins. Or une telle délimitation dans le temps et l'espace a pour postulat nécessaire une délimitation d'actions et d'énergies.

La constitution de la famille sous la forme de matriarcat d'abord et de patriarcat plus tard, la construction d'habitations temporaires d'abord et de plus en plus fixes ensuite, l'élevage des animaux domestiques, la culture des plantes nourricières, en multipliant et en resserrant les relations des membres d'une horde, d'une tribu ou d'une peuplade ont dû nécessairement, à mesure du développement de ces relations, les délimiter d'une manière toujours plus précise, plus constante et plus variée.

C'est pendant cette phase du développement social que la délimitation des droits et des devoirs sociaux prend la forme d'*us* et de *coutumes* sanctionnés par la tradition et tacitement reconnus et pratiqués au sein de la communauté.

En prenant, par un exercice prolongé, toujours plus de consistance, en se condensant et se spécialisant dans des formes toujours plus précises, en imprimant au système nerveux social des aptitudes et des tendances d'action d'un caractère déterminé, les us et les coutumes donnent naissance aux *mœurs*.

Il en est des mœurs, en ce qui concerne l'organisme social, comme des *habitudes* qu'acquiert notre corps par des exercices pratiqués toujours dans le même sens et par l'adaptation au même milieu ambiant pendant un temps plus ou moins prolongé. La constitution matérielle des cellules, des tissus et des organes se développe et se spécialise en conformité avec le fonctionnement même de l'organisme dans une direction et sur un ton déterminés. L'instinct des animaux découle de la même source et entraîne pour les organismes des différentes espèces les mêmes conséquences. Une action, une habitude se matérialisent toujours sous une forme quelconque dans la structure d'un organisme et en déterminent le caractère morphologique. Tous nos organes ne sont que le résultat d'exercices organiques exécutés constamment par une série innombrable d'ancêtres. Nos yeux, nos oreilles, tous nos sens, tous nos organes intérieurs et extérieurs ne sont que le fruit d'un travail ininterrompu de générations qui se sont succédé à travers les siècles et ont légué à leur postérité les énergies accumulées et condensées en des formes organiques plus ou moins précises et en des habitudes instinctives, sous-conscientes ou conscientes.

Comme l'instinct des animaux, comme les habitudes de l'homme, de même les mœurs d'une société sont déterminées par deux facteurs indissolublement liés entre eux, le facteur physique et le facteur psychique ; et comme dans la vie organique en général, de même dans la sphère juridique de la société, c'est le facteur psychique qui, à mesure de l'évolution progressive de la société, l'emporte toujours plus fortement sur le facteur physique. Ainsi les us pratiqués à la chasse, à la pêche, à la guerre sont déterminés de préférence par le facteur physique, tandis que les coutumes dont sont accompagnés la naissance, la déclaration de la puberté, le mariage, l'enterrement et surtout les traditions qui déterminent le culte religieux ont pris naissance, de préférence, grâce à l'action du facteur psychique.

A une phase de développement ultérieur de la société les us et coutumes, s'étant par les mœurs matérialisés dans le système nerveux social, l'ayant façonné comme unité organique, ayant formulé sa constitution d'après un type déterminé, lui ayant imprimé un caractère et des énergies spécifiques, ont une tendance à être fixés au dehors au moyen de la *loi écrite*. Le processus qui donne lieu à cette fixation des us et coutumes est le même qui amène l'homme à fixer ses pensées et ses aspirations esthétiques par l'écriture et l'art. Et comme les produits littéraires et les objets d'art font partie de la substance sociale intercellulaire et sont les porteurs de réflexes indirects des individus entre eux et avec les différents organes sociaux, de même la loi écrite et codifiée ne présente que la projection des énergies morphologiques du système nerveux social, fixées dans la substance intercellulaire sous la forme de l'écriture. La loi écrite n'est donc qu'un réflexe des mœurs et n'entre par conséquent que comme un facteur secondaire dans la vie juridique d'une communauté. Quand la loi écrite se trouve en contradiction et en conflit avec les mœurs, son action est minime. L'influence qu'elle exerce ne peut s'accroître qu'après que les mœurs se sont façonnées d'après les règles qu'elle établit et la discipline qu'elle impose.

Une loi écrite, faisant partie de la substance sociale intercellulaire, peut, comme toutes les valeurs produites, échangées et consommées au sein de la société, présenter une utilité soit positive, soit négative ou neutre. La révocation de l'édit de Nantes fut pour la France une loi d'utilité négative, tandis que les lois contre l'usure qui dans plusieurs États de l'Europe viennent d'être promulguées, présentent des utilités juridiques positives. Par contre, toute loi superflue porte le caractère d'une utilité juridique neutre. Il y en a de caractère mixte. Les lois organiques qu'on a octroyées à la Bulgarie et à la Serbie présentent un mélange de dispositions sages entremêlées de prescriptions qui ne répondent pas au niveau de culture de ces nationalités, à peine délivrées d'un joug séculaire et barbare, grâce à l'intervention de la Russie. La législation de ces pays présente actuellement un *mixtum compositum* d'utilités positives, négatives et neutres.

Malgré son origine secondaire, la loi écrite peut néanmoins exercer une influence décisive sur la vie et la constitution d'une communauté à laquelle elle est imposée. C'est qu'une loi n'est pas seulement un signe, porteur de réflexes indirects comme les produits de la littérature et de l'art, mais qu'elle est en même temps un moyen de coercition; ce n'est pas un signe que chacun est libre de suivre ou auquel il peut se soustraire à volonté, mais un signe qui exige obéissance et soumission. Ce sont les organes centraux, investis du pouvoir législatif et exécutif, qui veillent à ce que tous les membres de la communauté s'y conforment. De là l'action puissante qu'exerce sur tout organisme social la législation, instrument de progrès autant qu'arme de destruction, moyen de régénération autant que de désorganisation, utilité positive autant qu'utilité négative. C'est un remède, une fois ordonné, que l'organisme social est obligé de subir, que ce soit un médicament bienfaisant ou un poison.

II

Le processus pathologique que subit l'organisme social dans la sphère juridique est le même auquel sont sujettes les sphères économique et politique. La différence ne consiste qu'en ce que l'agencement des forces sociales dans la sphère juridique, en commençant par les ébauches embryonaires des us et coutumes et en finissant par des systèmes entiers de lois écrites, porte un caractère spécifique, celui de déterminer la *construction organique* de la société en analogie avec la délimitation morphologique des tissus, des organes et des types dans le règne végétal et animal. Comme chez ceux-ci, de même dans la société la consistance et la plasticité des organes ne sont pas l'effet de l'inertie des molécules et des cellules sociales, mais la résultante de mouvements et de vibrations isolées, périodiques ou intermittentes. — Comme dans la sphère économique et politique, de même dans la sphère juridique l'état morbide commence toujours par une dégénérescence de la simple cellule, que celle-ci soit placée à la périphérie du système nerveux social ou qu'elle fasse partie d'un organe central. Cependant ce n'est que quand la dégénérescence se propage par la voie de réflexes directs ou indirects, libres ou coercitifs, sur un domaine d'innervation sociale plus large, que le mal individuel devient un état morbide social. Une perturbation dans le domaine du droit n'est toujours que le reflet de la déséquilibration dans les idées, les sentiments et les intérêts individuels, même lorsque la perturbation a pour source l'action coercitive des organes centraux, puisque les pouvoirs qui sont appelés à établir les lois, à veiller à leur exécution et à décider des conflits, ne sont composés eux-mêmes que d'individualités. Les principes de la pathologie cellulaire, selon lesquels tout état morbide d'un organisme a toujours originairement pour cause unique une déviation de l'état normal d'une ou de plusieurs cellules, s'appliquent donc à la sphère juridique à l'égal des sphères économique et politique. D'après les mêmes principes, il n'y a pas de différence absolue entre un état pathologique et l'état normal d'un organisme social. Tout état morbide ne présente, comme nous l'avons vu, qu'une aberration dans l'action des cellules de l'organisme normal soit par rapport au temps, soit par rapport au lieu, soit par rapport à l'énergie d'action. Il en est de même des énergies individuelles qui, dans la sphère juridique de l'organisme social, s'extériorisent sous le point de vue morphologique en délimitant les différentes sphères d'action privée et publique. Comme toute loi exige ou défend l'exécution d'un acte soit à un terme quelconque, soit par rapport à un espace plus ou moins limité, soit quant à l'énergie même de l'exécution, il s'ensuit que toute déviation dans la sphère juridique n'implique également qu'une aberration de temps, de lieu et d'énergie. En effet, une mauvaise législation ne se distingue pas d'une manière absolue d'une bonne loi; elle n'est mauvaise que parce qu'elle est intempestive, déplacée, trop sévère ou empreinte de relâchement. Sous ce rapport, le processus pathologique dans la sphère juridique est non seulement conforme aux principes nouvellement conquis par la pathologie cellulaire, mais de même aux processus analogues de la sphère économique et politique.

Il en est de même de l'application et de l'exécution des lois. Les erreurs de la justice criminelle ont toujours pour postulat une conception fausse de la part du juge quant au temps, au lieu ou à la personne incriminée. Mais c'est surtout en ce qui concerne l'application et l'exécution des lois que les anomalies sont profondes et nombreuses. Trop de sévérité de la part du juge criminel, trop de formalisme dans le droit civil, trop de zèle des organes administratifs peuvent donner lieu à des états pathologiques autant que le relâchement dans les jugements criminels, dans l'application du droit formel et dans l'action des pouvoirs exécutifs. Ce sont surtout les jurés qui, pour certaines catégories de crimes et de délits, se rendent coupables de manque de sens juridique. Il en est de même des avocats qui considèrent le tribunal non comme un organe régulateur et distributeur de justice, mais comme une arène de déclamations oratoires et d'agitation politique. Le retentissement qu'ont eu de nos jours les procès contre les anarchistes, contre les fauteurs de grèves d'ouvriers et d'autres agitateurs fanatisés a fortement contribué à intervertir le sens du droit dans la masse populaire, de même que les acquittements scandaleux dans les cas d'adultère, de chantage et d'agiotage ont eu pour conséquence l'affaiblissement et la perversion du sens moral du peuple. Le milieu ambiant juridique, en exerçant une influence pareille sur le système nerveux social, en détériorant et déséquilibrant les consciences et les volontés individuelles dans leur for moral, agit comme un poison à l'égal des utilités négatives dans les sphères économique et politique. Un régime pareil peut causer à la communauté qui le subit une diathèse morbide qui la rendra moins propre à résister à d'autres influences pathogénésiques, surtout à celles de même nature, c'est-à-dire de nature juridique. Aussi voyons-nous les sociétés dont les éléments du droit ont été ébranlés, devenir beaucoup plus facilement la proie de révolutions, de crises, de coups d'État de la part d'aventuriers ambitieux, auxquels d'autres communautés qui jouissent d'une structure juridique intacte résistent. Mais, même hors de pareilles actions violentes, une communauté atteinte de la diathèse juridique doit infailliblement régresser et dégénérer par suite d'un processus morbide plus ou moins lent, si, par une réaction des forces conservatrices et médicatrices, elle ne raffermit et ne régénère sa structure intersociale et internationale. Et comme celle-ci ne constitue qu'une extériorisation de la structure intellectuelle et morale de l'individu, c'est par là qu'il faudrait commencer pour redresser l'état normal dans la sphère juridique, comme aussi ce n'est que par cette voie qu'il est possible de guérir d'une manière radicale et non pas seulement par des moyens palliatifs les maux économiques et politiques.

III

Quiconque dépasse les limites prescrites par les coutumes, les mœurs et les lois fait *infraction* dans le cercle d'action des autres membres de la société ou *heurte* les intérêts de la communauté entière. Il s'ensuit une perturbation fugitive ou prolongée, superficielle ou profonde, dans l'équilibre des éléments morphologiques de la société, un déplacement des limites et des sphères d'action établies, quelquefois même une déformation, une destruction partielle ou la transformation entière de la structure de l'organisme social. — L'infraction des bornes instituées peut être causée par l'action isolée d'un des membres de la société, par des classes entières ou par les organes centraux. Il s'ensuit nécessairement une réaction, un contre-coup réparateur de la part des coutumes, des intérêts et des droits lésés. Dans la société primitive c'était d'abord l'individu isolé et puis le chef de la famille ou de la tribu qui se chargeaient du rétablissement des bornes d'action outrepassées. La réparation prenait alors un caractère aussi violent que l'infraction même. De là la vengeance sanglante personnelle et héréditaire, de là le droit du chef de famille de disposer de la fortune et de la vie de tous les consanguins et congénères, de là le droit de vie et de mort du chef de tribu pendant la guerre. — Dans les sociétés plus avancées ce sont les pouvoirs publics qui règlent la délimitation des droits et des devoirs des citoyens. Au commencement, les organes qui en sont chargés ne se spécialisent pas encore d'une manière nette et précise : les pouvoirs législatif, judiciaire et exécutif sont encore réunis entre les mêmes mains. Mais à mesure du mouvement progressif de la société, la division du travail conduit à la séparation des pouvoirs : le juge, l'administrateur, le chef militaire, le législateur sont représentés par des personnalités distinctes. Plus tard encore c'est le juge civil qui se sépare du juge criminel ; la justice est exercée par des réunions de juges ; des tribunaux civils et criminels se constituent. Enfin, dans les sociétés qui ont atteint une culture très élevée, c'est la haute cour de justice qui, comme organe central, non seulement règle la délimitation des droits et des devoirs des citoyens entre eux, mais décide encore des conflits des citoyens avec les pouvoirs publics.

Les organes qui règlent, adaptent et réalisent les principes du droit dans la société correspondent aux organes du système nerveux individuel qui président à la structure des tissus, des organes et des transformations morphologiques de l'organisme. Mais dans l'organisme individuel cette action est effectuée par des groupes de cellules nerveuses spécifiques qui font partie de l'organe central, le cerveau, simultanément avec d'autres organes qui règlent l'action physiologique et unificatrice. La société humaine, organisme plus parfait et plus différencié, dispose au contraire d'un centre spécial qui préside à la sphère juridique, comme elle en dispose d'un aussi pour la sphère économique dans l'organisation des bourses et pour la sphère politique dans le gouvernement central. Cependant la sphère juridique ne constituant qu'un domaine spécial du développement social, doit à son tour, comme aussi la sphère économique, subir l'action unificatrice des organes centraux, du gouvernement. Autrement il s'en suivrait une perturbation générale dans la société entière, comme il en serait de même d'un corps dont la structure morphologique serait en désharmonie avec ses fonctions physiologiques et ses tendances vers l'unité.

Quel est le caractère spécifique qui donne un cachet distinct à toute la sphère juridique ? — C'est le principe morphologique, répandu dans la nature entière tant inorganique que vivante, c'est la *forme*. Un droit qui n'est pas formel, qui ne s'appuie pas sur une forme quelque fugitive qu'elle soit, peut avoir une valeur éthique, esthétique ou religieuse, mais il cesse d'être un droit. C'est par ce côté que le droit se trouve quelquefois en opposition avec la morale et même avec la religion. La plupart des martyrs chrétiens ont été immolés par des décisions strictement légales des tribunaux romains. Il en est de même des sectaires jugés d'après le droit canonique. — Cette antinomie, lorsqu'elle se manifeste d'une manière excessive, amène un état pathologique, qui a lieu chaque fois que le droit se constitue et est exercé au détriment de la liberté, terme sous lequel nous résumons toute évolution normale des forces sociales. Cet état pathologique de la société correspond à l'état morbide de notre corps, lorsque la structure des tissus et des organes acquiert une consistance ou manifeste une inertie telles que l'action physiologique et unificatrice en est entravée et en partie supprimée. Les organes isolés ainsi que le corps entier sont dans ce cas sujets au processus morbide qui consiste dans la lignification ou la pétrification des cellules et des tissus. Au sein de la société la liberté peut de même être étouffée par la forme, l'esprit tué par la lettre, l'art arrêté dans son élan par la routine et le sentiment religieux absorbé par les cérémonies extérieures du culte.

Mais la liberté peut de son côté se manifester et se développer au détriment du droit. Sous la forme la plus éclatante et la plus saisissable, cela a lieu à chaque infraction ouverte d'une loi criminelle ou civile de la part d'individus isolés, d'associations, de classes entières ou de la part des organes centraux. La liberté dégénère alors en licence, en actions arbitraires, en violence ouverte et donne naissance à toute une série de délits et de crimes. La société réagit contre de pareilles infractions qui outrepassent ou détruisent les limites du droit établi, en se servant des organes chargés de veiller à la sécurité de la vie et de la propriété des citoyens. Elle rétablit l'ordre juridique menacé ou violé soit par la réclusion ou l'exécution du criminel, soit par des amendes pécuniaires, soit par l'indemnisation des dommages causés par l'infraction. Quelquefois, cependant, la société manifeste des tendances à punir les infractions, réelles ou prétendues, par une action collective indépendamment des autorités établies et même en opposition avec celles-ci. Dans le premier cas, une pareille réaction prend la forme de la justice du lynch, pratiquée encore aujourd'hui dans quelques parties des États-Unis d'Amérique. En Russie, les communes rurales en usent aussi contre les voleurs de chevaux, poussées qu'elles y sont par les pertes énormes que cette industrie criminelle cause à l'agriculture, ainsi que par le relâchement de la loi pénale vis-à-vis des criminels de cette espèce. Les révoltes et les résistances collectives, soit passives, soit à main armée, dirigées contre les autorités établies ont souvent pour but non le rétablissement de droits lésés, mais plus souvent encore le renversement de droits établis.

Les violences et les crises dont de pareilles actions sont accompagnées, amènent pour la communauté qui les subit un état pathologique qui d'abord peut ne consister que dans une infraction passagère des limites du droit public ou privé, mais qui, par l'ébranlement qui en résulte pour la structure entière de la communauté, peut prendre des dimensions alarmantes. C'est qu'il y a solidarité entre tous les éléments qui forment la sphère juridique, comme il y en a de même entre toutes les forces sociales qui concourent à la vie économique et politique, et qu'en outre les trois sphères sont solidaires entre elles, immanentes les unes aux autres. Les attaques dirigées contre une catégorie de propriété, la propriété foncière ou seulement la grande propriété immobilière, contre le capital en général ou seulement contre les capitaux engagés dans l'industrie, impliquent toujours la négation du droit de propriété en général. Car les différentes formes de propriété concentrées entre les mains du propriétaire représentent des valeurs facilement transformables, grâce à la mesure unificatrice de toutes les valeurs échangeables, l'argent. Cette motilité et transmutabilité des valeurs qui circulent au sein de la société rendent toutes les catégories de propriétés et de propriétaires tellement solidaires entre elles qu'en attaquant l'une des catégories on les attaque toutes en principe, si ce n'est pas toujours en réalité. En effet, un capitaliste qui vient d'acheter un bien-fonds que l'État confisque n'est-il pas lésé simultanément comme capitaliste et comme propriétaire foncier? Les déclamations contre le capital engagé dans l'industrie sont vides de sens, car aucune industrie ne peut se passer de bâtiments, de machines, de matières premières, qui, toutes, font partie du capital industriel. Les attaques dirigées contre le capital en général impliquent au contraire la négation du droit de propriété en principe même, toutes les catégories de propriété et tous les propriétaires étant solidaires. Il en est de même des attaques contre le gouvernement. La négation de la souveraineté de l'État dans un cas implique la négation de sa souveraineté en général dans le domaine du droit. Cela explique l'importance que les peuples ont de tout temps attaché à la réalisation des principes du droit en leur donnant même quelquefois un caractère sacré, cela explique la jalousie avec laquelle, dans les pays civilisés, l'opinion publique veille à ce que même les formes, imposées par la loi, soient respectées. Tout droit étant, par son essence même, formel, nier la forme, c'est nier le droit lui-même.

Le respect des formes mêmes du droit peut cependant donner lieu à des déviations dans la sphère juridique d'un caractère spécifique. Les lois, sans être enfreintes ouvertement, peuvent perdre leur efficacité à force d'être commentées de différentes manières ou tournées par des subterfuges plus ou moins adroits. Non seulement des individus dans un intérêt personnel, mais même des corporations, des classes entières et les gouvernements eux-mêmes ont quelquefois recours à une interprétation subtile ou fausse des lois, soit pour se libérer des obligations qui leur sont imposées, soit dans le but d'exercer des droits que la législation ne leur reconnait pas. Cette tendance à s'habiller de fausses formes légales rappelle un phénomène analogue qui, dans le règne animal, a été observé à plusieurs reprises. Il consiste en ce que les individus d'une espèce imitent les formes extérieures d'une autre espèce afin de se soustraire aux attaques ennemies, contre lesquelles cette dernière espèce est garantie, ou afin de pouvoir plus facilement atteindre leur proie, trompée par les formes inoffensives de l'ennemi. Ce phénomène curieux est connu en zoologie sous la dénomination de *mimicry*. L'engence des interprètes faux de la loi, des chicaneurs, des parasites qui, sous des formes légales, s'emparent de leur proie, n'use-t-elle pas des mêmes moyens pour atteindre son but?

La connexité organique dans la filiation des formes correspond dans la sphère juridique au principe de continuité dans la sphère économique et politique et à l'hérédité, qui représente le principe conservateur dans la nature organique. Rompre d'une manière violente la filiation des formes juridiques, c'est donc déroger à une loi naturelle. Aussi les conséquences d'une telle dérogation ne manquent-elles jamais de se faire sentir et de se manifester dans un avenir plus ou moins éloigné, d'abord par un malaise plus ou moins prononcé, suivi d'une diathèse générale et de crises pathologiques aiguës. De nouvelles formes imposées à une société extérieurement, par un procédé pour ainsi dire mécanique, doivent nécessairement amener des déformations plus ou moins profondes dans la structure intérieure et causer des états pathologiques dangereux.

Voilà donc deux symptômes opposés de maladies dans la sphère juridique : manifestation du droit au détriment de la liberté et de celle-ci au détriment du droit. Quelle est la marche que la société doit suivre pour ne pas tomber dans l'un ou l'autre de ces états pathologiques?

Ce chemin nous est tracé par la formule qui détermine l'évolution progressive de la sphère juridique en analogie avec la loi de progression qui préside au développement morphologique des organismes de la nature. Les différents types du règne végétal et animal, en se développant d'une manière progressive, changent leurs formes d'accord avec l'action physiologique et en les subordonnant aux exigences unificatrices de l'organisme. La transformation s'effectue en même temps par adaptation au milieu ambiant, par ségrégation, et sous l'influence de la lutte pour l'existence, ainsi que du principe d'hérédité. Il en doit être de même de la marche progressive de l'organisme social. Le droit, élément morphologique, y doit marcher de pair avec la liberté, principe d'action. Les droits établis respectés, les réformes adaptées aux besoins réels de la population, au niveau de son développement matériel, intellectuel et moral, au caractère national, à l'histoire du pays, voilà le chemin du progrès. Les droits ébranlés et abolis par des moyens violents, outrepassés par la licence, les libertés, privées et publiques, rétrécies et étouffées, voilà la marche rétrograde, accompagnée toujours de crises économiques, juridiques et politiques et de symptômes pathologiques.

Toutefois l'état morbide d'une communauté n'est pas toujours causé par des moyens violents. Des réformes hâtives, prématurées, inspirées par des théories étrangères aux besoins de la communauté, peuvent lui nuire autant et quelquefois même plus que l'ébranlement causé par les haines ou les passions que suscite la lutte des individus et des classes. Le remède appliqué est dans ce cas pire que le mal qu'il s'agit de guérir. De pareils remèdes sont surtout dangereux quand ils sont destinés à tranformer la structure d'une communauté. Au lieu d'une transformation naturelle, ils ne réalisent souvent qu'une malformation artificielle. C'est que l'organisme social présente une telle complexité de forces qui agissent souvent dans un sens contraire, quoique solidaires entre elles, que l'esprit le plus lucide est sujet à se tromper sur la nécessité et les conséquences d'une réforme. Faut-il s'étonner qu'il y ait tant de réformes manquées ou donnant des résultats diamétralement opposés à ce qu'on pouvait en espérer?

IV

La différence dans la structure morphologique, intérieure et extérieure, des organes sociaux et des communautés dans leur ensemble constitue le *type* d'un organisme social. La construction du type, effet de la délimitation des éléments anatomiques du système nerveux social en différentes sphères d'action, est par son côté morphologique un produit de la sphère juridique de l'organisme social (1).

Qu'est-ce qu'un type organique et social?

Dans le domaine de la biologie on est généralement d'accord que le rang plus ou moins élevé qu'une espèce végétale ou animale occupe sur l'échelle hiérarchique des êtres organisés est déterminé par la spécialisation plus ou moins prononcée de ses organes concurremment avec leur intégration plus ou moins intense. Mais les végétaux et les animaux manifestent une telle multiplicité et variabilité de formes que le botaniste et le zoologue se trouvent souvent dans l'impossibilité de désigner la place qu'une espèce doit occuper dans la hiérarchie des êtres. C'est que les espèces végétales et animales présentent non seulement différents degrés d'intégration et de différenciation organique dont dépend le niveau de leur développement, mais encore des types organiques distincts. Le type marque la coordination des cellules et des organes et les rapports des différentes couches de cellules entre elles. Il est sous beaucoup de rapports indépendant du degré de développement d'une espèce. Des plantes et des animaux du même type peuvent appartenir à des ordres très différents dans la hiérarchie des organismes et par contre des types distincts doivent quelquefois être placés sur le même degré de l'échelle hiérarchique. Le zoologue Baer a suffisamment par ses travaux éclairé cette question en ce qui concerne surtout le règne animal.

Il en est de même des différentes races et nationalités humaines. Par rapport à celles-ci il est également urgent de distinguer le type du degré de développement. Personne

(1) Tome III, p. 57 et suiv.; t. IV, p. 72, 130 et suiv.

certainement ne sera en peine de désigner le degré hiérarchique auquel doivent être placés les Hottentots, les Polynésiens et les Samoyèdes vis-à-vis de la race aryenne. Mais il en est autrement dès qu'il s'agit des diffentes races plus avancées, comme par exemple de la race sémitique vis-à-vis de la race aryenne, et les difficultés ne feront que s'accroître dès qu'on voudra comparer les différentes branches aryennes de la famille européenne. C'est que les races humaines et leurs différentes branches présentent des types distincts qui ne décident pas, comme aussi les types dans le règne végétal et animal, du niveau de leur développement physique, intellectuel et moral. Aussi tous les essais pour marquer aux différentes nationalités, qui marchent à la tête de la civilisation moderne, une place précise, les unes vis-à-vis des autres, dans l'ordre hiérarchique du développement du genre humain, n'ont rendu témoignage que de la partialité et du manque de lumières, surtout dans les domaines de la biologie et de la sociologie, de la part des savants qui s'en sont occupés. Le Français, l'Allemand, l'Italien, l'Anglais, le Russe présentent différents types caractéristiques d'organisation physique, intellectuelle et morale qui ne décident encore en rien de la question de leur perfection et encore moins de celle de leur perfectibilité. Une race, une nationalité peuvent être douées d'énergies psychiques extraordinaires et ne pouvoir les manifester faute de conditions et d'occasions favorables. Les énergies vitales se trouvent, dans ce cas, dans un état latent. Quoiqu'elles demeurent en un état de repos relatif et d'équilibre, elles n'en existent pas moins. Que le milieu ambiant change, que les entraves disparaissent, qu'un choc vienne éveiller les énergies endormies et elles passeront à l'état patent en manifestant leur action au dehors.

Comme les races et les nationalités, de même les individus présentent des types distincts. Selon la différence des tempéraments il y a les types sanguin, cholérique, flegmatique et mélancolique. Mais peut-on ranger les représentants de ces différents types dans un ordre hiérarchique en se fondant sur les qualités, les défauts et le caractère du type même? Peut-on comparer la grandeur de Napoléon comme capitaine avec celle de Newton comme savant et avec celle de Mozart comme musicien? — Ce sont différents types, de guerrier, de savant, d'artiste, incommensurables les uns avec les autres.

Comme les individus, les espèces et les races, de même les différents organismes sociaux présentent des types distincts, économiques, juridiques et politiques. Monarchie héréditaire et élective, absolue et constitutionnelle, république aristocratique, ploutocratique et démocratique, voilà les différents types d'organisation politique. La législation civile et pénale d'un pays peut également porter une empreinte aristocratique, démocratique ou oligarchique et façonner dans le même sens les mœurs et les relations des membres d'une communauté dans le domaine du droit privé et public.

Enfin la sphère économique nous présente une très grande variété de types. La propriété immobilière, grande, moyenne et petite constitue des types distincts d'exploitation agricole. Les entreprises industrielles, commerciales et financières qui ont à leur tête un chef unique en même temps que propriétaire sont constituées d'après le type monarchique. Il y en a qui sont régies par des dynasties entières. Une assemblée d'actionnaires avec des directeurs, élus temporairement, correspond par contre au type républicain, aristocratique, oligarchique ou démocratique selon la position sociale et le nombre des détenteurs d'actions.

Peut-on affirmer qu'un de ces types économiques, juridiques ou politiques implique, comme tel, un plus haut degré de développement que les autres? Non, sans doute. Car le type social, ainsi que le type individuel, est la résultante d'un développement antécédent sous l'influence d'une longue série de luttes pour l'existence, intérieures et extérieures, de nombreuses adaptations au milieu ambiant, d'accumulations d'énergies héréditaires. C'est l'évolution historique qui décide de la constitution du type social, comme l'hérédité et l'adaptation du type individuel. L'autocratie correspond parfaitement au caractère de la nationalité russe, à ses tendances et ses aspirations, ainsi qu'aux conditions ethnographiques et historiques dans lesquelles se trouve et par lesquelles a passé l'immense empire des czars. Par contre le régime constitutionnel répond au caractère anglo-saxon, il en est l'expression adéquate, sans parler même des conditions favorables que présente pour le fonctionnement du régime parlementaire la position insulaire de l'Angleterre, qui l'a délivrée jusqu'aujourd'hui de la nécessité de tenir constamment sur pied une force militaire nombreuse. Non seulement au point de vue des exigences de la vie réelle, mais de même au point de vue scientifique on ne saurait soutenir que la constitution politique de l'empire britannique soit plus parfaite que celle de la Russie. Il en est de même d'une constitution aristocratique opposée à une structure démocratique, de la grande propriété foncière comparée à la petite, d'une entreprise industrielle régie par un seul entrepreneur, en même temps capitaliste, vis-à-vis d'une société d'actionnaires avec des directeurs élus temporairement.

Le type une fois constitué, ce qui peut arriver de pire à une communauté, à une nationalité ou à un État, c'est la déformation ou la perte totale de son type historique. La déséquilibration des énergies vitales qui en résulte implique toujours un affaiblissement, une dégénérescence du sytème nerveux social qui en est atteint. Il en est de même du passage d'un type social, économique, juridique ou politique, à un autre. La nouvelle coordination des éléments anatomiques sociaux, la transformation des organes, les changements dans leur fonctionnement, qu'entraîne toujours une pareille évolution, sont dans la plupart des cas accompagnés d'une perte notable de forces vitales, d'une surexcitation nerveuse excessive, de crises violentes. Le déclin de l'ancienne Rome a commencé dès le jour où elle a abandonné le type d'une république aristocratique et où elle a été obligée de se reconstituer sur un type monarchique, poussée qu'elle y était par l'immensité de son territoire et par les attaques des peuples barbares auxquels était constamment exposée sa périphérie. Cependant le nouveau type, elle n'a pu le réaliser dans toute sa pureté et ses conséquences. La Rome des Césars a été un organisme hybride qui n'était ni une république, ni une monarchie héréditaire ou élective. Les États-Unis d'Amérique sont au contraire redevables de leur développement économique extraordinaire et de leur grandeur non seulement à ce que leur institution a été parfaitement adaptée aux conditions historiques dès l'origine même de la nouvelle communauté, mais surtout à ce qu'ils ont su conserver intact dans toute sa pureté le type originaire d'une république en même temps démocratique et conservatrice. — Il en est de même de toutes les autres sphères de la vie sociale. Le passage de la petite propriété foncière à la grande peut devenir fatal à un pays, témoins les latifundia romains; comme aussi le passage de la grande à la petite, témoins les perturbations dont souffre l'agriculture dans plusieurs parties de la Russie après l'émancipation des serfs et la translation du droit de propriété d'une grande partie des biens-fonds aux communes et aux fermiers. Une entreprise industrielle en se transformant en une compagnie d'actionnaires, en adoptant le régime démocratique ou constitutionnel, peut déchoir par la perte de l'unité d'action et de concentration que lui garantissait la personnalité d'un entrepreneur unique. Il était le représentant du principe monarchique de l'entreprise. Sous d'autres conjonctures et par suite de changements survenus dans le milieu ambiant économique, la transformation d'une entreprise dans le sens contraire peut également lui devenir fatale. Un changement de type en ce qui concerne la législation civile et criminelle est de même accompagné de beaucoup de déchets de forces et de dangers. Le passage abrupt du droit coutumier au droit formel ainsi que l'abandon de celui-ci pour l'autre, le passage d'une pratique criminelle très sévère à la mansuétude et du relâchement à une sévérité extrême dans la poursuite des crimes et des délits, impliquent des évolutions de types juridiques pleines d'inconvénients graves et de conséquences désastreuses dans le domaine du droit.

Une communauté qui a perdu les traits caractéristiques de son type historique et qui est hors d'état de se réformer d'après son nouveau type se trouve dans l'état d'*atypie*. C'est un état pathologique semblable à celui dans lequel se trouverait un organisme qui aurait cessé d'être amphibie sans être parvenu à devenir soit un poisson soit un animal aérien. C'est d'atypie qu'a souffert la Rome des Césars et c'est l'atypie de sa constitution politique qui a été la cause principale de la ruine de la Pologne. Sa constitution, en flottant sans cesse entre le type d'une république aristocratique et celui d'une monarchie élective, a dû amener une désorganisation générale de la société polonaise et de l'État polonais. — Si une communauté parvenait à organiser son industrie d'après les recettes de l'école collectiviste, elle présenterait également une organisation économique qui souffrirait d'atypie. En réglementant le travail de la manière la plus sévère et en déchaînant en même temps les appétits et les passions de la masse populaire, les initiateurs de ce système n'enfanteraient qu'un être hybride, dont la constitution flotterait sans cesse entre le despotisme oriental et la licence d'une démocratie privée de tout frein.

V

Toute action sociale ayant pour source primaire l'individu et celui-ci constituant, malgré l'inégalité physique, intellectuelle et morale des hommes, une unité organique indivisible, il s'ensuit que toute projection des énergies individuelles dans l'espace et le temps doit non seulement porter l'empreinte de la spécialisation, comme reflet de l'inégalité individuelle, mais encore manifester la tendance vers l'unité dont est animé chaque individu. En étudiant les anomalies économiques, nous avons démontré que l'inégalité individuelle des aptitudes physiques, intellectuelles et morales se manifeste dans le milieu ambiant économique, — la substance sociale intercellulaire, — par une distribution inégale des richesses. Quant aux tendances unificatrices, elles trouvent leur expression dans une mesure commune et unique pour les richesses échangeables — l'argent. Nous en avons déduit alors que toute société dans son évolution progressive doit tendre à une inégalité de fortune toujours plus prononcée en même temps que graduellement proportionnée et vers une mesure de valeur unique et parfaitement fixe. Dans la sphère politique, comme nous le verrons plus tard, les mêmes tendances divergentes de différenciation et d'intégration se manifestent par une hiérarchie toujours plus développée des différents centres d'action sociale superposés les uns aux autres et aboutissant à la souveraineté de l'État, à laquelle tous les citoyens sont également liés.

Tâchons de nous rendre maintenant compte de la manière dont ces deux tendances se réalisent dans la sphère juridique.

Les énergies morphologiques de la société, comme nous l'avons démontré, se projettent au dehors par les us et coutumes d'abord, les mœurs ensuite et définitivement par la loi écrite qui ne présente qu'un réflexe indirect fixé par les signes de l'écriture dans la substance sociale intercellulaire. En analysant l'agencement des forces sociales dans la sphère juridique nous avons relevé, que le principe d'où il part et le but vers lequel il tend consistent dans une délimitation toujours plus nette et plus spécialisée des différents centres d'action : individus, familles, corporations, classes, pouvoirs publics. A mesure de l'évolution progressive d'une société, la complexité et la coordination des rapports dans la sphère juridique doit gagner sans cesse en énergie et en richesse de formes, tout droit étant, par son essence même, formel. C'est donc par la multiplicité des relations dans le domaine du droit que dans la sphère juridique se manifeste la tendance de l'organisme social vers une délimitation et une différenciation des forces toujours plus spécialisées.

La tendance unificatrice, par quelles voies se réalise-t-elle de son côté dans la sphère juridique? — L'unité éthique du for intérieur de l'individu, l'unité de conscience qui constitue le principe fondamental de la personnalité, quelle est leur projection sociale? Eh bien, c'est par l'égalité devant la loi que se manifeste extérieurement l'unité de la conscience individuelle autant que sociale. La législation civile et pénale dans son application représente la *mesure* d'après laquelle sont évaluées les actions des membres d'une société sous le point de vue juridique, comme l'argent sert de mesure économique pour évaluer la quantité du travail effectué. L'inégalité devant la loi constituerait donc un phénomène juridique analogue non à l'inégalité des fortunes dans la sphère économique, mais à l'absence d'une mesure unique et fixe pour les valeurs échangeables. Comme tous les échanges, toutes les transactions économiques deviennent incertains et aléatoires par suite de fluctuations dans la valeur de l'argent, de même toutes les relations dans la sphère juridique s'ébranlent et se déséquilibrent par suite du manque d'unité dans l'application et l'exécution des lois. Législateurs ignorants et corrompus, juges partiaux et vénaux, ce sont les faux-monnayeurs du droit. Par contre, l'inégalité des fortunes est un phénomène économique qui correspond à la différenciation, à la multiplicité et à l'inégalité des relations dans le domaine du droit. Comme l'égalité des fortunes aurait pour suite inévitable la suppression de tout esprit d'entreprise et d'épargne, la destruction de la liberté économique, de même la fixation de toutes les relations juridiques à un niveau égal et uniforme aurait pour conséquence nécessaire le despotisme d'une loi formelle, la destruction de la liberté éthique de l'homme. Dans l'un et l'autre cas, la personnalité humaine serait subjuguée par un formalisme extérieur, l'esprit tué par la lettre.

Les esprits faux qui se servent de l'argument de l'égalité devant la loi pour en déduire comme conséquence nécessaire l'égalité des fortunes, se servent de deux prémisses qui appartiennent chacune à un ordre de phénomènes distincts et même opposés. L'égalité devant la loi correspond à la fixité dans la mesure des valeurs, l'argent ; l'inégalité devant la loi aux fluctuations dans la valeur de l'argent. Par contre, l'égalité des fortunes correspondrait à la réduction de toutes les relations juridiques à un niveau unique ; l'inégalité des fortunes, à la multiplicité et à la liberté de ces relations. L'argument des égalitaires, en se basant sur des analogies qui en réalité sont des oppositions, pâtit d'une contradiction intérieure irréductible. Ce n'est qu'au moyen de la méthode d'induction que la sociologie est à même de réduire de pareils arguments au néant en démontrant leur incongruité.

CHAPITRE SIXIÈME

ANOMALIES DE LA SPHÈRE POLITIQUE

I

La société humaine présente, comme tous les organismes en général, une *hiérarchie* de cellules ou couches de cellules superposées les unes sur les autres et douées chacune de fonctions spécifiques. Déjà aux premières phases du développement embronnaire, l'organisme animal se différencie en deux couches distinctes : la feuille primaire des intestins et de la germination végétatrice représentée par une couche cellulaire intérieure moelleuse et foncée, et la feuille animale primaire de la peau et de la germination animale représentée par une couche cellulaire extérieure de plus de consistance et de couleur moins foncée. Plus tard ces deux couches primaires de cellules se différencient en quatre couches, ensuite en un nombre plus grand encore et ainsi de suite jusqu'à la différenciation de couches que nous présente l'organisme des animaux des espèces les plus élevées. Des différentes couches organiques, le système nerveux et dans celui-ci les deux hémisphères du cerveau occupent le rang le plus élevé de la hiérarchie cellulaire. Dans le cerveau se trouve concentrée la vie individuelle, tant somatique qu'intellectuelle et morale, et c'est lui qui règle l'action physiologique, morphologique et unitaire de toutes les cellules, de tous les tissus et de tous les organes. Il a été définitivement prouvé par la science moderne que les capacités intellectuelles et morales, la conscience et la volonté ne constituent que la résultante des processus qui ont leur siège dans la substance grise du cerveau et particulièrement dans la couche corticale. Mais dans le cerveau se trouvent en outre réunis les centres nerveux spécifiques, dont chacun correspond à une partie déterminée de cellules, de tissus et d'organes intérieurs et périphériques du corps. Indirectement la conscience et la volonté sont donc un produit non seulement du cerveau, mais de la totalité des cellules dont est constitué l'organisme dans son ensemble.

Dans la société humaine, le gouvernement représenté par les individus et les classes qui dirigent la vie économique, juridique et politique d'un pays ou d'un État, correspond à l'organe central du sytème nerveux animal. Mais, comme dans celui-ci, l'action centralisatrice du gouvernement ne se manifeste pas d'une manière isolée et hors du concours de l'organisme social dans son ensemble. Entre le gouvernement, organe central, et la masse des cellules-individus dont est formée la société, s'échelonnent des centres-médiateurs de second ordre, de troisième ordre, etc., d'après un système plus ou moins régulier. Le système hiérarchique lui-même d'une communauté est déterminé par son type aristocratique, oligarchique ou démocratique, par son organisation politique, monarchique ou républicaine, par son développement historique, par le caractère national, etc. Dans un État despotique, les degrés intermédiaires de l'échelle hiérarchique sont affaiblis, l'autorité se concentre de préférence au haut de l'échelle. Dans un pays démocratique le phénomène contraire a lieu et la coordination hiérarchique des différentes couches sociales entre elles devient plus mobile. Mais, quelle que soit la construction d'une communauté, le principe d'autorité et de discipline n'est pas un facteur qui vient s'ajouter seulement extérieurement pour régulariser l'action des énergies sociales; c'est un élément qui pénètre tout organisme social, comme aussi tout agrégat vivant de la nature, d'un bout à l'autre, depuis la cellule jusqu'à l'organe central. Nous ne respirons, nous ne digérons, nous ne sentons d'une manière régulière que parce que notre corps fonctionne d'après un système d'organes coordonnés hiérarchiquement, et que chacun de ces organes, pris à part, présente en outre, par lui-même, une association de cellules intégrées et différenciées d'après le même principe hiérarchique. De même, pour qu'un organisme social fonctionne régulièrement, il ne suffit pas qu'il ait à sa tête un gouvernement; il est encore nécessaire que la vie de famille, l'industrie, le commerce, la propriété, les relations juridiques, etc., soient également pénétrés du même principe, car ce n'est qu'à cette condition qu'elles se prêteront au régime disciplinaire de l'organe central et que celui-ci pourra effectuer, par des réflexes directs ou indirects, son action excitatoire ou dépressive.

Mais comme l'organisme social est formé de cellules plus libres dans leurs mouvements que les cellules somatiques liées mécaniquement à des parties déterminées de l'organisme individuel, il s'ensuit que l'échelle hiérarchique que présente le système nerveux social est incomparablement plus mobile et variée que celle de notre corps. Cette motilité et variabilité augmente encore pour chaque communauté à mesure de son évolution progressive. Car un des symptômes essentiels du progrès consiste non seulement dans une concentration plus forte de l'autorité, mais concurremment dans un élargissement de la liberté. Ce n'est que quand l'autorité dégénère en despotisme et la liberté en licence que les différents facteurs dont est formée l'échelle hiérarchique d'une communauté se déséquilibrent, se heurtent réciproquement et désorganisent l'ensemble de la vie sociale. Il en résulte des états pathologiques que nous allons étudier dans ce chapitre.

II

La loi fondamentale qui préside à l'évolution de la sphère politique de la société humaine et qui détermine l'unité d'action des énergies dont elle est composée, découle du principe de hiérarchie en analogie avec l'action physiologique qui règle la sphère économique, et du principe de délimitation morphologique des forces sociales qui préside à l'évolution de la sphère juridique. Et comme dans ces deux dernières sphères l'agencement des énergies sociales est déterminé concurremment par le système nerveux social et la substance sociale intercellulaire, de même dans la sphère politique les individus-cellules se groupent dans un ordre hiérarchique en couches, en organes et en unités par l'action concomitante de ces deux facteurs : le système nerveux comme source première, et la substance intercellulaire comme reflet et projection de celui-ci. Toutefois la construction hiérarchique d'une communauté ne présente pas un édifice s'élevant pyramidalement en lignes droites d'après une proportion mathématique simple. La spécialisation des fonctions économiques, des formes juridiques et des relations politiques entraîne des divergences dans la coordination hiérarchique des individus, des organes et des États qui, tout en garantissant l'unité d'action de toutes les énergies spécifiques, permet en même temps aux différentes parties de l'organisme social de se spécialiser et de se développer d'une manière plus ou moins indépendante. La semence d'une plante et l'embryon animal sont formés à l'origine de cellules uniformes et indistinctes; ce n'est qu'à mesure du développement de la plante et de l'animal que les cellules se groupent, se superposent et se spécialisent distinctement. Dans les plantes, les unes forment les racines, les autres les feuilles, les troisièmes les fleurs, les quatrièmes l'écorce, etc. De même, dans l'organisme animal, à mesure de son développement, une partie des cellules de l'embryon se spécialisent comme système osseux, d'autres forment le système musculaire, d'autres encore se réunissent en système nerveux et, de celles-ci, il y en a qui se différencient en organes spécifiques, tels que l'œil, l'oreille, en nerfs moteurs et sensitifs, etc. Cependant, malgré une telle différenciation, chacune des cellules spécifiées conserve non seulement ses énergies originaires, mais encore la capacité de se développer dans toutes les autres directions. Toute cellule végétative et animale est un microcosme qui réunit en lui en germe toutes les énergies de la plante et de l'organisme animal dans son ensemble et dans toutes ses parties. L'organisme dans la plénitude de son développement ne présente que l'extériorisation des énergies latentes de la cellule, quel que soit le rang qu'elle occupe dans la hiérarchie des couches organiques et quelle que soit sa spécialisation. Prenez un rameau et même une partie quelconque d'une feuille et il s'en développera la plante entière. Le règne animal ne présente pas les mêmes conditions de multiplication par suite de causes spéciales dont est accompagné l'enfantement, surtout en ce qui concerne les espèces les plus élevées; mais le principe est le même.

Dans la société humaine, l'individu-cellule constitue également un microcosme qui réunit en lui en germe toutes les énergies sociales, dont l'organisme entier ne présente que la projection et l'extériorisation. Un individu, une famille, détachés volontairement ou d'une manière violente de la communauté, peuvent fonder une colonie, constituer un nouvel État avec toutes les conditions vitales nécessaires pour l'existence d'un État indépendant, qui ne portera peut-être que l'empreinte plus ou moins forte des traits caractéristiques dont a été doué le fondateur originaire. C'est que, comme toute communauté humaine présente une hiérarchie sociale patente, de même tout individu constitue une unité analogue, mais dont les énergies se trouvent encore dans un état de hiérarchie latente. Le principe de hiérarchie est non seulement immanent à la société humaine dans son ensemble, mais il l'est de même à chaque individu, comme aussi à chaque cellule de l'organisme naturel.

La cellule et l'individu, en construisant hiérarchiquement l'organisme et la société, parcourent consécutivement différentes phases et degrés de développement depuis le germe et l'enfance jusqu'à la maturité. La loi qui préside au développement du germe végétal, de l'embryon animal et de l'homme en sa qualité de cellule germinatrice de l'organisme social est la même. Le germe, l'embryon et l'homme parcourent en racourci toutes les phases consécutives par lesquelles ont passé les générations précédentes; seulement pour l'homme, après les phases de développement purement animal, viennent s'ajouter encore les phases exclusivement humaines, représentées par les éléments nerveux, porteurs de son intelligence et de ses qualités morales. Ces éléments se sont stratifiés dans le système nerveux de l'homme, et de préférence dans son cerveau, par un travail ininterrompu des générations précédentes au sein de la société humaine. Ce travail a été en même temps un travail actif et passif: actif en tant que les générations qui se sont succédé ont exercé leurs facultés intellectuelles et morales, passif en tant qu'elles ont subi les réflexes directs et indirects du système nerveux social. Chaque génération nouvelle, à moins qu'elle n'ait pris une marche rétrograde, a ajouté une couche d'éléments nerveux nouvelle au capital accumulé par les générations précédentes. Il s'ensuit que les individus appartenant aux générations subséquentes ont à parcourir consécutivement pendant leur développement individuel un plus grand nombre de couches nerveuses, porteurs des facultés intellectuelles et morales, que les individus des générations précédentes.

Les végétaux et les animaux, en tant qu'individus, atteignent toujours la plénitude de leur développement à moins d'être arrêtés dans leur croissance par le manque de nourriture, ou par des influences atmosphériques, à moins de succomber à des maladies ou à des accidents, ou de devenir la proie d'autres organismes. Il en est de même de l'homme, considéré comme représentant d'une espèce. Mais comme l'homme ne saurait exister autrement qu'en société avec ses semblables, son évolution individuelle n'est pas analogue au développement des individus du règne végétal et animal, mais analogue à celui de la cellule au sein de l'organisme individuel. Or, grâce à la construction hiérarchique de tout organisme individuel et de toute communauté sociale, les cellules et les individus ne sauraient atteindre, tous indistinctement, la plénitude du développement de leurs énergies, parce que, dans le cours de l'évolution de l'organisme auquel ils appartiennent, ils sont arrêtés dans leur développement par d'autres cellules et couches de cellules qui, après s'être superposées, entravent la manifestation des énergies des couches inférieures. Ces dernières, tout en conservant leurs énergies originaires dans un état latent, peuvent non seulement être réduites à un état de stagnation, mais être même forcées à régresser. Cette marche rétrograde dans le développement des cellules, des tissus et des organes est désignée en biologie comme *kataplase* et *atrophie*. Tout organe atrophié se trouve dans un état kataplastique, sans par cela même présenter un cas pathologique. Notre corps contient un grand nombre d'organes qui ont été réduits à un état d'atrophie par suite de conditions défavorables à leur développement créées par les changements survenus dans le milieu biologique ambiant et par suite d'un manque d'exercice. Ainsi, les muscles de nos doigts qui, jadis, quand l'homme ne disposait pas encore d'instruments pour saisir sa proie ou cueillir les fruits des arbres, ont servi au mouvement de ses ongles, se sont atrophiés, faute d'exercice. Les animaux qu'on a trouvés dans des cavernes obscures avaient les yeux atrophiés. Les coutumes des temps préhistoriques, les superstitions prédominantes jadis, refoulées aujourd'hui jusqu'aux coins les plus obscurs des villages, présentent à leur tour des cas d'atrophie psychophysique du système nerveux social, que les Anglais ont surnommés *revivals*, survivances.

Tout organisme et toute société présentent donc une hiérarchie de cellules-individus qui, à un moment donné, se trouvent à un degré différent de développement. Dans la société, c'est surtout par les différents âges d'une population, que cette hiérarchie se manifeste, non seulement sous le rapport physique, mais de même sous le point de vue intellectuel et moral. Les générations nouvellement arrivées sont rarement arrêtées dans leur développement physique, à moins qu'il n'y ait pénurie complète de moyens d'existence ou dégénérescence héréditaire de la race. Tout au contraire, c'est dans les classes inférieures d'une société qu'on trouve plus de forces physiques, grâce à l'exercice de celles-ci, et plus de santé, grâce à la modicité même des moyens d'existence. Il en est autrement du développement psychique. La différence dans l'éducation, dans la position sociale et dans les fortunes, a pour résultat une inégalité intellectuelle et esthétique, non seulement par rapport à des individus de différents âges, mais encore une inégalité très prononcée entre les membres adultes d'une société. C'est sous le point de vue psychique surtout que toute société, et avant tout, un pays civilisé, présente une hiérarchie, dont les marches s'échelonnent les unes sur les autres de la manière la plus variée, en même temps que différenciée. Même dans les pays qui marchent à la tête de la civilisation moderne, la masse de la population se trouve encore au niveau intellectuel et moral de l'enfance; ce ne sont que les classes élevées qui, par des transitions progressives, atteignent la plénitude du développement intellectuel, en spécialisant en même temps leurs facultés selon les exigences du milieu ambiant social. Sous ce rapport, toute société ne présente, à un moment donné et sur un espace plus ou moins limité, que le reflet de l'histoire de l'humanité entière, dont les générations, en se succédant, se sont, dans le cours de leur développement, élevées sur la même échelle hiérarchique intellectuelle et morale, à commencer par l'homme primitif et en finissant par l'homme cultivé de nos jours. L'enfant et l'homme du peuple qui, dans plusieurs pays, même en Europe, ne savent pas encore ni lire, ni écrire, ce sont les hommes primitifs; l'adolescent et l'homme moyen qui, dans les pays civilisés, ne vivent encore, de préférence, que de sensations, ce sont les hommes de l'âge héroïque et mythologique de l'histoire. Et ce n'est pas seulement en un sens figuratif qu'ils le sont, mais en réalité, car les éléments nerveux, porteurs de leurs facultés intellectuelles et morales, se sont arrêtés réellement à la phase de développement de l'homme primitif et de l'adolescent. C'est pourquoi aussi toute société constitue un microcosme social, vis-à-vis du macrocosme de l'humanité entière, non pas dans un sens allégorique, mais en réalité.

III

Le processus par lequel s'effectue l'arrêt et l'atrophie dans le développement des cellules et des différentes couches organiques est le même pour les organismes de la nature et la société humaine. La différence ne consiste qu'en ce que, dans le processus anologue social, prédomine, comme sous tous les autres rapports, le facteur psychique sur le facteur physique, et que par rapport aux différentes communautés mêmes, à mesure de leur évolution progressive, c'est le dernier facteur qui le cède toujours plus au premier.

Dans les organismes végétaux et animaux, les cellules placées accidentellement dans une position plus favorable vis-à-vis du milieu ambiant extérieur ou intérieur, ou douées d'énergies spécifiques plus intenses, refoulent, par une action coercitive mécanique ou chimique, les cellules moins favorisées à une position organique inférieure. En attirant à elles des substances nutritives en plus grande quantité et de meilleure qualité, elles en privent les cellules moins favorisées et forcent même celles-ci à un travail de transformation des substances dans le but de satisfaire leurs besoins spécifiques. Par une concurrence et une lutte pareilles, les cellules les mieux douées ou placées le plus favorablement, s'élèvent par degrés à des couches toujours plus élevées, en refoulant sans cesse à des positions subordonnées les cellules moins favorisées et en les forçant de plus en plus à un travail obligatoire plus spécialisé. Il s'ensuit la formation de couches et d'organes intermédiaires destinés à transférer les substances nutritives, après les avoir tranformées à leur tour, aux couches et aux organes supérieurs.

Le même processus a lieu au sein de la société humaine par suite de la distribution inégale des richesses entre les individus et les classes sociales. La concentration des richesses entre les mains d'un nombre limité d'individus force les classes inférieures de la société à produire des valeurs destinées à la satisfaction des besoins de ce petit nombre. Les valeurs produites sont certainement rémunérées par l'échange de valeurs correspondantes, mais la concentration de celles-ci entre les mains d'individus plus favorisés par la fortune n'en a pas moins pour résultat, une consommation plus intense de valeurs de la part de ceux-ci.

C'est surtout le raffinement des besoins et leur satisfaction et le développement esthétique et intellectuel qu'une telle consommation plus intense a pour résultat, et c'est par là que l'inégale distribution des richesses amène une distinction psychique entre les différentes classes de la société. Dans les pays cultivés, c'est par un travail plus intense que s'effectue principalement la concentration des richesses entre des mains privilégiées. Mais il n'en a pas été toujours ainsi. Dans l'état primitif de la société, c'était la violence qui amenait ce résultat accompagné de l'extermination de populations entières. Plus tard, c'étaient la conquête et l'asservissement des populations par les vainqueurs. Malgré le carnage et les ruines dont ont été accompagnées, de tout temps, les guerres tant internationales que civiles, c'était, dans le temps barbares, déjà un pas en avant dans l'évolution progressive de l'humanité que l'asservissement d'une population indigène, au lieu de son extermination par le conquérant. Le résultat en a été, dans tous les pays conquis, la superposition d'une couche sociale, celle des vainqueurs, sur une autre couche, celle des vaincus. C'est par une pareille stratification de couches que la plupart des États européens se sont constitués à l'origine, et encore aujourd'hui ils en portent les traits caractéristiques. Dans les pays qui ont été en proie à plusieurs conquêtes successives, les couches sociales se sont superposées en plus grand nombre, comme ce fut le cas pour l'Angleterre. Dans le cours de l'évolution historique, les différentes couches sociales de la plupart des pays conquis se sont rapprochées, entremêlées et croisées, les différences ethnographiques qui les distinguaient se sont, par degrés, effacées, les intérêts communs économiques, juridiques et politiques en ont formé des unités nationales. L'Anglais, le Français, l'Italien, se sent membre d'une unité sociale, sans se rappeler les différences ethnographiques qui ont présidé à son origine. Dans d'autres pays, ces différences se sont conservées intactes à travers les siècles, comme en Autriche, en Turquie, en Égypte, aux Indes orientales. Aussi ces pays ne représentent pas des nationalités, mais des États, dont l'unité se trouve garantie exclusivement par le gouvernement central, la force militaire et la classe des gouvernants. On peut dire que ces pays vivent, non par un seul système nerveux social, mais grâce à plusieurs de ces systèmes superposés ou juxtaposés les uns à côté des autres, et que ce n'est que par la violence ou une équilibration artificielle qu'ils parviennent à fonctionner en commun sans se détruire et s'affaiblir réciproquement.

Contrairement à ce qui a eu lieu dans le vieux monde et en partie dans l'Amérique centrale et méridionale, les États-Unis d'Amérique ont été dès leur origine même fondés par la colonisation. La population indigène, peu nombreuse, a été rejetée à la périphérie, la distinction des classes en vainqueurs et vaincus y manque complètement. Ce n'est que par la distribution inégale des richesses et leur concentration entre un nombre restreint de mains que la société y est différenciée en plusieurs couches superposées les unes sur les autres. Le système électif appliqué à la création de tous les pouvoirs publics n'y donne naissance qu'à une couche sociale mobile de gouvernants, renouvelée de fond en comble périodiquement.

IV

Les cellules-individus et les tissus-couches, après s'être, dans les organismes de la nature et la société humaine, superposés les uns sur les autres dans un ordre hiérarchique, quelle que soit l'origine de cette hiérarchie, doivent nécessairement réagir les uns sur les autres d'une manière distincte. Les cellules des couches inférieures auront la tendance naturelle à s'élever aux couches supérieures, tandis que celles-ci manifesteront, ne fut-ce que par un sentiment naturel d'inertie et de conservation, la tendance à entraver et à réprimer la marche ascendante des premières. Cette opposition des tendances est naturelle, parce que ce n'est qu'à cette condition que la différenciation hiérarchique des cellules et des couches peut en général s'effectuer et se conserver dans un organisme. Si dans notre corps toutes les cellules visaient à devenir des cellules nerveuses et à appartenir au système nerveux, la formation des systèmes osseux, musculaire, vasomoteur serait impossible. Ce n'est que parce que la plus grande partie des cellules de notre corps, originairement de même nature, s'est, dans le cours de son développement, arrêtée aux phases inférieures de l'évolution ou à mi-chemin et différenciée sous l'influence du milieu ambiant intérieur ou extérieur, que notre corps est doué de tous les organes nécessaires à la lutte pour l'existence, à l'adaptation au milieu, ainsi qu'au fonctionnement physiologique, morphologique et unitaire. Une société composée seulement de savants, d'artistes, de juges, d'administrateurs et d'hommes politiques correspondrait à un organisme somatique doué d'un système nerveux à l'exclusion de tous les autres. Ce serait un pays à l'instar de ceux qu'avait visités Gulliver. Il en serait de même d'une armée composée seulement de généraux. Au lieu de former une force organisée propre à combattre l'ennemi, elle ne représenterait qu'un agrégat de cellules sans aucun lien hiérarchique et disciplinaire.

Quels sont les facteurs qui arrêtent le mouvement ascendant des cellules-individus appartenant aux couches inférieures dans les organismes de la nature et la société humaine et qui donnent aux couches supérieures les moyens de produire cet arrêt?

C'est d'abord la *position* une fois occupée. La devise de la cellule qui se trouve dans une position d'infériorité vis-à-vis de celle qui, par un accident ou une raison quelconque, s'est réservée une place plus favorable, se résume dans le dicton : ôte-toi de là que je m'y mette. La cellulle supérieure a au contraire pour devise : j'y suis et j'y reste. C'est le facteur primordial et par conséquent le plus naturel de toute stratification organique et sociale. Il a pour source d'un côté le principe d'action et de l'autre le principe d'inertie qui, tous les deux, par leur concordance indissoluble en même temps que par leur opposition mutuelle, produisent tous les phénomènes de la nature. Le droit des *primi occupantes* a été de tout temps sanctionné par les législations comme un droit naturel immuable. Ce droit ne peut être exercé par un individu ou une personne juridique qu'à l'exclusion des autres personnes ou d'autres associations qui, dans leurs tendances à en user de leur côté, sont arrêtées et réprimées par ceux dont elles voudraient occuper la place. En considérant, de ce double point de vue, ce mouvement, ascendant d'un côté, descendant et dépressif de l'autre, qui a pour résultat la différenciation de tout organisme, ainsi que de la société humaine, en une hiérarchie d'individus, de tissus, de classes et d'organes superposés les uns sur les autres, on se convainct facilement de l'importance du facteur que nous avons désigné comme *position*, en ce qui concerne la construction hiérarchique de toute communauté.

Cependant la vie d'un individu et encore plus celle d'une cellule organique n'étant que fort brève en comparaison de la vie d'un organisme et d'une société, le facteur de la position occupée n'aurait que des conséquences très passagères si ce facteur n'était renforcé par un autre facteur, celui de l'hérédité.

Les cellules organiques se multiplient dans les tissus et les organes auxquels elles appartiennent, en produisant de préférence des cellules de même qualité : les organes du système nerveux produisent des cellules nerveuses et les tissus musculaires des tissus musculaires. Il en est de même de la société humaine surtout en ce qui concerne les communautés à construction coercitive comme, par exemple, celles qui subissent le système des castes. Dans celles-ci les différentes castes : celles des prêtres, des guerriers, des industriels et des agriculteurs ne se recrutent que par la multiplication de leurs propres membres. Dans la plupart des États européens la noblesse constitue encore aujourd'hui une caste à part et ce n'est que le monarque qui a le droit d'y élever les membres appartenant aux autres classes de la population. C'est par cette raison que dans de telles communautés l'hérédité par le sang est un des facteurs les plus puissants de leur différenciation hiérarchique et en même temps l'élément conservateur par excellence des droits établis et de la constitution d'un pays. Grâce à l'hérédité, le facteur de la position occupée se transforme, d'un facteur à courte durée, en un facteur aussi durable que la communauté elle-même; il s'éternise.

Dans les sociétés sorties de l'état barbare, à l'hérédité par le sang vient se joindre un autre facteur de nature secondaire mais néanmoins d'une importance de premier ordre comme agent constructeur de la hiérarchie sociale. C'est l'hérédité des noms et des titres. Cette espèce d'hérédité est-elle naturelle ou exclusivement conventionnelle? — Elle est l'un et l'autre en même temps. Il est indifférent qu'une personne ait pris dès l'origine tel nom, comme il eût été indifférent qu'un arbre fût nommé une herbe et une herbe un arbre. Mais la filiation des générations une fois établie, ce serait dépersonnifier les hommes que d'appeler le fils d'un autre nom de famille que le père, comme on causerait une confusion inextricable dans la langue si on appelait la postérité végétale d'un arbre, herbe, et *vice versâ*. Un nom propre ou un nom de famille n'est donc qu'un signe, porteur d'un réflexe psychophysique comme tous les signes qui servent d'intermédiaires entre les parties du système nerveux social. Ce n'est qu'en tant que l'opinion publique reconnait un nom qu'il a de la valeur. Il y en a qui sont des marques d'opprobre. Il n'est pas indifférent de porter, comme descendant, le nom de Hugo, de Pouschkine, de Schiller ou celui d'un obscurantin dont la vocation a été d'éteindre le flambeau de la science et de l'art. Il n'est pas indifférent de porter le nom d'un héros populaire ou d'un traître à la patrie. Les porteurs de noms illustres forment quelquefois des centres autour desquels viennent graviter, indépendamment même des qualités personnelles de leurs représentants, les souvenirs, les aspirations et les espérances de générations entières. C'est en ces occasions que le caractère psychique d'un nom comme signe pour l'action réflexe du système nerveux social apparaît dans toute sa netteté.

Les noms de famille titrés ne sont que des noms élevés à une puissance plus ou moins forte en vue d'y attacher une plus grande considération sociale, d'y concentrer d'une manière plus intense l'opinion publique. Les titres constituent donc un facteur plus puissant encore que le simples noms de famille pour la construction hiérarchique d'une communauté.

La gratification de titres héréditaires peut-elle être reconnue comme conforme aux intérêts d'une communauté, ou bien l'institution de titres se trouve-t-elle en contradiction avec la justice sociale, n'étant que le fruit de l'ambition et de la vanité d'une minorité jalouse de retenir la position élevée qu'elle occupe dans la hiérarchie sociale non seulement viagèrement mais encore pour tout l'avenir? Notre réponse ne saurait être douteuse. S'il y avait des titres aux États-Unis d'Amérique, la postérité de Washington ne mériterait-elle pas d'être marquée à l'attention de toutes les générations futures de la République par le titre le plus élevé qu'elle pourrait accorder aux descendants de l'homme qui doit être considéré comme le fondateur même de la République? Toutes les générations futures, tant qu'existeront les États-Unis, ne jouiront-elles pas du fruit des travaux et des exploits de Washington? De même est-il injuste que les descendants de Rourik portent en Russie le titre de prince, puisque c'est lui qui est le fondateur de l'État russe? Mais que la postérité de la maîtresse d'un prince soit gratifiée d'un titre héréditaire, c'est un des abus de pouvoir les plus révoltants, puisqu'il a pour résultat la concentration de la considération publique sur un acte originairement immoral, pour tout l'avenir, autant qu'existera cette postérité. Que dire de la vente de titres qui, dans un passé encore peu éloigné, a été pratiquée par les petits princes indépendants, en Allemagne et en Italie?

Ainsi, en tant qu'un titre héréditaire sert de marque et de signe pour concentrer l'attention du système nerveux social sur les descendants de ceux dont l'action bienfaisante retentit encore dans son sein, la gratification de ces titres de la part d'une nation ou d'un gouvernement qui la représente ne peut être que justifiée. Hors de cette condition nécessaire les titres héréditaires ne servent qu'à former artificiellement une caste, séparée par des signes honorifiques du reste de la communauté, et à éveiller dans la masse de la population des sentiments d'envie et de haine contre une inégalité non méritée.

Aux agents constructeurs de la hiérarchie sociale, déterminée par la position des cellules-individus et des couches sociales, par l'hérédité du sang, des noms et quelquefois des titres, vient se joindre encore un facteur puissant, c'est l'hérédité des fortunes. Nous avons déjà exposé plus haut les bases naturelles de cette hérédité et les conséquences que doit entraîner son abolition. Nous nous bornerons à relever ici que, dans une société démocratique, dans laquelle les différentes classes ne sont pas différenciées par l'hérédité d'extraction ou de titres honorifiques, ce facteur est prédominant dans la construction hiérarchique de la société.

Tant que la distribution des richesses dans une telle société se trouve en harmonie avec la loi d'évolution progressive que nous avons résumée dans la formule : augmentation de propriété concurremment avec l'élargissement de la liberté ; tant que l'inégalité des fortunes présente une échelle ininterrompue de marches moyennes entre les extrêmes : la modicité en bas et la grandeur des fortunes en haut de l'échelle ; tant que la concentration des fortunes en haut de l'échelle est le résultat d'un travail productif plus intense et non un accaparement de valeurs d'un caractère parasitique, la différenciation hiérarchique d'une société qui a pour cause l'inégalité des fortunes, correspond parfaitement aux lois naturelles qui président à l'évolution progressive de la vie organique en général. Ce ne sont que les états pathologiques dans la sphère économique que nous avons déjà étudiés, qui donnent naissance à des anomalies dans la construction hiérarchique d'une société sous l'influence de l'hérédité des fortunes.

Il peut y avoir encore une autre cause pathogénésique, c'est la trop grande mobilité de l'échelle hiérarchique, le manque d'équilibre et de consistance qui caractérise les sociétés démocratiques.

Une législation, comme celle de l'Angleterre, qui favorise la constitution de grands biens-fonds en majorats inaliénables, atténue le principe de mobilité attaché à l'inégalité dans la distribution des richesses ; mais, comme l'Angleterre est en même temps un pays aristocratique, cette législation n'y fait que renforcer le principe hiérarchique qui découle de l'hérédité par le rang, les noms et les titres. Avec les législations qui favorisent au contraire la division des fortunes, comme en France et en partie en Russie, il y a à l'inverse opposition dans la construction hiérarchique de la société entre les deux facteurs. Un pays, privé d'une aristocratie historique, dans lequel la hiérarchie sociale est déterminée par la concentration des fortunes entre les mains d'un petit nombre de citoyens, constitue le type ploutocratique social. Lorsque la classe des chevaliers romains acquit dans l'ancienne Rome une influence prépondérante, la République romaine avait déjà changé de caractère : d'une société aristocratique elle s'était transformée en une ploutocratie. Les États-Unis d'Amérique sont sur le point de se transformer aujourd'hui d'une société purement démocratique, en un type ploutocratique.

V

Toute communauté humaine peut, indépendamment des principes de consanguinité, de l'hérédité des noms et des titres et de l'inégalité des fortunes, se différencier encore par l'action des réflexes du système nerveux social. Grâce à cette action, elle peut faire le *choix* entre les individus et les classes entières pour abaisser les uns et élever les autres. C'est un travail de *triage* qui peut donner un résultat, soit positif, soit négatif au physique autant qu'au psychique. Une femme qui choisit pour mari un homme débile par la seule raison qu'il est titré ou qu'il dispose d'une grande fortune, peut en donnant le jour à des enfants maladifs causer par son choix la dégénérescence d'une postérité nombreuse. Il en sera de même pour le psychique si son choix tombe sur un individu sain de corps, mais immoral et stupide. L'opinion publique, en élevant ses idoles sur un piédestal immérité et en rabaissant le vrai mérite, n'agit souvent qu'à l'exemple de cette femme. Cependant, à mesure qu'une société progresse, ce travail de triage se perfectionne et s'ennoblit. Le système nerveux social acquiert plus de sensibilité et plus de capacité pour discerner les vrais promoteurs de la science, les poètes par vocation intérieure, les artistes de talent de ceux qui ne se drapent extérieurement que du mérite d'autrui. Mais combien de génies ont péri de tout temps avant même de se faire valoir, moins par suite de persécutions ouvertes qu'en proie à l'indifférence et aux calomnies des contemporains ! Et il en sera de même à l'avenir de ceux qui, dans leur évolution psychique, devanceront de trop le siècle auquel ils appartiennent. Faute de contact entre leurs aspirations et les réflexes du système nerveux de la société contemporaine, ils vivront dans un milieu social ambiant qui leur sera hostile ou pour le moins leur manifestera du mépris et de l'indifférence.

Tout membre d'une société cultivée est dès son bas-âge soumis au triage social. En commençant par les écoles primaires et en finissant par les universités et les instituts spéciaux supérieurs, la jeunesse y subit au moyen d'examens réitérés un triage incesssant. Ce ne sont que les plus capables qui atteignent le faîte de l'échelle hiérarchique d'éducation.

Pour les adultes le triage s'effectue par voie d'élection qui ne présente qu'une action réflexe du système nerveux social, systématisée et réglée par des prescriptions législatives plus ou moins précises. Il y a des pays où le système électif est appliqué à la construction de toute l'échelle hiérarchique des pouvoirs publics comme aux États-Unis d'Amérique. Il y en a où ce système n'est appliqué qu'au bas de l'échelle comme en Russie. Les maires y sont élus par les communes mêmes, ainsi que les représentants des assemblées des districts et des provinces par les différentes classes de la population. Mais quel que soit le système électif, il implique toujours l'action réflexe du système nerveux social dans le but de consti'uer une échelle sociale hiérarchique sur une base autre que celle qui repose sur les principes de l'hérédité et de la richesse acquise. Dans les pays où ces derniers facteurs prédominent, le système électif peut être faussé plus ou moins sous leur influence ; il n'en découle pas moins d'une source opposée. — Est-elle parfaitement pure, cette source ? — Elle le serait si les électeurs, au moins dans leur majorité, étaient des modèles de désintéressement, d'impartialité et de bon sens. A en juger d'après le résultat des élections dans les pays même les plus avancés en civilisation, on pourrait en douter. — Plus loin nous indiquerons les rapports dans lesquels se trouvent le système électif et le principe d'hérédité avec les éléments libéraux et conservateurs au sein de la société. A cette place nous nous bornerons à étudier les avantages et les défauts des deux systèmes sous le point de vue du triage hiérarchique qu'ils effectuent.

Le triage par hérédité est-il favorable au progrès de l'humanité sous le rapport physique d'abord ? En dernier résultat, oui, puisque l'humanité actuelle par l'effet d'une sélection et d'une ségrégation naturelle dès l'âge primitif s'est perfectionnée au physique. Cependant la question, si les générations actuelles doivent être considérées comme jouissant de plus de santé que les précédentes, reste encore ouverte. Ce n'est que par une statistique médicale très précise et très détaillée qu'elle pourra peut-être être décidée dans l'avenir. Sous ce rapport, comme sous tous les autres, l'humanité ne progresse pas en ligne directe. Sa marche progressive subit des déviations incessantes et des revirements plus ou moins prolongés. Une disette générale, une guerre exterminatrice, le syphilis, l'alcool et l'opium peuvent causer un regrès physique à des générations entières. Mais, abstraction faite de ces fléaux de l'humanité, c'est en général la pénurie des moyens d'existence autant que leur excès qui causent la dégénérescence physique des individus ou de classes entières, dans le premier cas par le manque de substances nutritives suffisantes surtout au bas âge, par des habitations défectueuses et malsaines et par le surmenage d'un travail prématuré, dans le second cas par l'excès même de nourriture, par les raffinements excessifs du luxe et par les facilités à rassasier les passions immorales.

Dans les temps primitifs et barbares le triage physique s'effectuait par la violence et la coercition. Le vainqueur était en même temps physiquement le plus robuste et le plus fort. Il s'emparait des femmes les plus saines et les plus belles et laissait une postérité plus nombreuse et physiquement mieux formée que celle des vaincus. Le mariage par capture, pratiqué encore aujourd'hui par quelques peuplades sauvages et dont les vestiges se sont conservés sous forme de survivances dans les cérémonies nuptiales en plusieurs pays civilisés, ne représente qu'un mode spécifique de l'accaparement de la femme par violence. Ce mode aussi était favorable au progrès physique des races, parce que ce n'étaient pas, certes, les femmes maladives et les laidronnes qui étaient l'objet de la capture ; c'étaient également les individus mâles les plus robustes et les plus courageux qui s'y décidaient. Le mariage par achat, en marquant un adoucissement dans les mœurs, a fait entrer dans la relation des deux sexes un nouveau facteur, la richesse. Au commencement ce facteur ne pouvait influencer d'une man ière défavorable l'évolution progressive de la race humaine sous le rapport physique, puisque ce n'étaient que les hommes les plus forts physiquement qui étaient à même d'acquérir plus de richesses et de les défendre en cas d'attaque, et que c'étaient les femmes les mieux formées qui étaient achetées. La race turque s'est embellie par l'achat de belles esclaves circassienes pour les harems de Constantinople et des autres centres de la puissance turque. — Il en fut autrement lorsque la société humaine, sortie de l'état barbare, fut à même de garantir la possession des richesses à ses membres physiquement même les plus faibles. Alors la richesse devint non plus la proie des plus forts, mais le fruit du travail du plus habile ou du plus rusé. L'habileté et le ruse ne coïncident cependant pas toujours avec la force et la santé, et c'est surtout le cas en ce qui concerne l'héritage des fortunes qui se trouvent souvent entre des mains débiles. Malgré leur débilité, ces individus disposent de plus de moyens de pratiquer le mariage par achat ouvert comme dans les pays semi-barbares, ou par achat masqué comme dans les pays civilisés où c'est le plus souvent la fortune qui décide du choix du mari par la femme. Le système de dot pratiqué de nos jours dans la plupart des pays civilisés produit le même effet quant au choix de la femme par l'homme. Ce n'est pas l'inclination naturelle des sexes, ce n'est pas l'amour qui les réunit, mais des conditions de fortune. Il s'ensuit qu'une forte partie de la population féminine entre en mariage malgré la défectuosité physique, tandis qu'une autre partie, la plus apte au mariage, en est forcément exclue. Un tel état de choses ne peut que favoriser la prostitution, cette tache honteuse que la civilisation moderne porte à son front.

Dans les États-Unis d'Amérique, le système des dots est le moins en vogue, aussi est-ce là que l'amélioration physique de la race se fait le plus remarquer.

Mens sana in corpore sano.

Mais il ne s'ensuit pas que la marche de l'évolution intellectuelle et morale soit toujours parallèle au développement physique de l'homme. Non seulement des individus isolés, mais des classes sociales et des races entières présentent, sous ce rapport, des divergences très marquées. Ce sont ordinairement les classes inférieures dans une société civilisée qui se distinguent par la vigueur de leurs forces physiques. Sous ce rapport, la race anglo-saxone entière l'emporte sur la plupart des nationalités du continent. Elle n'en est cependant pas moins intelligente. Plus une communauté possède d'individus qui réunissent à un physique robuste et sain, une intelligence plus développée et des facultés morales plus élevées, plus le système nerveux d'une telle communauté manifestera d'énergie vitale dans l'agencement de ses forces économiques, juridiques et politiques. Une grande somme de valeurs non seulement échangeables, mais encore sous forme de services et d'énergies latentes, est dépensée et consommée comme surcharge pour subvenir à ceux qui non seulement sont peu aptes au travail, mais qui en outre ont besoin de services médicaux, d'un milieu hygiénique adapté à leur débilité physique et des moyens livrés par la bienfaisance et le travail d'autrui pour soutenir leur existence. Plus le nombre de pareils individus est grand, plus les parties du système nerveux social qui y touchent de plus près sont paralysées dans leur action. C'est une charge morte que la société doit porter au détriment de son énergie vitale. Cette charge est encore augmentée de tous les éléments parasitiques qui pullulent au sein d'une société cultivée, de toutes les valeurs d'utilité neutre, sans parler des utilités négatives qui agissent à l'instar de poisons. Faut-il s'étonner que la société moderne soit sur le point de succomber sous une telle charge et que le malaise qu'elle en ressent soit général et profond? Ce n'est que par un travail de triage incessant, jamais interrompu, en partie conscient, mais pour la plupart sous-conscient et inconscient, que la société parvient à supporter la charge de tous les éléments inertes et dangereux, charge qui lui est dévolue par l'évolution précédente et par le niveau de son développement actuel. En les séparant des éléments plus énergiques et sains, en les refoulant en arrière, en les atrophiant, la société procède en analogie avec le travail de sécrétion par lequel tout organisme désassimile et rejette hors de lui les substances nuisibles ou superflues.

Le triage sous le rapport intellectuel et moral s'effectue au sein de la société de préférence au moyen des réflexes du système social. Toute éducation, tout enseignement implique l'action systématisée de réflexes nerveux appliquée à développer les facultés intellectuelles et morales de la nouvelle génération. Mais ce n'est pas seulement la jeunesse; tout membre adulte subit pendant sa vie entière l'action éducatrice de la société. Pour la jeunesse le triage s'effectue en la faisant passer des écoles primaires par l'enseignement moyen aux écoles supérieures et spéciales à l'aide d'un système d'examens périodiques. En Chine le système d'examens est appliqué même aux adultes dans le but d'en faire un triage pour l'échelle hiérarchique des employés d'État. Aussi, traité qu'il est jusqu'à son âge mûr en mineur, le Chinois ne reste toute sa vie qu'un grand enfant.

L'éducation officielle finie, tout membre d'une société n'en subit pas moins l'influence, en s'adaptant au milieu social ambiant et en réagissant sur celui-ci à son tour. Par un tel agencement psycho-physique réciproque entre l'individu, les associations, les classes et le système nerveux social dans son ensemble, les éléments plus énergiques, doués de plus de vitalité, mieux adaptés aux exigences organiques des parties et du tout, s'élèvent par leur travail, leur position, leurs relations au-dessus des éléments plus faibles, superflus ou hostiles à l'évolution sociale. Le système électif, qu'il soit appliqué dans la sphère politique pour constituer le gouvernement, ou dans la sphère économique pour choisir le chef d'une industrie, ou dans la sphère de l'intelligence et du sentiment esthétique pour constituer une corporation de savants, d'artistes ou d'écrivains, ne présente que le même travail de triage, seulement réglé et sanctionné par des prescriptions législatives. Les élections sont des examens institués pour les adultes afin de décider des plus aptes à occuper une position déterminée sur l'échelle hiérarchique de la société. Les examinateurs sont remplacés par les électeurs et les élèves par les aspirants à la position sociale à occuper.

Lequel des deux modes de triage, triage par voie héréditaire, ou par action réflexe du système nerveux social, présente plus de garanties à l'évolution progressive physique, intellectuelle et morale de l'humanité? — Pour le physique, c'est sans aucun doute le triage par hérédité qui en décide. Pour les organes sociaux qui servent d'expression au mouvement intellectuel, esthétique et éthique de la société, c'est sans aucun doute l'action réflexe, sous l'influence exclusive de laquelle le triage doit s'opérer. Ce n'est pas la naissance et l'extration qui décident de l'admission à l'Académie française ou à l'Institut. Mais entre ces extrêmes, il y a des positions mixtes qui sont remplies par la coopération simultanée du principe héréditaire et de l'action réflexe du système nerveux social. Pour celles-ci ce n'est que l'évolution progressive antécédente et la construction typique de la communauté même qui peuvent décider lequel des deux modes de triage serait à préférer. La Russie, monarchie héréditaire, a produit plus de grands monarques que la Pologne, monarchie élective. La Russie a donc eu des avantage sur la Pologne non seulement grâce à un pouvoir central plus fort, plus indépendant et plus conséquent dans ses actes, mais encore sous le point de vue des capacités intellectuelles et morales des monarques.

C'est que le triage par réflexes présente des désavantages aussi profonds que le triage par hérédité, mais de nature opposée.

Le triage par hérédité n'est pas, comme tel, sujet à l'erreur. Il est le principe organique conservateur par excellence. Il lègue à la postérité la plus éloignée, non seulement les qualités normales de l'individus, mais de même ses défectuosités et ses défauts. Il ne dépend pas de l'individu d'influer d'une manière directe sur l'héritage qu'il laisse à ses enfants comme organisation physique. Ce n'est qu'indirectement qu'il peut exercer, sous ce rapport, une influence par le choix de la femme et par sa vie personnelle. Mais ce choix lui-même, ainsi que la manière personnelle de se comporter, dépendent de toute une série de réflexes psycho-physiques indépendamment du principe même d'hérédité.

Le triage par réflexe, par sa nature plus mobile, est sujet à l'erreur dans un degré plus ou moins fort, selon l'état même des éléments nerveux par lesquels les réflexes sont produits. Tout état pathologique du système nerveux d'une communauté se reflètera nécessairement sur le choix des individus qui doivent représenter, dans quelque position que ce soit, économique, juridique ou politique, l'opinion publique générale ou les tendances et les aspirations des différentes classes sociales. Un société en proie à une des maladies spécifiques du système nerveux social que nous avons énumérées plus haut, tendra à imprimer à ses élus, les idées, les passions, les vertus et les défauts dont elle-même est imprégnée. Sous ce rapport la sentence : les peuples ont le gouvernement qu'ils méritent, est pleinement justifiée. Pour que le système électif, quels que soient ses modes et ses dimensions : élections locales, corporatives ou suffrage universel, donne des résultats favorables, il faut donc auparavant préparer le terrain qui lui sert de base, en élevant les éléments sociaux, appelés à participer aux élections, au niveau intellectuel et moral des devoirs qu'ils ont à exercer. La réclame, la phrase, l'agitation électorale, tous les faux moyens de se faire valoir réussisent plus facilement vis-à-vis d'une foule incohérente et inconsciente que devant un nombre restreint d'électeurs parfaitement éclairés sur les qualités de la personne éligible, ainsi que sur les intérêts de la société et de l'État. Mais dès que ce petit nombre perdra de vue le bien public et se laissera influencer par les intérêts exclusifs de son parti, au détriment de la communauté, les élections en seront infailliblement faussées. Le correctif proposé par le parti libéral pour parer à de telles déviations, le suffrage universel, pourrait y suffire à condititiou seulement de présenter des éléments aptes à remplir cette tâche. Mais la masse des électeurs participant au suffrage universel peuvent, de leur côté, tomber dans les mêmes erreurs et les mêmes tendances exclusives que le petit nombre, et alors les élections en seront faussées tout autant, mais sur un niveau intellectuel et moral plus bas. L'Angleterre a produit ses plus grands hommes d'État et ses orateurs les plus éloquents, quand par suite de l'influence de la gentry et par l'existence des soi-disant bourgs pourris, le système électif n'était exercé que dans des limites très-restreintes. Ces limites ont été élargies depuis très fortement, mais le niveau des talents des élus de la nation a baissé au lieu de s'élever comme on l'espérait.

Dans les démonstrations qui précèdent, nous avons fait abstraction des principes de conservation aussi nécessaires au développement progressif de toute communauté que les éléments libéraux. Nous nous sommes borné à étudier la construction de l'échelle hiérarchique sociale et les états pathologiques qu'une construction défectueuse et anormale de cette échelle peut entraîner. Nous avons déjà marqué quelques-unes de ces défectuosités. Par les démonstrations qui vont suivre, nous aurons l'occasion d'en relever encore un grand nombre.

VI

Comme dans la sphère économique et juridique ce n'est pas l'uniformité et la simplicité des rapports et de la structure, mais au contraire la multiplicité et la coordination de plus en plus riche des relations et des délimitations qui marquent un plus haut degré de développement, de même dans la sphère politique c'est la multiplicité des degrés hiérarchiques et leur connexité en même temps plus immédiate, plus fortement prononcée et plus libre qui caractérisent l'évolution progressive dans cette sphère. *L'inégalité hiérarchique* la plus grande est donc, pour la société humaine, l'idéal vers lequel elle tend dans sa marche progressive, en conformité avec les tendances physiologiques et morphologiques de l'organisme social vers un idéal d'inégalité économique et juridique, successivement toujours plus grande. Mais comme pour celle-ci l'idéal ne consiste pas dans une inégalité abrupte, sans transition entre les extrêmes, mais dans une chaîne ininterrompue de termes moyens se rapprochant les uns des autres toujours plus près, de même l'idéal social hiérarchique se réalise au moyen d'une échelle ininterrompue d'individus-cellules, de familles, d'associations et de classes superposées les unes sur les autres, jusqu'aux organes centraux qui représentent la souveraineté unificatrice de la communauté, échelle dont chaque marche inférieure touche aussi près que possible à la marche supérieure.

Une telle organisation hiérarchique correspondrait de plus près à celle de notre corps, le plus parfait des organismes de la nature. Car les cellules, les tissus, les organes, les systèmes organiques de notre corps présentent aussi une échelle hiérarchique ininterrompue et richement différenciée d'énergies psychophysiques, à commencer par la cellule germinative et en finissant par l'organe central du système nerveux, le cerveau. Chaque organe d'un ordre plus élevé règle l'action des cellules et des groupes de cellules d'un ordre inférieur et obéit en même temps aux organes qui lui sont superposés, jusqu'au cerveau qui unifie l'action de tous les organes et de toutes les cellules dans leur ensemble. — Dans les organismes végétaux et animaux moins parfaits, les termes moyens de l'échelle hiérarchique entre l'élément unificateur et la cellule sont peu développés, atrophiés ou manquent totalement. Les corps inorganiques ne présentent qu'une agglomération de molécules rassemblées autour d'un centre de gravitation unique.

L'inégalité sans transition d'un extrême à un autre, en marquant un degré inférieur de développement, constitue, lorsqu'elle est accompagnée d'une évolution régressive, un état pathologique pour la société comme pour tout organisme de la nature.

L'atrophie et la suppression des liens hiérarchiques intermédiaires entre les organes centraux et les cellules primaires, enfantent, dans une société fortement constituée, le despotisme aux deux extrémités de l'échelle hiérarchique ; par contre, dans une société qui se trouve en voie de désorganisation et dont les éléments d'unification sont ébranlés, il en résulte un état pathologique avec tous les symptômes de l'anarchie soit au bas de l'échelle sociale, soit à son faîte. En Chine, l'organisation sociale repose sur des bases solides ; mais les termes hiérarchiques intermédiaires y manquent tout à fait. Le principe d'autorité s'y est concentré d'un côté dans la personne du chef de famille et de l'autre dans la personne de l'Empereur. Entre ces deux extrémités de l'échelle hiérarchique il n'y a que le petit nombre d'employés envoyés dans les provinces par l'autorité centrale. Il en résulte une asthénie dans les réflexes du système nerveux de la société chinoise, une torpidité extrême dans la vie intérieure, une stagnation psychique générale. Il en est de même de la plupart des pays musulmans. Au Japon au contraire les termes hiérarchiques intermédiaires ne manquent pas, grâce à une aristocratie fortement constituée ; aussi le Japon est-il plus accessible à l'influence de la civilisation moderne et s'est-il jeté, de nos jours, de plein pied dans la voie d'une évolution progressive. — Dans les républiques de l'Amérique du Sud, la construction défectueuse de l'échelle hiérarchique amène des crises incessantes et fait balloter les communautés entre l'anarchie et le despotisme militaire. La Russie au contraire présente, à côté d'un pouvoir central souverainement fort, une grande richesse de termes moyens qui s'appuie en partie sur le principe héréditaire et en partie sur le principe électif. Grâce à ces liens intermédiaires, la société russe constitue un organisme dont toutes les parties sont coordonnées de manière à garantir en même temps l'intégration et la différenciation des forces sociales. L'ancienne Egypte, s'étant différenciée d'après le système des castes, a fini par un procès de lignification qui a arrêté l'expansion de ses forces à l'extérieur et étouffé sa vie intérieure. Il en est de même en partie des Indes orientales de nos jours. Par contre l'échelle hiérarchique des États-Unis d'Amérique, qui s'appuie exclusivement sur le principe électif, manifeste une extrême mobilité. Cette mobilité n'implique pas, aujourd'hui, de dangers sérieux, mais seulement grâce à la position isolée des États-Unis dans le nouveau monde et grâce au mouvement expansif de sa population sur un terrain encore vierge. Il en sera autrement dès que ce mouvement aura atteint ses limites et que les États-Unis entreront dans l'arène internationale des luttes politiques. Son système hiérarchique devra s'adapter alors aux conditions créées par le nouveau milieu ambiant. Si son organisme s'y refusait, les chances de la lutte avec d'autres communautés plus fortement constituées pourraient lui être défavorables.

L'inégalité hiérarchique la plus développée, sous condition d'être accompagnée de degrés transitoires, étant l'idéal vers lequel toute société tend dans son évolution progressive, on se demande en quoi le principe d'égalité peut se manifester dans la sphère politique?

Nous avons énoncé plus haut que, dans la sphère économique, l'inégalité dans la distribution des fortunes trouve son contre-poids dans une mesure égale de la valeur pour toutes les richesses échangeables, et que, quant à la sphère juridique, l'inégalité des relations dans le domaine du droit est contrebalancée par l'égalité devant la loi, comme mesure formelle d'estimation de l'activité des membres d'une société.

Eh bien, comme les tendances du système nerveux social vers l'unification des procédés physiologiques s'extériorisent dans la sphère économique dans la recherche d'une mesure égale pour toutes les valeurs échangeables et divisible proportionnellement à leur valeur même, comme les mêmes tendances vers l'unification morphologique se réalisent dans la sphère juridique par l'égalité devant la loi de tous les citoyens sans distinction de race, de nationalité, de fortune et de classe; dans la sphère politique les tendances unificatrices de l'organisme social trouvent leur expression dans l'égalité de tous ses membres devant le pouvoir *souverain*, quelle que soit la forme qu'il prenne. Comme dans une monarchie absolue tous les sujets indistinctement sont obligés à reconnaître le pouvoir souverain du monarque régnant, de même dans une république démocratique tous les citoyens sans exception sont soumis à la souveraineté du peuple. L'égalité devant la souveraineté du pouvoir central contrebalance donc la multiplicité des relations hiérarchiques dans la sphère politique, comme dans la sphère économique une mesure égale forme le contre-poids à la distribution inégale des fortunes, et l'égalité devant la loi le contre-poids à la multiplicité des rapports dans la sphère juridique.

Et comme l'application même de la mesure économique unifiée et de la loi égale pour tous porte un caractère coercitif, de même l'exercice de la souveraineté porte un caractère autoritaire. L'égalité dans toutes les sphères sociales n'est réalisée en dernier résultat que par la coercition; l'inégalité au contraire est le fruit du libre exercice des forces sociales. Vouloir transférer le principe d'égalité dans le domaine qui, par la nature même des choses, est assigné au libre exercice des facultés intellectuelles et morales de l'homme, c'est y transporter en même temps la coercition, qui, en se dénaturant dans un milieu ambiant artificiel, doit nécessairement dégénérer en tyrannie et despotisme. L'erreur des communistes, des collectivistes et des socialistes d'État consiste justement en ce qu'ils s'imaginent pouvoir réaliser l'égalité économique hors du principe de coercition, dont elle est le produit et auquel elle est indissolublement liée.

Les idéalistes qui pensent que l'unification économique, juridique et politique peut être réalisée par la liberté, abstraction faite de tout principe de coercition, commettent une erreur dans un sens opposé. Ils transfèrent les principes de liberté et d'inégalité dans une sphère qui repose sur les principes d'égalité et de coercition. Si chaque membre de la société avait une mesure différente pour déterminer la valeur des produits, les échanges pourraient-ils s'effectuer sur un pied aussi large qu'aujourd'hui? S'il dépendait du bon vouloir de tout citoyen de reconnaître ou de récuser une loi, de se soumettre ou de résister au pouvoir souverain, la désorganisation d'une telle société ne serait-elle pas imminente? Aussi la liberté, transférée dans le domaine social qui appartient à la coercition, dégénère-t-elle bientôt en licence, et le principe d'égalité est, comme conséquence nécessaire, supplanté alors par le principe d'inégalité d'une manière violente.

Les principes d'inégalité et d'égalité se manifestent-ils également par rapport à l'humanité entière, considérée comme un organisme unitaire dans le passé, le présent et l'avenir? — Sans nul doute. — Le principe d'inégalité est représenté par la diversité des races, des nationalités, des États, des classes sociales et des individus. Le principe d'égalité trouve son expression dans l'estimation égale de tous les hommes en leur qualité d'êtres intellectuels et moraux. C'est l'égalité devant Dieu, principe absolu de toute souveraineté. Le christianisme ayant proclamé ce principe, celle des églises chrétiennes qui se croit appelée à réaliser la cité de Dieu sur la terre, l'église catholique, s'arroge par cela même un pouvoir absolu sur tous les États et sur toutes les consciences. Aussi est-ce là question de souveraineté qui a provoqué les luttes et les guerres acharnées qui ont rempli tout le moyen-âge et dont les échos se font sentir encore aujourd'hui. — Il y a encore un chemin immense à faire pour que l'humanité réalise l'idéal chrétien, celui de ne former qu'un seul troupeau mené par un seul berger. Cependant les tendances unificatrices dans le domaine de la science, de l'art, de la bienfaisance témoignent que cet idéal ne cesse d'être le phare autour duquel l'humanité tend à rassembler ses membres dispersés (1).

VII

La conception primaire des phénomènes de la nature nous marque deux états : celui de repos et celui d'action. Comme tous les phénomènes de la nature en général, nous ne pouvons concevoir ces deux états que comme des rapports ; il n'existe pas de repos absolu, comme il n'y a pas non plus d'action illimitée. Nous en jugeons par nous mêmes, parce que nous nous sentons simultanément comme une force qui agit et comme un corps limité qui résiste à l'action des for-

(1) Tome V, la Théologie naturelle.

ces. Ce n'est que par une analogie tirée des conceptions et des impressions subjectives que nous sommes en général à même de juger de ce qui se passe hors de nous.

Repos et action, matière et force étant ainsi, selon nos conceptions, les deux états de relation de tout ce qui existe, ce n'est pas seulement tout corps inorganique qui se présente à nous sous ce double aspect; le même principe se manifeste à nous dans toute la nature organique, notre corps et nos facultés intellectuelles et morales y inclus. Tous les organismes sont en même temps matière et force, corps et âme, sont des êtres psychophysiques, et non seulement dans leur ensemble, comme individus, mais encore dans toutes leurs parties. Les deux principes sont indissolublement liés, immanents l'un à l'autre.

La cellule est pour l'organisme ce que la molécule est pour le corps inorganique, la partie d'un tout plus ou moins limitée et résistante, plus ou moins énergique et agissante. Comme les corps inorganiques sont formés de molécules dont les unes se trouvent relativement plus en repos et d'autres manifestent relativement plus d'action, de même dans chaque organisme il y a des cellules, plus équilibrées à l'intérieur, plus résistantes aux influences du dehors, et d'autres douées de plus de mobilité, plus impressionables et plus capables de réagir contre le milieu ambiant. La biologie désigne la première de ces deux catégories d'éléments organiques comme *cellules durables* (Dauerzellen), la dernière comme *cellules variables* (Bildungszellen) (1). Quant aux plantes, c'est l'écorce et la moelle qui sont principalement formées de cellules durables; les feuilles, les fleurs et

(1) T. II, chap. XIV.

les racines contiennent, au contraire, en plus grande quantité des cellules variables, et c'est dans les végétaux surtout que ces deux catégories de cellules se différencient d'une manière plus nette et plus constante. Au sein des organismes animaux cette différenciation se manifeste d'une manière moins précise et plus coulante. Ici les tissus, les organes et les systèmes organiques sont doués des deux catégories de cellules sans qu'il soit toujours possible d'en déterminer le caractère et les limites d'action. Cependant on ne saurait douter que les cheveux, les ongles, la peau, les os ne soient formés de préférence de cellules durables, et que, dans la formation des nerfs, des muscles, des globules du sang ne prédominent les cellules variables.

La société humaine présente les mêmes relations de repos et d'action, de consistance et de variabilité dans ses parties et dans son ensemble, que les organismes végétaux et animaux. La différence ne consiste que dans une plus grande complexité de ces relations et dans la prédominance toujours plus forte du facteur psychique, prédominance qui va toujours en augmentant à mesure de l'évolution progressive de la société. Mais quelle que soit la place qu'une communauté occupe sur l'échelle des êtres organisés, elle ne saurait se passer des deux éléments dont sont formés tous les organismes de la nature, de cellules durables et de cellules variables. A la première de ces deux catégories de cellules correspondent les éléments *conservateurs* d'une communauté, représentés par les individus et les associations d'individus intéressés à résister à la transformation des conditions vitales établies, à conserver tout ce qui a été acquis, accumulé et construit en vue de raffermir la consistance du corps social. Aux cellules variables correspondent les éléments *libéraux* d'une société, représentés par les individus et les classes enclines à transformer le système nerveux social et la substance intercellulaire selon les besoins, les exigences et les idées nouvellement surgies, à s'adapter avec plus de facilité aux changements imposés par le milieu ambiant.

Là où il y a différence de tendance et d'action, il y a antagonisme et lutte. Comme au sein des organismes végétaux et animaux, les cellules durables et variables se trouvent constamment en une tension opposée les unes aux autres ou comprises en une lutte ouverte, de même dans toute société les éléments conservateurs et libéraux manifestent des énergies soit latentes, soit patentes opposées. C'est de cette opposition même que découle le principe vital de toute société, comme de tout organisme. La cessation de cette opposition impliquerait la désorganisation, la dégénérescence et la mort de tout organisme.

L'hérédité constitue, dans la nature organique et dans la société, l'élément conservateur par excellence, car ce n'est que grâce à cet élément que les énergies physiques et psychiques, une fois acquises et accumulées, ne disparaissent pas avec l'individu sans laisser de vestiges, mais passent comme un héritage inaliénable aux descendants les plus éloignés. L'espèce et le type végétal et animal se sont formés par l'hérédité et ce n'est que grâce à elle que l'homme en naissant dispose en germe de toutes les énergies intellectuelles et morales que les générations précédentes ont accumulées et condensées en couches successives qui se sont superposées dans le système nerveux sous l'influence du milieu ambiant social. Aussi, l'hérédité par le sang a constitué de tout temps le principe conservateur social. La différenciation de l'espèce humaine en races, la constitution de la famille et du clan, le système des castes, la classe nobiliaire, le principe dynastique lui doivent leur naissance. Nous avons déjà exposé plus haut de quelle manière l'hérédité par le sang est renforcée et élevée en puissance par l'hérédité des noms, des titres et des fortunes, surtout de la grande propriété foncière. Un pays où les classes élevées concentrent entre leurs mains tous ces avantages est, par sa nature même, plus conservateur qu'un pays où l'un ou plusieurs de ces facteurs manquent ou sont disjointement distribués entre les différentes classes sociales. Une noblesse privée de la base solide de la grande propriété foncière présente un élément conservateur affaibli, comme aussi une bourgeoisie, quoique riche, mais privée de traditions de famille et exposée à toutes les fluctuations dans la distribution des richesses et des capitaux engagés dans l'industrie, le commerce et surtout dans les spéculations financières à la bourse.

Malgré la puissance de ces facteurs conservateurs secondaires, la consanguinité n'en est pas moins la source primitive. Elle est le lien qui, par une chaîne ininterrompue joint toutes les générations les unes aux autres et embrasse tout le genre humain comme unité organique. L'humanité entière, sous le point de vue de la consanguinité des générations, apparaît comme un seul arbre immense dont les racines se perdent dans la nuit des temps primitifs et dont les ramifications innombrables apparaissent aujourd'hui comme des membres disjoints et quelquefois isolés. Mais leur extraction commune ne se manifeste pas moins dans l'analogie de leur structure intérieure et extérieure ainsi que dans l'identité fondamentale des aptitudes intellectuelles et des facultés morales de tous les hommes, malgré la diversité des races et des degrés de développement. Aucune imitation, aucune suggestion, aucune action réflexe ne serait possible entre les différents membres du genre humain, s'il n'y avait dans le passé, aussi éloigné qu'il puisse être, un point de contact par le sang, par l'intermédiaire d'un ancêtre commun.

Si le principe conservateur dans la nature organique et dans la société est représenté de préférence par l'hérédité, le principe de variabilité trouve son expression dans la tendance des organismes à s'adapter au milieu ambiant intérieur et extérieur. Par l'adaptation, directe ou cumulative, les organismes acquièrent de nouvelles aptitudes physiologiques, subissent des transformations morphologiques et changent de type et de caractère individuel. Il en est de même des organes, des tissus et des cellules qui font partie d'un organisme individuel et pour lesquels cet organisme même constitue le milieu ambiant auquel ils sont forcés de s'adapter. Les cellules qui se plient les premières à cette nécessité d'adaptation, sont les cellules variables, et dans les organismes doués d'un système nerveux, ce sont les cellules les plus excitables. Dans la société humaine, qui n'est douée que d'un système nerveux à l'exclusion des autres systèmes, les cellules variables qui se prêtent le plus à l'influence du milieu ambiant social et qui inclinent le plus facilement à s'y adapter, sont celles qui ne sont pas liées d'une manière irrévocable par des liens de sang au passé, aux traditions et en général aux principes conservateurs de la communauté. Elles changent d'activité et se transforment plus tôt et avec plus de facilité sous l'influence des réflexes directs et indirects qu'échangent constamment toutes les parties du système nerveux social au moyen de la parole, de l'écriture et de l'art. Ce n'est pas sans raison que tous ces modes d'exprimer la pensée et le sentiment ont été surnommés arts *libéraux*. C'est que les cellules qui donnent naissance à ces réflexes et qui les subissent avec le plus d'énergie sont les cellules libérales de la société en opposition avec les cellules conservatrices qui reposent sur la base solide de l'hérédité. L'opinion publique, en tant qu'elle trouve son expression dans la parole publique, dans la presse et dans les produits de l'art, est le résultat de l'action réflexe du système nerveux social, aussi est-elle toujours plutôt libérale que conservatrice. Il en est de même du système électif qui, comme nous l'avons démontré plus haut, ne constitue qu'un mode plus net et réglé par la législation pour l'opinion publique de formuler ses arrêts. Aussi, les élections, de concert avec la presse, ont-elles été de tout temps l'arme la plus sûre pour répandre et faire triompher les idées et les institutions libérales.

Voilà donc deux tendances opposées qui se font jour dans tout organisme social : les tendances conservatrices représentées par les cellules-individus, pour lesquelles le principe d'hérédité, de la tradition, de la consistance organique sert de point de départ, et les cellules-individus variables qui, en subissant avec le plus d'intensité l'action des réflexes du système nerveux social, représentent les principes libéraux. La connexion et la coordination des éléments conservateurs et libéraux est différente selon le type économique, juridique et politique d'une communauté. La grande propriété foncière et la concentration des capitaux entre un petit nombre de mains, la division de la société en classes privilégiées s'élevant au-dessus de la masse de la population, la forme monarchique héréditaire de l'État font prédominer les éléments conservateurs, tandis que le morcellement de la propriété immobilière, le partage des fortunes mobilières, la construction démocratique d'une société, l'éligibilité des fonctionnaires et du chef suprême de l'État garantissent la prédominance aux éléments libéraux. La tension opposée et la lutte des deux éléments peuvent, selon le type de la communauté dont ils font partie, favoriser l'évolution progressive d'une société ou la faire rétrograder sous le rapport économique, juridique ou politique.

Dans le premier cas il en résultera une augmentation de propriété, de droit et d'autorité concurremment avec un élargissement de la liberté, dans le second cas il y aura décroissance de tous ces facteurs. Les résultats positifs ou négatifs de la tension et de la lutte des deux éléments opposés dépendront pour chaque type social du caractère même des tendances qu'ils manifesteront et des moyens dont ils se serviront dans la lutte. La dépression excessive d'un des éléments par l'autre en contradiction avec les intérêts vitaux de la communauté, pouvant causer la déformation du type lui-même et entraîner la dégénérescence d'un de ces facteurs, constitue un symptôme pathologique pour la société qui le subit. La force médicatrice dont dispose la société la fait alors réagir contre un tel état anormal. Les éléments libéraux déprimés sont renforcés par les éléments *radicaux*, qui ne présentent que ces mêmes éléments, mais doués de plus d'énergie et enclins à surpasser les limites normales après s'être engagés dans la lutte. Les éléments conservateurs refoulés dans leur expansion manifestent de leur côté une *réaction* qui tend à réprimer les excès des éléments opposés. La lutte entre de pareilles tendances extrêmes donne toujours lieu à des crises économiques, juridiques ou politiques et témoigne d'un état social pathologique. L'anarchie et le despotisme représentent les deux pôles auxquels cette lutte peut aboutir. Plus la lutte s'approche de l'un ou de l'autre de ces pôles, plus elle se trouve en opposition avec l'évolution progressive de la société. Une communauté, ballottée entre les deux extrêmes du radicalisme et de la réaction, étant jetée d'une crise dans une autre, doit finir par une désorganisation intérieure ou devenir la proie d'un ennemi du dehors.

VIII

La construction hiérarchique de la société, quels que soient les facteurs qui la déterminent, économiques, juridiques ou purement politiques, a fait l'objet de nos études dans la sphère politique, par la raison que ce n'est que grâce au principe de hiérarchie que l'organisme social s'unifie. Cependant le travail d'unification se produit non seulement au sein de la sphère politique, mais simultanément dans les trois sphères, immanentes qu'elles sont les unes aux autres.

Nous avons déjà indiqué plus haut les cas pathologiques causés par les déviations partielles de l'état normal et des lois naturelles qui président à la construction unificatrice de la société en analogie avec les mêmes tendances dans les organismes de la nature.

En résumant nos déductions en une thèse générale, nous arrivons à la conclusion que l'évolution progressive d'une société s'effectue en proportion directe du surplus d'énergies vitales de son système nerveux et des plus-values de sa substance intercellulaire qui résultent de la construction de son échelle hiérarchique, tandis que toute déviation de la norme hiérarchique entraîne un affaiblissement et une dégénérescence économique, juridique ou politique. Une société progresse, en conséquence, quand les énergies spécifiques les plus intenses et le mieux adaptées prennent par le triage le dessus sur les énergies moins aptes à remplir le rôle qui leur est dévolu soit par leur position, soit par leur extraction, soit par l'échange des réflexes du système nerveux social concurremment avec la distribution de la substance sociale intercellulaire et en conformité avec le type de la communauté. Tout élément défectueux ou dégénéré étant élevé à une marche supérieure de l'échelle hiérarchique, la société est forcée de le supporter comme une charge sans en recevoir en échange une action qui puisse l'en indemniser. Une telle charge implique par cela même un cas morbide plus ou moins prononcé et difficile à guérir. En proportion de l'élévation des éléments négatifs sur l'échelle hiérarchique, la charge croît toujours en puissance; on pourrait même affirmer que le poids en augmente dans une proportion géométrique. Toute personnalité indigne, toute classe dégénérée, en occupant une position plus élevée et en disposant par cela même de plus d'autorité, peut, par les excitations et les dépressions qui partent de l'organe central dont elle fait partie, devenir incomparablement plus dangereuse que si elle était réduite à agir à un degré hiérarchique inférieur. A mesure de l'accroissement de la charge négative soit en quantité, soit en qualité, les cas morbides partiels peuvent dégénérer en un état pathologique général, en une diathèse morbide et aboutir à la désorganisation de la société dans son ensemble.

Le processus de triage hiérarchique peut par lui-même manifester un caractère positif ou négatif. En rejetant de son sein les éléments pernicieux, en les refoulant à sa périphérie en analogie avec le travail de sécrétion des organismes de la nature, la société effectue un triage dans le sens négatif. L'exécution capitale, la déportation, la réclusion temporaire ou viagère, le bannissement vers les bas-fonds sociaux des individus moralement dégénérés sont les moyens dont la société se sert pour se débarrasser de ces éléments. Au contraire, en élevant la jeunesse dans les principes de moralité, en éclairant la population par l'enseignement, en soutenant les faibles, en encourageant les timorés, en défendant les opprimés, en corrigeant les égarés, en élevant le vrai mérite, la société effectue un triage dans le sens positif. Plus une société agit dans ce dernier sens, plus elle dispose d'énergies vitales, en conservant même celles qui autrement auraient dû se perdre par le travail de sécrétion, et moins elle a de charge inutile à supporter grâce à la construction mieux équilibrée de l'échelle hiérarchique. La coordination sociale en couches superposées les unes sur les autres sera dans ce cas le résultat d'un mouvement ascendant partiel ou général, tandis que le triage en sens négatif implique toujours un mouvement descendant. Un pareil triage n'est cependant strictement nécessaire que pour éloigner de la société les éléments incorrigiblement dangereux. Tout triage négatif hors de ces limites implique toujours une évolution sociale régressive. Les organes centraux et les classes élevées d'une société qui au lieu d'attirer à eux les couches sociales inférieures les rabaissent matériellement et intellectuellement, effectuent un triage dans le sens d'une évolution régressive. La majorité de la population d'un tel pays finira par former une masse nécessiteuse, ignorante et inerte vis-à-vis des classes supérieures, privilégiées et autoritaires, ou vis-à-vis d'un gouvernement despotique et rapace. Les degrés intermédiaires de l'échelle hiérarchique d'une telle société ayant disparu, la marche ascendante de la masse populaire ne sera plus possible. Les pays orientaux, la Turquie, la Perse, la Chine nous présentent de telles constructions hiérarchiques défectueuses. Dans les

États-Unis d'Amérique au contraire la masse populaire se trouve comprise dans un mouvement ascendant grâce à l'enseignement universel et obligatoire, grâce à la participation active au gouvernement local et central et grâce à la protection dont jouit le travail national. Le niveau des degrés inférieurs de l'échelle hiérarchique en s'élevant progressivement les rapproche dans la société américaine de plus en plus des classes supérieures qui à leur tour ne font que monter.

En Europe ce mouvement ascendant est ralenti par plusieurs facteurs, tels que la surcharge des budgets pour l'entretien de la force armée, la lutte des classes privilégiées avec la masse ouvrière, l'antagonisme entre l'État et l'Église, les traditions historiques, les crises intérieures et les guerres internationales. — L'échelle hiérarchique dans la plupart des pays d'Europe a plus de consistance, celle des États-Unis plus de mobilité. Ce sont deux types d'organisation hiérarchique, dont les extrêmes présentent des dangers et peuvent donner lieu à des états pathologiques, mais qui l'un et l'autre n'excluent pas, dans leur état normal, la possibilité d'une évolution progressive.

TROISIÈME PARTIE

LA THÉRAPEUTIQUE SOCIALE

CHAPITRE SEPTIEME

LE MÉDECIN & L'HOMME D'ÉTAT

I

La thérapeutique est la partie de la médecine qui s'occupe du traitement des maladies. Les préceptes généraux qui lui servent de point de départ et de base sont du domaine de la *science*. Mais leur application dans la pratique au traitement des maladies constitue l'*art* médical. La thérapeutique sociale appliquée est, elle aussi, comme celle du corps humain, un art, l'art de guérir les anomalies sociales. C'est aux hommes d'État, dans la plus large acception du mot, de prévenir, de traiter et de guérir tous les cas de maladies et de diathèses spéciales, auxquelles est sujette l'organisation sociale. La pathologie sociale ne peut, de son côté, que déterminer les principes généraux qui doivent guider les représentants de l'art médical social dans leurs études et leur activité pratique.

Préalablement à tout traitement, il est urgent de déterminer l'état du malade en connexion avec les dispositions individuelles de sa nature physique et psychique et avec les idiosyncrasies de son tempérament; de constater le caractère spécifique de la maladie, ses causes, sa gravité et les suites probables qu'elle peut amener. — La partie de la thérapeutique qui s'occupe de la constatation des états pathologiques, de la distinction des maladies, de la détermination de leur caractère est le *diagnostic.* Par son essence même le diagnostic, comme aussi la thérapeutique appliquée, est un art. Il en est de même du *pronostic,* c'est-à-dire du jugement préalable qu'un médecin porte sur les causes et l'évolution d'une maladie d'après les symptômes avant-coureurs ou les prodromes. La *prophylaxie,* de son côté, lui enseigne les moyens de prévenir l'éclosion et la propagation des maladies, surtout de celles qui ont un caractère contagieux.

L'homme d'État, appelé à traiter une maladie sociale, doit en faire autant : il doit observer d'abord et interpréter ensuite, en ayant, en même temps, recours à des mesures préventives propres à arrêter le mal dans ses commencements et à en empêcher la propagation. L'interprétation doit porter d'abord le caractère d'un pronostic pour conclure par le diagnostic de la maladie. Le traitement lui-même doit être basé sur l'étude des dispositions spécifiques et des idiosyncrasies de la communauté en sa qualité d'organisme réel, en son individualité, et en estimation du type organique qu'elle représente.

Quelles sont les qualités dont doit disposer un médecin pour formuler un diagnostic juste de la maladie sociale qu'il est appelé à traiter?

« Pour apprécier rigoureusement l'état organique et fonctionnel du malade, dit le Dr L. Moynac (1), le médecin doit être doué de sens fidèles..... indispensables à l'observation; il faut encore que son esprit droit et pénétrant régularise l'action des sens; qu'étranger aux préjugés, aux passions, aux partis-pris, il ne soit pas disposé à envisager les faits sous un faux jour; que, doué d'une patience à toute épreuve, il procède minutieusement à un examen complet, et qu'enfin ses interrogations ne dirigent pas le malade suivant des idées préconçues. Il doit encore posséder ce je ne sais quoi désigné sous le nom de tact médical, précieuse faculté d'inspiration (qui est souvent le fruit de l'expérience et de l'observation méthodique), qui dirige dès l'abord l'esprit du praticien vers la nature véritable du mal qu'il observe. »

L'homme d'État ne doit-il pas être doué de toutes ces qualités à un degré encore plus élevé, vu la complexité plus grande des maladies sociales, vu leurs symptômes et leurs prodromes plus mobiles, ainsi qu'à cause de la responsabilité plus grande qui pèse sur lui en cas d'erreur? Perspicacité, courage civil, tact social, cette précieuse boussole qui indique la direction à prendre, le moment propice à rechercher, la mesure nécessaire à garder, voilà les qualités intellectuelles et morales dont doit être doué l'homme d'État digne de ce nom. Combien de mesures législatives, judiciaires et administratives, loin d'écarter un mal, n'ont-elles pas, tout au contraire, contribué à son développement ou à amener un état pathologique pire que le mal qu'elles avaient l'intention de guérir, par suite d'observations fausses ou superficielles, des préjugés, des passions et des idées préconçues dont étaient animés les hommes d'État eux-mêmes

(1) Dictionnaire de Médecine usuelle, par le Dr Labarthe, t. I, p. 611.

et d'après lesquelles ils se croyaient appelés à traiter la maladie sociale? Les moyens thérapeutiques dans la sphère sociale n'ont que trop souvent failli par la seule raison qu'en les appliquant on avait pris une direction fausse, qu'on avait choisi un temps peu propice ou qu'on avait outrepassé en un sens positif ou négatif la mesure nécessaire. Comme les maladies elle-mêmes, tant individuelles que sociales, ont pour source une aberration soit par rapport au lieu ou au temps, soit par rapport à l'énergie d'action, de même les moyens qu'on applique pour les guérir peuvent faillir par la raison qu'ils sont déplacés ou intempestifs ou bien qu'ils sont insuffisants ou dépassent la mesure nécessaire.

Dans la sphère économique, des mesures propres à relever l'agriculture en souffrance d'un pays de petite propriété foncière, n'atteindraient pas leur but et pourraient même donner des résultats négatifs dès qu'elles seraient appliquées à un pays dans lequel prédomine la grande propriété immobilière. L'emploi du même procédé thérapeutique dans les deux pays serait donc déplacé. — En appliquant à une industrie encore naissante des mesures, soit de protection, soit d'encouragement, qui correspondraient à une industrie déjà fortement développée, on userait de moyens prématurés et intempestifs, qui, de même, ne pourraient donner que des résultats nuls ou négatifs. — Sous le point de vue de l'énergie des moyens à appliquer, il y a un juste milieu que tout gouvernement et chaque homme d'État doit observer en prenant en considération les tendances générales, les dispositions individuelles, les qualités et les défauts des classes et des groupes sociaux qu'il s'agit de traiter, ainsi que le niveau intellectuel et moral de la masse de la population. L'absence de protection de la part de l'État peut vouer la classe ouvrière à l'exploitation du capital cosmopolitique et à la rapacité des usuriers; mais, d'un autre côté, une tutelle exercée dans des limites trop étroites peut affaiblir, faute d'exercice, ou étouffer, faute de liberté d'action, l'esprit individuel de responsabilité, d'initiative et d'entreprise qui constitue la source même de tout progrès social. Dans le premier cas, un gouvernement se rendrait coupable d'un manque d'énergie et, dans le second, de trop de zèle dans l'exercice de ses fonctions comme organe régulateur de la sphère économique.

Dans la sphère juridique, les aberrations dans l'application des moyens thérapeutiques peuvent également avoir lieu sous ce triple rapport. — Vouloir introduire la sécurité des personnes et de la propriété parmi une population disséminée et disjointe par des difficultés de communication, au moyen de la division des pouvoirs administratif et judiciaire, c'est déplacer une institution praticable dans un pays à population dense et à communications faciles. En s'exerçant dans un tel milieu, les pouvoirs séparés, loin de se prêter l'appui nécessaire pour agir avec énergie, ne feraient que s'affaiblir mutuellement. — De même vouloir raffermir les relations dans le domaine du droit chez une communauté qui se trouve encore comprise dans le stade de développement du droit coutumier et de la propriété commune, par l'introduction des principes du droit romain, c'est soumettre une telle communauté à un traitement faux par suite d'une aberration dans le diagnostic qui a rapport au temps. L'application d'un code civil ou criminel perfectionné à un pays encore demi-barbare serait une mesure prématurée et intempestive. — Sous le rapport de l'énergie des moyens thérapeutiques employés dans la sphère juridique, un traitement est faux chaque fois que les pouvoirs publics outrepassent la mesure du nécessaire. Trop de sévérité nuit autant que le relâchement dans l'exercice de la justice.

Les moyens thérapeutiques destinés à corriger les anomalies dans la sphère politique peuvent également faillir par une triple cause. La transposition forcée des couches hiérarchiques entreprise dans le but de limiter l'influence excessive et la prédominance d'une classe sociale peut avoir pour résultat une déséquilibration générale de l'échelle hiérarchique et un affaiblissement des organes centraux. Elle impliquerait donc une aberration dans la distribution et la transposition des relations hiérarchiques, c'est-à-dire par rapport à l'espace. — Vouloir soumettre au même régime politique un pays encore jeune, comme les Etats-Unis d'Amérique, et des pays qui ont passé par une longue série d'évolutions historiques comme la plupart des États d'Europe, c'est proposer de guérir les maux politiques par les mêmes moyens thérapeutiques en les appliquant indifféremment à des organismes qui se trouvent à des stades très différents de développement. C'est donc commettre une erreur de diagnostic par rapport au temps. — Enfin vouloir guérir les excès de la liberté par le despotisme et limiter celui-ci par la licence, c'est outrepasser, dans les deux cas, la mesure dans l'emploi des moyens thérapeutiques, c'est donc se rendre coupable d'une aberration par rapport à l'énergie dans le traitement des maladies politiques.

Ce n'est qu'un gouvernement fort et indépendant des fluctuations éphémères de l'opinion publique et des passions enfantées par l'esprit de parti, la haine des classes, l'envie des petits et l'ambition des grands, qui est à même de fournir des hommes d'État qui répondent aux qualités exigées d'un médecin sage, instruit et circonspect. Le médecin social, placé dans des conditions aussi favorables, doit s'évertuer de son côté à éviter un écueil qui a fait échouer les réformes les mieux conçues, qui a détruit les espérances de régénération et de prospérité les plus brillantes. Cet écueil, c'est le *doctrinarisme* économique, juridique et politique. Le culte exclusif des sciences abstraites, les principes théoriques appliqués à la vie sociale qui, dans J.-J. Rousseau, ont trouvé leur interprète le plus éloquent, la méthode mathématique recommandée par Auguste Comte pour la sociologie et mise en œuvre par Quételet et ses disciples, l'économie politique guidée par l'esprit de parti, les passions et les tendances idéologiques du jour, voilà la source multiple du doctrinarisme social moderne qui, non seulement passionne les masses populaires, mais même ne cesse de troubler la vue des hommes d'État les mieux intentionnés. Les gouvernements du continent d'Europe sont plus infestés de ce mal que celui de l'Angleterre; aussi celle-ci a-t-elle le moins souffert de notre temps par suite de fausses mesures législatives et administratives.

Quels sont les moyens propres à éclairer les esprits et à les ramener des régions nébuleuses qui troublent leur vue, à la réalité des choses? La Sociologie positive se charge de fournir ces moyens. — La conception de la société humaine en sa qualité d'organisme réel et l'application de la méthode d'induction à l'étude des phénomènes sociaux autant en ce qui concerne leurs manifestations normales que dans leurs états pathologiques, voilà les seuls remèdes et les plus sûrs contre les préjugés et les faux systèmes dont découle le doctrinarisme social moderne. Sous ce rapport, la Sociologie positive portera immanquablement les mêmes fruits qu'ont portés les sciences naturelles en ce qui concerne la conception du monde physique, en détruisant les idées fausses sur la nature des choses et en chassant les préjugés invétérés, enfantés par la crainte et l'ignorance. En concevant la société humaine comme un organisme réel, l'homme d'État n'oubliera jamais qu'il est appelé à manier non une masse inorganique qui puisse être façonnée d'après des principes mécaniques, et encore moins une réunion de forces immatérielles hors de toute relation avec le milieu ambiant physique, mais une association d'énergies psychophysiques qui, dans leur évolution, obéissent aux mêmes lois qui président à la vie organique en général.

Les difficultés que rencontrera l'homme d'État délivré des chaînes du doctrinarisme, pour formuler le diagnostic d'une maladie sociale, seront alors de nature purement objective. La coordination infiniment enchevêtrée, la complexité et la variabilité des énergies-forces dont est constitué tout organisme social, surtout en ce qui concerne ses déviations de l'état normal, ne manqueront pas de mettre à de rudes épreuves sa patience et sa perspicacité. Cependant les erreurs et les traitements faux ne sauraient être mis toujours à la charge de l'homme d'État comme aussi du médecin. M. le Dr Moynac observe justement que les difficultés de la constatation d'une maladie sont souvent augmentées par le défaut d'intelligence du malade qui ne peut rendre un compte exact de ce qu'il éprouve et par la singulière obstination qui porte certains malades à ne jamais répondre directement aux questions qu'on leur adresse. Ces malades, comme les enfants, sont incapables d'exprimer leurs sensations et quelquefois ont même recours à des subterfuges et à des réponses fausses pour induire le médecin en erreur.

La masse populaire ne se comporte-t-elle pas de même lorsqu'elle se sent travaillée par un malaise quelconque? N'est-elle pas également incapable d'analyser et de juger les causes du mal et n'exige-t-elle pas le plus souvent l'application de faux remèdes pour s'en débarrasser? Cela a lieu surtout dans les temps de crises économiques et politiques, lorsque la conscience sociale est troublée par les passions, l'esprit de parti, les malheurs publics et la misère. C'est alors que surgissent les faux tribuns, avides d'une popularité éphémère. Ils enchérissent encore sur les maux qu'éprouve le peuple, ils en font un tableau exagéré et difforme, ils exigent pour combattre le mal des remèdes mal appropriés ou dangereux, ils accusent d'ignorance, d'ineptie et d'improbité tous ceux qui ne parviennent pas à guérir incontinent la maladie. L'arme dont se servent ces tribuns de préférence, c'est la *phrase*. La phrase, c'est la menue monnaie du doctrinarisme social ayant cours parmi la masse populaire pour l'échange des idées et des sentiments du jour. Comme ces idées et ces sentiments découlent ordinairement de sources troubles, la monnaie qui leur sert de moyen d'échange est également, dans la plupart des cas, une monnaie fausse qui, au lieu de mettre de l'harmonie dans les esprits, ne fait qu'y causer la désunion et les déséquilibrer de plus en plus. La phrase comme le doctrinarisme en général ne perdra de sa puissance que quand les masses populaires à l'égal des gouvernements seront éclairées sur leurs véritables intérêts et les moyens justes de les satisfaire à l'aide des préceptes de la science sociale positive, aussi éloignés des chimères systématisées des soi-disant bienfaiteurs de l'humanité que de la phrase banale servant de cheval de bataille pour les héros populaires du jour.

Tous les grands législateurs dont l'histoire fait mention se sont placés instinctivement au point de vue que la science sociale, en s'appuyant sur la méthode d'induction, occupera dans l'avenir. Ils ont été tous des organisateurs dans l'acception réelle de ce terme. En organisant les communautés dont le sort leur était confié, ils se sont appuyés sur les énergies psychophysiques réelles que les éléments anatomiques du système nerveux social leur livraient. En protégeant et en encourageant ceux de ces éléments qui étaient en harmonie avec le type à construire et en entravant et en déprimant d'autres éléments qui se trouvaient en contradiction avec ceux-là, ils ont dirigé les forces économiques, juridiques et hiérarchiques vers l'unité idéale dont ils étaient les initiateurs. Ce n'est aussi qu'à cette condition que leurs œuvres ont pu être durables et présenter des marches solides pour l'évolution progressive de l'humanité dans l'avenir.

Les facultés intellectuelles et morales d'un homme d'État digne de ce nom, sont analogues plutôt à celles d'un artiste qu'à celles d'un savant. — L'art, c'est la *mesure*. L'art de l'homme d'État, c'est le tact dans l'acception la plus large du mot. Le médecin doit en être doué afin de pouvoir apprécier d'une manière juste la mesure des remèdes pour guérir les maux du corps. En outrepassant la mesure nécessaire, les remèdes peuvent produire un effet tout contraire à ce qu'ils étaient destinés à effectuer. La mobilité des énergies organiques les expose, plus que les forces mécaniques, aux déséquilibrations sous l'influence d'une action hors de la mesure nécessaire. C'est le cas, encore davantage, pour les énergies sociales, infiniment plus mobiles et plus facilement déséquilibrées que le peuvent être les forces de la nature organique. C'est pourquoi le tact est pour l'homme d'État une qualité de première importance, surtout lorsqu'il s'agit de traiter un mal dont est atteint la société dans une de ses trois sphères économique, juridique ou politique, ou lorsqu'il faut réagir contre des anomalies et des diathèses sociales générales. L'homme le plus instruit et le plus perspicace ne sera qu'un brouillon s'il manque du tact nécessaire pour gouverner les hommes et s'adapter au milieu ambiant social. Comme il n'y a pas deux associations humaines qui, sous le rapport de leur développement matériel, intellectuel et moral soient identiques, de même le tact doit être différent pour chaque situation sociale. Le tact d'un diplomate est distinct de celui d'un homme d'État en lutte avec les difficultés intérieures. Un homme du monde se comporte dans un salon autrement qu'un tribun devant la foule qu'il veut convaincre ou entraîner. Le président d'un tribunal dirige les débats d'un procès civil ou criminel autrement qu'un capitaine les mouvements d'une armée. Pierre-le-Grand, malgré sa rudesse et peut-être grâce à l'âpreté même de son caractère, était doué du tact nécessaire pour diriger une nation à peine sortie de l'état patriarcal, dans des voies nouvelles de progrès et de civilisation. L'empereur d'Autriche Joseph II, beaucoup plus instruit et plus civilisé, a échoué dans presque toutes ses tentatives de réforme, faute de tact. Il a fait fausse route parce qu'il n'a pas su apprécier à sa juste valeur le milieu ambiant social et y adapter les mesures qu'il projetait. — Les hommes dont l'esprit est imbu de généralités, de théories, de systèmes, manquent ordinairement de tact dans leurs relations avec le dehors, parce que la *réalité* des choses et des forces sociales avec lesquelles ils viennent en contact, leur échappe. La conception de la société humaine comme organisme peut compléter ce qui leur manque sous ce rapport. Cependant ce n'est pas par l'étude seule que le tact peut être acquis. Il faut encore de l'expérience et des aptitudes innées. La science peut éclairer de ses lumières une nature bien douée ; elle ne parviendra jamais à faire d'un savant un artiste ou d'un administrateur médiocre un grand homme d'État.

II

Le fonctionnement physiologique, la structure morphologique et l'unification de toutes les énergies vitales étant dans les organismes individuels des espèces animales les plus élevées, ainsi que dans le corps humain, réglés par le système nerveux, tâchons de nous rendre compte de la manière dont celui-ci, dans les cas pathologiques, réagit contre les anomalies et les déviations que subissent les organismes.

La plupart des aliénistes pensent que cette réaction a un caractère purement automatique. « Les cellules du système nerveux, constituées d'une façon hiérarchique, dit M. le Dr J. Luys (1), obéissent isolément aux mêmes lois primordiales que les premières cellules des êtres vivants douées des propriétés fondamentales de la matière vivante; — elles *sentent* histologiquement et en même temps réagissent; et comme la division du travail s'est opérée à mesure qu'elles se sont multipliées, les unes se sont trouvées affectées à la sensibilité, les autres à la motricité, d'autres aux opérations intellectuelles, d'autres à la production de la force neuro-électrique qui joue un rôle si considérable dans les opérations de la vie nerveuse. Et, chose bien remarquable, tous ces éléments cellulaires groupés par départements iso-

(1) J. Luys: Le traitement de la folie, p. 61.

lés, hiérarchisés entre eux, indépendants et solidaires à la fois, vivent, sentent, travaillent, réagissent d'une façon aveugle et inconsciente en vertu de leurs énergies natives, sans que notre volonté (ou ce que nous croyons être notre volonté) ait le moins du monde une action pour régler leur activité ou la surprendre! — Lorsqu'un incident extérieur vient à ébranler les cellules de notre sensibilité intime, nous ne pouvons pas neutraliser les effets réactionnels, *nous ne pouvons pas ne pas sentir*, nous ne pouvons pas ne pas réagir. Chacun sent à sa façon, il est vrai, mais le fait de la réaction douloureuse *sentie* est fatal et inéluctable. »

Cependant ce n'est pas d'une manière absolue qu'il faut concevoir l'automatisme de l'action et de la réaction des éléments nerveux faisant partie du système nerveux individuel. Chaque groupe d'éléments nerveux placé sur une marche plus élevée de l'échelle hiérarchique a la faculté d'exciter ou de réprimer, d'alléger ou d'entraver l'action et la réaction des cellules nerveuses subordonnées. Sur les marches inférieures de l'échelle ce processus s'effectue, sans nul doute, d'une manière purement automatique. Mais les cellules de la substance grise du cerveau manifestent sous ce rapport relativement plus de liberté et d'autonomie. Dans le cas contraire l'homme ne serait qu'un automate même vis-à-vis de l'action des forces physiques du milieu ambiant extérieur. M. J. Luys, en affirmant le caractère automatique des sensations, convient cependant du fait que chaque individu sent à sa façon. Or, c'est justement dans la façon distincte de sentir, de penser et de vouloir pour chaque individu à chaque occasion différente, que gît le principe de liberté, et ce principe trouve son substratum matériel dans l'action autonome des cellules nerveuses de la substance grise du cerveau; grâce à cette liberté l'individu peut, par la force de sa volonté et son intelligence, lutter contre les anomalies que subit son système nerveux et y rétablir l'équilibre. Ce n'est que quand la dégénérescence et la déséquilibration des éléments nerveux, périphériques ou centraux, ont atteint un degré excessif, jusqu'à détruire ou paralyser la volonté ou l'intelligence même, que l'action et la réaction nerveuse deviennent automatiques et purement inconscientes.

Comme dans le système nerveux individuel les cellules nerveuses se différencient en motrices, sensitives et intellectuelles, de même dans l'organisme social les éléments nerveux sont coordonnés de manière que certains groupes manifestent de préférence une action qui va du centre à la périphérie, comme c'est, par exemple, le cas pour l'armée et l'administration; d'autres groupes manifestent plus de sensibilité et de passivité en recevant plus de réflexes qu'ils n'en renvoient, comme c'est le cas pour les enfants, les femmes et tous les individus qui mènent une vie contemplative. Ces éléments sociaux correspondent aux cellules sensitives du système nerveux individuel. Enfin, les cellules intellectuelles de celui-ci sont représentées dans le système nerveux social par la classe des penseurs, des savants, par les institutions scientifiques, etc. Les éléments sociaux sont plus mobiles, se suppléent plus facilement les uns les autres; les énergies psychiques y prédominent, en proportion plus forte, sur le physique; mais leur évolution s'effectue d'après les mêmes lois qu'au sein du système nerveux individuel.

Il en est de même de l'automatisme dans l'action des éléments sociaux en comparaison avec celui des cellules du système nerveux individuel. L'individu, membre d'une société, ne représente qu'une cellule relativement plus libre et plus consciente vis-à-vis de la cellule nerveuse de notre corps. Dans les régions primaires de la vie sociale, surtout dans la sphère économique, le fonctionnement s'effectue en plus grande partie d'une manière inconsciente et automatique. La production et la consommation, la division du travail et l'échange, l'offre et la demande des services et des richesses ne peuvent être considérés comme des actes plus ou moins conscients que sous le point de vue des intérêts individuels; dans son ensemble c'est un processus physiologique inconscient que subit toute communauté humaine en voie de se former, dans son germe même. Les lois qui règlent la division du travail, l'offre et la demande, la concurrence, etc., ont existé de tout temps avant toute science économique. C'est automatiquement que les agrégats sociaux, quel que soient leur type et leur degré de développement, les ont reconnues et les ont réalisées de tout temps et sans exception aucune. Il en est de même des principes du droit et de la construction hiérarchique des différentes communautés. C'est aussi en grande partie automatiquement qu'une société réagit contre les lésions, les dégénérescences et les déséquilibrations dont elle est atteinte. Abolissez un gouvernement et il sera nécessairement, par une réaction, sous beaucoup de rapports, inconsciente de la part de la communauté, remplacé par une institution ou un groupement de cellules quelconque qui le remplacera ou sera chargé de le suppléer. Si l'anarchie parvient à triompher définitivement, la communauté sera nécessairement désorganisée, elle se dissoudra en ses éléments primaires d'une manière automatique, elle cessera malgré elle d'exister comme société.

A mesure que la société humaine s'élève sur l'échelle de l'évolution progressive, ses fonctionnements dans les trois sphères, économique, juridique et politique manifestent de plus en plus un caractère conscient, sans pouvoir cependant jamais écarter tout à fait le principe d'automatisme dans les manifestations élémentaires de la vie sociale.

C'est surtout (comme c'est le cas aussi dans les organismes individuels) pendant les crises et les états morbides que la force élémentaire des mouvements automatiques se manifeste le plus clairement. Les passions populaires déchaînées agissent comme les éléments de la nature physique, en détruisant aveuglément tout ce qu'elles rencontrent sur leur chemin. — Ce n'est qu'en éclairant les esprits et en raffermissant la volonté commune que l'action automatique des éléments primaires peut être refoulée aux régions qui leur sont assignées par leur nature même. Éclairé par la raison, dominé par une volonté consciente, l'automatisme social, tout instinctif qu'il soit, constitue la source même d'où jaillit la vie primaire de la société. C'est le domaine du subconscient et de l'inconscient qui touche immédiatement aux forces qui règlent la vie organique naturelle dans son ensemble. L'homme d'État, à l'égal du médecin, doit user de ces forces élémentaires en les dirigeant et les subordonnant au but à atteindre. Si dans l'organisme individuel l'action automatique est prédominante, la vie consciente, dans l'organisme social, ne représente de même qu'une partie minime de l'action inconsciente et subconsciente des énergies qui l'animent. Il n'y a donc rien à créer pour l'homme d'État, comme aussi pour le médecin; il ne s'agit que de diriger et de régler les énergies vitales déjà existantes ou de faire éclore et de rappeler à la vie les forces latentes, qui reposent encore au sein de la société à l'état de germes.

CHAPITRE HUITIÈME.

MODES DE TRAITEMENT.

I

Quels sont les moyens thérapeutiques et les modes de traitement qui peuvent être appliqués à l'organisme social dont l'état pathologique a été constaté par le diagnostic?

Pour répondre à cette question il faut se rappeler d'abord que l'organisme social n'est composé que d'un système nerveux et d'une substance intercellulaire. Les systèmes musculaire et osseux et les tissus intermédiaires lui manquent tout à fait. Un organisme social ne peut, en conséquence, subir que des maladies nerveuses ou des anomalies de la substance intercellulaire dans ses rapports avec le système nerveux social. On pourrait en conclure que les états pathologiques sociaux présentent moins de complication que les maladies auxquelles sont sujets les organismes de la nature, notre corps y inclus. Mais la mobilité, la coordination plus complexe et la variabilité des individus-cellules, des couches-tissus et des organes sociaux donnent aux maladies sociales un caractère de fluctuation tel que les symptômes en deviennent souvent incertains et le pronostic très difficile. — Les maladies que subissent les organismes individuels sont en outre plus nettement déterminées non seulement en ce qui concerne la partie de l'organisme attaquée par le mal, mais aussi sous le rapport de la durée, de la périodicité et de l'issue définitive de la maladie qui est la guérison ou la mort. Un organisme social ne guérit pas aussi promptement, mais de même il ne meurt pas aussi facilement que l'individu. La dégénérescence incurable des éléments anatomiques constitue, pour l'organisme individuel, un cas morbide plus fréquent que pour l'organisme social. Ce n'est que lorsque des générations entières en se succédant manifestent un dépérissement progressif de leurs forces physiques, intellectuelles et morales qu'une maladie sociale peut être considérée comme incurable. En faisant donc abstraction de ces cas exclusifs, il s'agit de considérer les états pathologiques qui sont causés par la déséquilibration des énergies psychologiques dans les trois sphères : économique, juridique et politique.

Le processus pathologique dans ces trois sphères est le même ; il consiste soit dans une surexcitation, soit dans une dépression excessive que subissent certains groupes de cellules-individus ou le sytème nerveux social dans son ensemble.

Le système nerveux individuel dispose, pour régler le fonctionnement de ses forces vitales, d'un mécanisme au moyen duquel chaque groupe supérieur de cellules ou d'organes est à même de régler l'action des groupes subordonnés. En excitant les énergies défaillantes et en déprimant celles qui manifestent une surexcitation, ces mécanismes ramènent les unes et les autres à leur action normale. La science allemande, donne, aux mécanismes de la première catégorie, la dénomination de *Erregungsmechanismen* et, à ceux de la seconde catégorie, la dénomination de *Hemmungsmechanismen* (1).

Tout organisme social dispose des mêmes mécanismes à un degré plus ou moins puissant en proportion de sa place sur l'échelle hiérarchique. Toutes les crises et les anomalies économiques, juridiques et politiques consistant dans un agencement irrégulier du système nerveux social soit dans le sens d'une surexcitation, soit dans celui d'une dépression maladive, toutes les marches de l'échelle hiérarchique sociale sont douées de groupes de cellules destinées à apaiser la surexcitation ou à réexciter la dépression des cellules subordonnées, afin de les réduire d'une manière plus ou moins automatique ou consciente à leur état normal. Les centres nerveux sociaux, à savoir, pour la sphère économique les bourses et les institutions de crédit, pour la sphère juridique le pouvoir judiciaire, pour l'organisme dans son ensemble le pouvoir central, ne sont chargés de régler les anomalies par le même procédé qu'en dernière instance. Le rôle de la substance intercellulaire dans ce processus n'est que secondaire quoique de grande importance. Comme elle ne sert que de moyen pour soutenir la vie des éléments nerveux sociaux, de même elle ne peut servir que de remède, à l'aide duquel l'organisme social, en cas de maladie, peut être ramené à l'état normal.

Les moyens thérapeutiques applicables à l'organisme

(1) Tome IV, chap. III.

social doivent, en conséquence, être divisés en deux catégories principales : ceux qui concernent immédiatement le système nerveux social et ceux qui correspondent à la substance sociale intercellulaire.

Les moyens thérapeutiques de la première catégorie impliquent toujours une action excitatoire ou dépressive, de la part d'un groupe de cellules-individus ou d'un organe, dans le but de ramener les énergies, sujettes à des anomalies, à l'état normal. Les remèdes de la seconde catégorie tendent au même but par la transformation ou la translocation des richesses produites, échangées et consommées au sein de la société.

Arrêtons-nous d'abord à la première catégorie de ces moyens thérapeutiques sociaux.

Toutes les excitations et les dépressions qui sont produites par un contact immédiat entre les personnes ou au moyen de signes, dont le substratum matériel n'est que minime en comparaison avec l'effet psychique produit, appartiennent à cette première catégorie. L'exemple que donne un général en se jetant le premier dans une mêlée meurtrière, ranime le courage de la troupe et lui fait remporter la victoire. L'excitation est, dans ce cas, l'effet d'un contact immédiat entre le général et son armée au moyen de la vue. La parole d'un orateur pour frapper l'oreille de son auditoire exige également la présence personnelle des individus. Par contre, pour effectuer une excitation ou une dépression au moyen de signes tels que l'écriture et la presse, la présence personnelle n'est pas nécessaire; mais les moyens matériels qu'on y emploie sont encore minimes en comparaison de l'effet produit. Une proclamation, contenue dans une seule feuille de papier, peut causer une révolution ou amener une guerre, semblable à une étincelle qui peut détruire une ville populeuse.

Mais pour que l'effet dans tous ces cas soit salutaire, il faut qu'il soit d'utilité positive et non négative. La nouvelle fausse d'une victoire remportée sur l'ennemi peut momentanément apaiser les passions populaires, mais la réaction n'en sera que plus terrible quand la nouvelle sera démentie. Une réclame mensongère peut causer la hausse pour des actions d'une entreprise douteuse, mais leur baisse n'en sera que plus éclatante après que l'état réel sera connu. Un livre immoral, en éveillant la curiosité et en excitant les mauvaises passions, peut avoir plus de succès qu'un ouvrage instructif, mais en dernier résultat il ne produira qu'une dépression des énergies intellectuelles et morales du public.

Les éléments anatomiques du système nerveux social, les individus, n'étant pas liés mécaniquement, comme les cellules du système nerveux individuel, à la place une fois occupée, la thérapeutique sociale peut user de moyens de guérison et de régénération dont ne dispose pas dans la plupart des cas la médecine organique. Ces moyens consistent dans l'introduction de nouveaux éléments régénérateurs pris du dehors. Ces éléments peuvent être introduits dans un organisme social d'une manière violente, comme par exemple par la conquête, ou par une voie lente et paisible, comme cela a lieu par l'immigration. En tant que de pareils éléments contribuent à élever le niveau intellectuel, moral ou matériel de la population indigène, ils doivent être considérés comme des utilités thérapeutiques positives. Cette accessibilité des éléments du dehors peut cependant exposer une communauté à en recevoir aussi d'utilité négative, d'un caractère parasitique. En fermant ou en entravant l'accès à ceux-ci et en facilitant et encourageant l'entrée des éléments d'utilité positive, un gouvernement peut favoriser l'évolution progressive des différentes classes de la population et même de l'organisme dans son ensemble.

La seconde catégorie des moyens thérapeutiques sociaux, ceux qui se rapportent à la substance sociale intercellulaire, trouvent leur analogue dans les remèdes dont dispose la médecine organique pour activer ou entraver le fonctionnement d'un organisme. Les stimulants agissent dans le premier sens d'une manière prompte, mais peu durable. C'est surtout le cas pour les stimulants diffusibles. L'action réparatrice des stimulants non diffusibles et des toniques est plus persistante. Par contre, les calmants et les sédatifs sont employés pour modérer la surexcitation fonctionnelle ou nerveuse survenue par suite d'un état pathologique. Tous ces moyens sont plus ou moins des poisons et ce n'est que l'exiguité des doses dont use la thérapeutique qui en fait tirer des effets bienfaisants. Taylor n'admet que deux classes de poisons : les irritants et les neurotiques ou déprimants, On peut en dire autant des remèdes thérapeutiques en général qui ont pour but de régler le fonctionnement du système nerveux.

En transformant ou en transposant la substance sociale intercellulaire, dans le but de guérir un mal quelconque, l'homme d'État l'emploie aussi de son côté soit comme moyen d'excitation et d'encouragement, soit comme moyen de dépression et de limitation. Dans la plupart des pays, l'alcool est imposé très fortement non seulement dans des vues fiscales, mais surtout à cause de son utilité négative. En mettant des entraves à sa production ainsi qu'au débit des liqueurs fortes, les gouvernements s'évertuent à en limiter la consommation, tandis qu'en encourageant la production et en facilitant l'échange des produits de première nécessité tels que le blé, les légumes, les viandes, etc., ils dirigent le travail national vers la production de ces utilités positives. — L'argent apparait comme le moyen le plus puissant d'excitation et de dépression en sa qualité de mesure universelle de la valeur des produits. C'est par des tarifs de douane et de chemins de fer, c'est par des primes, des gratifications, des impôts plus ou moins élevés que le commerce, l'industrie et l'agriculture sont encouragés ou entravés dans leur développement, et c'est par l'intermédiaire de l'argent, comme signe de la valeur, que le gouvernement exerce son action d'excitation ou de dépression dans le but de diriger ou d'équilibrer les énergies économiques d'un pays.

Les moyens thérapeutiques sociaux. employés en des proportions trop fortes, peuvent agir d'une manière destructive à l'égal des poisons introduits ou formés par auto-intoxication dans notre corps. Un tarif libre-échangiste et un tarif prohibitif peuvent également nuire à un pays, dans le premier cas par la concurrence étrangère, dans le second cas par la stagnation dans la production et l'échange des richesses faute d'esprit d'entreprise et d'invention. A force d'accoutumance un pays peut acquérir une certaine immunité contre l'action destructive d'excitations et de dépressions artificielles excessives. Mais alors le manque ou l'affaiblissement même de cette action peut causer des états pathologiques sérieux. Une industrie qui n'est soutenue que par des primes et des prohibitions dépérit dès que ces moyens artificiels lui font défaut. Ainsi l'alcoolique, le fumeur d'opium et le morphinomane meurent d'inanité dès que les moyens d'excitation qui leur étaient devenus une seconde nature viennent à leur manquer.

Le processus thérapeutique s'effectue dans l'organisme individuel d'une manière plus automatique vu la prédominance du facteur physique; au sein de la société il fait son évolution d'une manière plus consciente à cause de la liberté plus grande et des facultés psychiques plus élevées dont dispose le système nerveux social dans ses parties et dans son ensemble; mais les lois qui président à ce processus dans l'un et l'autre sont les mêmes. Elles n'expriment pour ainsi dire que la contre-partie des lois qui règlent l'évolution normale et progressive de la société humaine, en leur servant de corollaire et de complément.

II

Indépendamment des remèdes physico-chimiques introduits à l'intérieur de l'organisme individuel dans un but d'excitation ou de dépression, la thérapeutique a recours encore à une autre méthode de traitement pour agir sur les individus sujets à des déséquilibrations fonctionnelles ou atteints de névrose. Dans des cas pathologiques de ce genre elle recommande souvent le changement du milieu ambiant, physique ou psychique. — Dans la plus large acception de ce terme le milieu ambiant est formé pour l'individu par les particularités du sol qu'il habite, par les influences de l'atmosphère qui l'entoure, enfin par tout ce que l'on sous-entend ordinairement sous la dénomination de climat. — Il a été constaté par des observations multiples qu'un changement de climat influe souvent d'une manière bienfaisante sur les déséquilibrés et les neuralgiques. Quand la maladie n'est pas compliquée de lésions et de dégérescences organiques, il n'est pas toujours nécessaire pour la guérison du malade, comme le supposent beaucoup de médecins, qu'il soit transporté d'un climat froid dans un climat chaud ou de la ville à la campagne. Souvent le changement dans le sens contraire produit le même effet. Il a été prouvé que dans ces cas c'est le système nerveux qui, par le changement du milieu ambiant, est affecté de préférence. Il en résulte pour l'organisme un travail plus pondéré d'assimilation et de désassimilation, une circulation plus accélérée, une usure organique plus forte. En s'équilibrant d'une autre manière le système nerveux en acquiert un autre *tonus*, le processus physiologique s'en ressent en réagissant de son côté sur le système nerveux dans quelques-unes de ses parties ou dans son ensemble. Le processus même par lequel un individu acquiert la capacité de résister aux variations de climat et aux conditions du nouveau milieu ambiant constitue le phénomène biologique de *l'acclimatation*.

La configuration du sol qu'occupe une communauté, le climat qu'elle subit, le voisinage de la mer, la répartition des eaux douces, etc..., forment le milieu ambiant matériel qui exerce sur le système nerveux social de la communauté une influence non seulement physique mais également d'un caractère psychique. Si le climat d'Europe devenait aussi froid qu'il l'était durant la période glaciaire, ce n'est pas seulement l'existence matérielle de l'homme qui y subirait une transformation profonde; il en serait de même des relations économiques, juridiques et politiques des agrégats sociaux dont sont formés aujourd'hui les États européens.

Cependant l'homme associé à ses semblables peut, de son côté, réagir sur le milieu physique dont il est entouré, en le transformant d'une manière plus ou moins notable. Par la destruction des forêts, le dessèchement des marais, le défrichement du sol, le climat d'une contrée peut subir des changements qui, à leur tour, exerceront une influence plus ou moins profonde sur la vie sociale de la population. Non seulement l'agriculture, l'industrie, le commerce s'en ressentiront, mais de même les facultés intellectuelles et morales des individus ainsi que le caractère et le génie national. Les relations sociales et les dispositions psychiques d'une population qui habite un sol entrecoupé de marais ou couvert de forêts sont autres que celles d'une population répandue dans des plaines cultivées ou des espaces montagneux privés de végétation.

Quelques écoles historiques ont toutefois exagéré, dans leurs déductions, l'influence physique des contrées que les différentes races et les associations humaines ont occupées dans les temps historiques. On a voulu expliquer par cette influence toutes les particularités intellectuelles et morales des populations autochtones et les différentes manifestations de la culture humaine en général. Or il n'existe pas de populations autochtones dans le sens absolu; les races ont, dans leurs migrations, passé par des milieux ambiants très différents, elles se sont croisées entre elles et se sont superposées les unes sur les autres à l'instar des stratifications géologiques qui forment l'écorce terrestre. Il en est résulté que la civilisation a été de tout temps la résultante des énergies ethnologiques plutôt que le produit du milieu ambiant physique.

Dans un sens plus restreint le milieu ambiant pour l'individu et l'organisme social est formé par des relations économiques, juridiques et politiques, par le type de l'organisme, par le caractère des valeurs et des utilités qui circulent dans son sein, par le *tonus* qu'a acquis le système nerveux social, etc. Ce milieu ambiant intérieur est sujet à des transformations encore plus variées et plus fréquentes que le milieu ambiant extérieur, la nature physique. L'individu et la communauté doivent s'y adapter, doivent s'acclimater à ces changements sous peine de tomber dans des états morbides ou de périr. Un peuple qui passe de l'état nomade à la vie sédentaire, doit s'aclimater au nouvel ordre social, et ceux de ses éléments qui ne s'y prêtent pas, en sont éliminés d'une manière plus ou moins violente. Il en est de même d'une nation qui de conquérante devient paisible, d'un pays qui a passé d'une constitution aristocratique à la démocratie et *vice versa*. Ce n'est souvent qu'après un temps plus ou moins prolongé, après une résistance opiniâtre, après des luttes obstinées que les différentes parties d'un organisme social s'acclimatent au nouvel ordre des choses. Il y en a qui en sortent régénérés et doués de nouvelles énergies vitales; d'autres, en surmenant leurs forces dans cette lutte et en les usant trop vite, finissent par dépérir et meurent d'inanition.

Les aliénistes ont, de leur côté, dans le traitement de la folie, recours au changement du milieu social. Leurs modes de traitement peuvent être compris sous deux catégories principales : *l'isolement* et la *distraction*.

Pour apaiser la crainte d'un animal excité par la vue ou le son d'un objet, cause de sa terreur, il faut l'en éloigner ou éloigner l'objet lui-même. Pour tranquilliser un hystérique, il est de première urgence de le séparer du milieu ambiant, social ou matériel, qui agit sur son système nerveux d'une manière excessive dans le sens de l'excitation ou de la dépression. Dans les deux cas c'est au principe d'isolement qu'on a recours.

Mais en éloignant les objets et les personnes qui exercent sur l'individu une influence morbide, on peut leur substituer des objets et des personnes qui agissent dans un sens plus favorable et contribuent à restituer l'état normal d'une manière plus efficace. Substituez, à un bâton dont vous menacez un chien, un morceau de viande, et l'effet sera plus fort que si vous vous bornez à éloigner l'objet de la menace. Transportez l'hystérique du milieu ambiant physique et social qui a causé sa maladie dans un milieu plus propice, entourez-le de soins et de personnes sympathiques, et sa guérison n'en sera que plus prompte et plus complète. C'est par la distraction que ces résultats seront acquis.

Considéré sous le point de vue social, l'isolemen timplique toujours un éloignement de réflexes directs ou indirects dans le but de combattre l'état morbide d'une association de cellules-individus quelconque. Par la distraction le même but est atteint dans la société au moyen du rapprochement et de l'activation plus énergique de réflexes favorables au rétablissement de l'état normal. En éloignant de la jeunesse les influences pernicieuses et en lui faisant subir l'action d'un milieu favorable au développement de ses facultés intellectuelles et morales, on ne se borne pas à combattre les instincts pervers et les passions subversives dans la nouvelle génération, mais on éveille en elle en même temps des tendances plus nobles et des aspirations vers l'idéal. C'est donc en usant simultanément des deux modes de traitement : de l'isolement et la distraction, qu'on agit sur la jeunesse. La société en fait de même avec les adultes en éloignant, pour toujours par la déportation ou la peine capitale, et temporairement par la réclusion, les criminels, et, d'un autre côté, en élevant et élargissant la sphère d'influence des éléments favorables à son évolution progressive.

Les ordres religieux sont des associations, isolées par des règles disciplinaires du reste de la société et placées dans un milieu favorable au développement de l'esprit religieux et à la satisfaction des besoins métaphysiques des initiés. L'esprit et la discipline militaires ne peuvent également être soutenus que par un régime d'isolement, plus ou moins sévère, du reste de la population et par la création d'une atmosphère dans laquelle on ne respire que les préceptes du devoir et de l'honneur militaire. Dans ces cas c'est donc également des deux modes thérapeutiques précédents qu'on fait usage pour discipliner des classes sociales entières un sens déterminé.

L'isolement et la distraction, appliqués d'une manière fausse et excessive, loin d'écarter un état morbide, peuvent tout au contraire en amener d'autres plus sérieux et concourir à la dégénérescence de la communauté entière. La population chinoise, par le système d'isolement qui la sépare du reste du monde, est tombée dans un état d'hébètement. Toutes les classes sociales, les corporations, même les familles qui par suite de préjugés religieux et aristocratiques ou par des sentiments de méfiance, d'envie ou d'arrogance se mettent à l'écart du mouvement général qui anime la communauté à laquelle elles appartiennent, pratiquent un système d'isolement qui dans la plupart des cas leur devient fatal.

Le traitement au moyen de la distraction, si l'on en use d'une manière fausse, ne peut aussi donner que des résultats négatifs. Un gouvernement qui a recours à une guerre extérieure pour détourner des questions brûlantes de l'intérieur, les passions populaires déchaînées, se rend coupable d'un emploi faux de ce moyen thérapeutique. Il en est de même quand un gouvernement ou les classes élevées d'une société ont recours à un système de flatterie et de complaisance pour les convoitises de la populace dans le but de distraire la masse populaire des questions du jour qui l'agitent, de calmer ses sentiments de mécontentement ou ses aspirations vers une existence matérielle et morale plus digne. Les *circenses* romains peuvent servir de type pour caractériser ce mode pervers de distraction sociale.

III

La loi d'évolution progressive de la sphère économique : accroissement de la propriété et élargissement de la liberté dans la production, l'échange et la consommation des services et des richesses; celle de la sphère juridique : délimitation plus précise des droits concurremment avec l'extension de la liberté de les faire valoir; celle de la sphère politique : affermissement de l'autorité sur les différentes marches de l'échelle hiérarchique et extension des libertés individuelles et publiques, cette triple formule de la loi d'évolution progressive se résume, comme nous l'avons vu, dans la formule générale : intégration toujours plus intense des énergies sociales marchant de pair avec leur activation toujours plus spécialisée. Pour qu'une communauté poursuive une marche progressive, il est nécessaire que non seulement chacune de ses sphères se conforme à la loi d'évolution, mais qu'il en soit de même de toutes les trois sphères dans leur ensemble. L'évolution pourrait ne donner en dernier lieu qu'un résultat négatif si le progrès d'une des sphères se réalisait aux dépens de celui des deux autres sphères ou si l'un des membres de la proportion : propriété, droit, autorité, croissait aux dépens de l'autre : la liberté, et *vice versa*. Un pays riche peut être faible sous le point de vue politique, témoins Carthage dans l'antiquité, la Chine et les Indes orientales de nos jours. La sphère juridique peut progresser en dépit de la marche rétrograde des deux autres sphères. Le code de Justinien n'a pas sauvé l'empire byzantin de sa ruine économique et politique. Un état militaire peut représenter une force politique respectable et ruiner en même temps le pays sous le rapport économique, témoin la Turquie actuelle. La propriété peut devenir une arme d'exploitation, le droit se lignifier en lettre morte, l'autorité dégénérer en despotisme, la liberté économique, juridique et politique en licence.

La mobilité et la variabilité des éléments qui font partie du système nerveux social et de la subtance sociale intercellulaire font plus facilement dévier l'organisme social de l'état normal, mais les mêmes qualités permettent l'application de remèdes thérapeutiques dans un sens plus large en vue d'écarter l'état morbide.

Le principe de compensation, qui est borné à un cercle très restreint chez les plantes et les animaux, peut se produire dans des limites beaucoup plus larges au sein de la société. L'élasticité de son système nerveux lui permet de faire suppléer les éléments nerveux les uns par les autres. Les centres régulateurs placés au faîte de la vie sociale, en subordonnant l'action de toutes les autres énergies aux intérêts communs, tendent à les mettre d'accord avec l'évolution progressive de la communauté dans son ensemble. C'est le gouvernement, comme représentant de la souveraineté de l'État, qui règle en dernière instance toutes les excitations et les dépressions effectuées par les organes subordonnés dans les trois sphères. Si l'on analyse l'activité législative, administrative et politique d'un gouvernement, on trouvera que son action se laisse réduire toujours en dernier résultat, soit à une excitation, soit à une dépression des éléments nerveux, individuels ou collectifs, dans l'une des trois sphères. En fondant des académies, des universités, des institutions pour les beaux-arts et les métiers, en encourageant par des primes, des exemptions d'impôt, des privilèges, l'industrie, l'agriculture et le commerce, en améliorant les voies de communication, en réglant les tarifs des chemins de fer, en construisant des ports et des chantiers, le gouvernement n'a en vue que d'éveiller, d'exciter ou d'alléger la manifestation des énergies latentes, physiques ou psychiques, individuelles ou collectives de différents éléments anatomiques du système nerveux social à la tête duquel le gouvernement se trouve placé. Par contre, par des prohibitions, des restrictions, des impositions plus fortes, des amendes et des peines, il tend à réprimer, à limiter et à entraver l'action des énergies qui lui paraissent nuisibles et en contradiction avec les intérêts et le progrès de la communauté.

Les organes d'excitation et de dépression eux-mêmes, le gouvernement y inclus, subissent à leur tour une évolution soit progressive, soit régressive; ils se développent et se raffermissent ou bien s'atrophient et dégénèrent sous l'influence du milieu ambiant social. Considérés sous le point de vue génétique, ils ne sont, comme tous les organes en général, que la résultante d'une série innombrable d'activations physiologiques, morphologiques et unitaires ayant leur source dans la vie organique de la simple cellule sociale qui est l'individu. Mais, une fois formés, ils peuvent se développer d'une manière plus ou moins indépendante des influences du milieu ambiant social par un exercice autonome de leurs énergies propres ou périr d'inanité ou faute d'exercice.

L'organe régulateur de la sphère économique, la bourse, est un produit du fonctionnement physiologique d'une communauté, mais, une fois constituée, la bourse réagit de son côté d'une manière plus ou moins indépendante, désordonnée ou bienfaisante, sur toutes les transactions commerciales, industrielles et agricoles. Les tribunaux, cette extériorisation de la conscience sociale, ce reflet de l'opinion publique dans le domaine du droit, réagissent de leur côté sur la société, et ce n'est que lorsqu'ils exercent leur pouvoir indépendamment des fluctuations mobiles du milieu ambiant, qu'ils remplissent la tâche qui leur est dévolue. Le gouvernement, produit lui-même des tendances unificatrices de la communauté, réagit de son côté sur toutes les sphères de la vie sociale, et il n'est fort que lorsqu'il est indépendant.

Les pays qui sont placés à la tête de la civilisation moderne, nous présentent la plupart de ces organes dans la plénitude de leur développement typique. Mais à côté de ceux-ci il y en a qui, sous l'influence de changements multiples du milieu ambiant social et faute d'exercice, se sont atrophiés. Ainsi, les organes représentés par les corporations des arts et métiers ont dégénéré dans la plupart des pays d'Europe sous l'influence de la liberté industrielle qui a ébranlé leur cohésion intérieure et rompu les bornes de leur exclusivisme. Il en est de même des organes corporatifs de la noblesse et des ordres religieux si puissants au moyen-âge. Par contre, il y a des organes qui, loin d'avoir atteint la plénitude de leur développement, se trouvent encore dans un état embryonnaire. Au nombre de ceux-ci doivent être placés les organes intersociaux et internationaux qui, de nos jours, se forment pour régler et coordonner les relations économiques des différentes classes de la société. Les progrès de l'industrie, l'emploi de machines perfectionnées, la facilité des communications, l'accumulation des capitaux et leur transfusion d'un pays à un autre au moyen des signes d'argent et par la voie du crédit, ont transformé profondément la vie économique de la société moderne. La concurrence, limitée jadis à des cercles étroits par des entraves naturelles ou artificielles, s'est emparée de nos jours du marché du monde entier. Il en est résulté une mobilité et une incertitude dans toutes les relations industrielles, commerciales et financières, dont les fluctuations et les déséquilibrations se font sentir dans les régions les plus reculées de la vie sociale. Une série de récoltes abondantes de blé dans les plaines d'Amérique peut causer la ruine de l'agriculture en Europe. L'extension de la culture de la vigne au Caucase et en Bessarabie fait baisser la valeur des biens-fonds engagés dans la viticulture en France et en Allemagne. Le développement de l'industrie manufacturière aux Indes et au Japon menace de famine des districts industriels entiers de l'Angleterre. Les capitaux se portent d'un centre financier à un autre, en élevant ou abaissant le taux du capital, le prix du travail et les frais des entreprises d'une manière souvent abrupte et incalculable.

L'agitation des esprits causée par la question sociale, les théories de reconstruction de la société d'après des principes nouveaux, les grèves d'ouvriers, l'antagonisme entre le travail et le capital ne sont que les symptômes de l'état pathologique causé par les déséquilibrations auxquelles est en proie la sphère économique de la société moderne.

Mais concurremment avec ces syptômes naissent, enfantés par le besoin naturel de régénération et de restauration de l'équilibre perdu, des organes nouveaux destinés à régler, à limiter et à discipliner les énergies économiques dont les excès menacent de désorganiser la société moderne jusque dans ses fondements. Ces organes présentent un double caractère : ils sont ou intersociaux ou internationaux, et les uns comme les autres peuvent se rapporter soit aux éléments dont est formé le système nerveux social soit à sa substance intercellulaire. Ainsi, les tendances de la population à élever le niveau de ses facultés intellectuelles et morales et de ses aptitudes industrielles, au moyen d'associations et d'organes destinés à répandre les lumières et les préceptes de l'hygiène dans la masse populaire, concernent immédiatement les élements dont est formé le système nerveux social. Il en est de même des réclamations en faveur de l'élargissement des droits de la femme, du suffrage universel, etc. — Tout ce qui a rapport à l'échange des richesses concerne par contre la substance sociale intercellulaire, et c'est la partie de la question sociale du jour qui présente les plus de difficultés et de complications. Le travail lui-même étant une valeur échangeable contre des richesses sur le principe de l'offre et de la demande, il en résulte une antinomie entre la personnalité humaine et une chose, mais une chose qui n'est pas simplement une force brute de la nature, mais le produit elle-même d'un travail antécédent accumulé par l'épargne. C'est cette antinomie qui a existé de tout temps mais qui de nos jours seulement se manifeste avec plus d'intensité, que la société moderne est appelée à résoudre et c'est par la formation de nouveaux organes d'excitation et de dépression qu'elle s'est mise à l'œuvre.

Passons succinctement en revue les résultats de ce travail intérieur de la société moderne par lequel elle manifeste ses tendances à regagner l'équilibre économique que les conditions nouvelles de la vie sociale lui font perdre à un degré inquiétant.

IV

Les associations coopératives : assurances de toute espèce, caisses de crédit, d'épargne et de retraite, sociétés de production et de consommation, logements ouvriers, acquisitions collectives de biens-fonds, etc., ont pris de nos jours un essor remarquable. En Allemagne, Schultze-Delitsch en a été le promoteur principal. En Angleterre, elles ont pris naissance sous l'égide d'associations qui se sont formées dans le but d'unifier les intérêts de la classe ouvrière. Aux États-Unis la grande organisation ouvrière qui porte le titre de chevaliers du travail (Knights of labor) repose également sur les principes de coopération. En France ce mouvement est moins prononcé, mais il a trouvé dans M. Charles Gide un adhérent chaleureux et éloquent. M. E. Cheysson s'est fait de son côté défenseur des institutions patronales. En Russie, l'association coopérative est une institution nationale : ses racines reposent dans le génie national russe, éminemment sociable, dans la propriété commune du sol et dans l'institution des *artels*, associations d'ouvriers et de travailleurs dans un but de production ou de consommation communes.

Toutes ces associations ont principalement pour objet le travail et la personnalité même du travailleur. Par contre toutes les compagnies d'actionnaires, sous quelque forme qu'elles soient constituées, représentent des associations coopératives qui ont pour objet le capital et pour membres les grands et les petits rentiers.

L'État lui-même est devenu dans plusieurs pays d'Europe grand-entrepreneur et constructeur de chemins de fer, grand-entrepreneur surtout pour les produits destinés à la défense du pays, grand-assureur en cas de maladie, de vieillesse et pour toute une série d'accidents, occasionnés par les forces destructives de la nature, comme le feu, la grêle, par l'industrie, les machines, etc.

Ces associations, malgré la diversité de leurs formes, de leurs objets, du but qu'elles poursuivent, reposent toutes sur le principe de la coopération et de la concurrence libre; ce n'est que l'État qui, pour quelques branches de services et d'industrie, se réserve des droits exclusifs. Il en sera autrement dès que la coopération et la concurrence individuelles et libres seront écartées et que, d'après le système prôné par les socialistes d'État, le gouvernement deviendra le seul entrepreneur et le capitaliste unique. Ce n'est que par une coopération basée sur le principe de coercition le plus sévère qu'un pareil système pourrait trouver sa réalisation.

Mais à côté de ces associations qui ont pour but de rapprocher le producteur du consommateur et l'ouvrier du capitaliste, d'abaisser les frais de production, d'écarter les intermédiaires entre celle-ci et la consommation, de distribuer les profits et les dommages entre un plus grand nombre d'associés, de faciliter le crédit, de perfectionner les communications, etc., d'autres groupes et organes sociaux se trouvent aujourd'hui en voie de formation dans le but de régler les relations économiques des différentes classes de la population, de déterminer les limites de leur action et de leurs sphères d'intérêts, de réprimer les excès de la concurrence et de la liberté, de soutenir et d'encourager les victimes de la lutte pour l'existence. Ainsi les syndicats d'ouvriers ont pour but de parer à l'abaissement des salaires par le capitaliste et l'entrepreneur ou même de les élever aux dépens du taux du capital et des profits de l'entreprise. Les syndicats des capitalistes et des entrepreneurs poursuivent dans un sens opposé le même but vis-à-vis de l'ouvrier et des consommateurs. Tels sont les *trusts* aux États-Unis d'Amérique et les associations du même type en Europe. Ces groupements, intersociaux au commencement, ont pris dans les derniers temps un caractère international. La compagnie-trust du pétrole américain embrasse aujourd'hui le marché du monde entier. Il en est de même des syndicats internationaux des producteurs de sucre, d'alcool, etc. — Les associations d'ouvriers de même ont dépassé les frontières des États et ont formé des organes internationaux, comme contre-pied au caractère cosmopolite du capital.

Toutes ces associations sont encore trop jeunes pour fonctionner régulièrement et avec suite; elles sont encore trop faibles pour se maîtriser elles-mêmes et pour dominer les autres: les syndicats des entrepreneurs et des capitalistes tendent au monopole, ceux des ouvriers à la licence. Il en résulte un antagonisme latent entre les différents facteurs de la vie économique moderne qui éclate souvent en luttes ouvertes désastreuses pour les parties qui s'y engagent.

Pour obvier aux excès de telles luttes, la société a besoin de nouveaux organes régulateurs, d'excitation et de dépression, comme tous les organes appelés à discipliner le fonctionnement des forces sociales. Et de tels organes également ont déjà pris naissance et se trouvent en voie de formation. Les comités d'arbitrage entre patrons et ouvriers; les comités de conciliation pour décider des conflits entre les ouvriers de professions distinctes; enfin, les comités d'arbitrage international pour régler les intérêts économiques, juridiques et politiques entre les différents États, voilà les formes que ces organes ont pris de nos jours. Ils répondent à des besoins réels de la société moderne. Raffermis par l'exercice même et le fonctionnement auquel ils sont appelés, ils ne manqueront pas de maîtriser les excès auxquels sont en proie aujourd'hui les différents facteurs engagés dans la lutte économique de nos jours.

Au-dessus de tous ces organes en procès de formation, comme au-dessus de tous les autres déjà définitivement constitués, se trouve placé le gouvernement comme régulateur souverain de la vie tant économique que juridique et politique d'un pays. C'est donc le pouvoir central qui, par un processus d'excitation ou de dépression, est appelé à régler en dernière instance les excès auxquels peuvent être entraînés les organes naissants de second, de troisième, etc., ordres dans les trois sphères sociales. Mais le gouvernement, de son côté, doit savoir, sous ce rapport comme sous tous les autres, maîtriser lui-même son action et se garder d'outrepasser la mesure que lui impose l'art de gouverner. Il faut qu'il n'oublie jamais que l'initiative de toute action sociale part toujours de l'individu, que l'esprit d'entreprise et d'invention résulte de la concurrence des énergies individuelles qui ne peuvent se faire jour que sous le régime de la liberté et jamais sous celui de la coercition et de la tutelle. Ce n'est donc que l'action pathogénésique des nouveaux organes que le gouvernement doit prévenir et combattre sans détruire leur autonomie, vu que ces organes eux-mêmes sont un produit nécessaire enfanté par les conditions de la vie économique moderne. Parmi les syndicats il y en a qui n'ont pour but que d'élever ou d'abaisser artificiellement le prix du travail, le taux du capital ou les profits de l'entrepreneur, afin d'enrichir un petit nombre d'accapareurs en exploitant le producteur autant que le consommateur. Ce sont les syndicats qui portent un caractère de pure spéculation. Il est de première urgence que le gouvernement cherche à obvier à ce mal. Il en est autrement des syndicats agricoles et industriels qui n'ont en vue que de prémunir le capital et le travail engagés dans les biens-fonds et l'industrie contre les fluctuations accidentelles et imprévues du marché intersocial ou international.

Chaque entreprise constitue par elle-même un organisme autonome qui prend naissance et se développe d'après les mêmes lois que l'organisme social dans son ensemble. Les lois de l'adaptation au milieu, de la lutte pour l'existence, de la croissance et de la continuité, de l'individualité et de la solidarité président à l'évolution de toute entreprise agricole et industrielle comme à celle de l'individu et de l'État. Chaque entreprise se construit en outre d'après un type, démocratique, oligarchique, aristocratique ou monarchique, selon les conditions vitales de son existence et du milieu ambiant physique et social. Or un des traits caractéristiques de la grande industrie moderne c'est la prédominance du capital fixe sur le capital circulant et, pour quelques branches, même sur la valeur du travail. Une entreprise ruinée entraîne dans la plupart des cas la perte d'une grande partie du capital fixe, le moins propre à être déplacé, transformé et dégagé. Il est donc naturel que par le seul instinct de conservation la grande industrie tende à se défendre contre les effets d'une concurrence à outrance causée par la surproduction ou la baisse des valeurs produites au-dessous des frais de production. Comme un gouvernement, à moins de dégénérer en despotisme, ne peut s'opposer à la formation d'associations qui ont pour but de régler le travail, il ne peut non plus refuser le droit d'existence aux associations industrielles et agricoles. Ce ne sont que les excès qu'il doit combattre et réprimer dans l'un et l'autre cas. La manière dont il doit agir pour ne pas manquer le but, les modes de traitement et les moyens thérapeutiques à employer, sont du domaine de l'art. La science doit se borner à éclairer l'homme d'État sur les lois qui président à l'évolution progressive et régressive de la société et sur les modulations que subit la formule qui leur sert d'expression sous l'influence de différents facteurs physiques, intellectuels et moraux. Il suffirait de rappeler ici que l'inégalité dans la production, la distribution et la consommation des richesses ne se trouve en harmonie avec le progrès économique d'une communauté que quand cette inégalité est graduelle et qu'elle implique un ordre sériel d'entreprises hiérarchiquement liées entre elles par des termes intermédiaires. Or, la tendance des capitaux et des entreprises vers une concentration excessive peut déséquilibrer l'échelle hiérarchique industrielle par la suppression de l'industrie moyenne et surtout des arts et métiers. C'est donc en protégeant et en encourageant ceux-ci qu'un gouvernement peut opposer à ces tendances destructives les forces vives de la société, sans restreindre la liberté d'action individuelle et sociale.

Les associations ouvrières qui ne se bornent pas à régler les salaires conformément aux exigences du marché, mais qui tendent à faire violence à l'individu dans la libre disposition de son travail ou au capital engagé dans l'industrie, s'arrogent un droit de coercition qui ne peut être exercé que par l'État comme volonté souveraine de la communauté. C'est donc au gouvernement de faire valoir, dans ce cas, ses droits, en garantissant la liberté individuelle et le droit de propriété.

Les adeptes des différentes écoles théoriques et les initiateurs des systèmes de bonheur universel ne manqueront certainement pas de réclamer contre les moyens que nous venons d'indiquer, en les désignant comme insuffisants et purement palliatifs. Les différents modes d'organisation de la société qu'ils proposent sont des remèdes sans nul doute plus radicaux; mais parviendront-ils à écarter les maux dont est assaillie la société moderne? Nous en doutons.

Une solution définitive de la question soi-disant sociale est-elle en général possible? — Elle l'est aussi peu que la guérison de l'humanité de tous les maux physiques. Ce n'est qu'une amélioration relative qui, dans l'un et l'autre cas, est réalisable. Chaque pas qu'une société fait dans la direction du progrès implique une partie de la solution de la question sociale dans un sens ou dans un autre. Plus il sera fait de ces pas, plus la prospérité générale et individuelle se répandra et se raffermira. Mais aussi longtemps qu'il existera des infirmités individuelles, physiques, intellectuelles et morales, il y aura aussi des anomalies sociales. La science et l'art, les gouvernements et les organes régulateurs de la vie sociale peuvent y porter remède à un certain degré, sans pouvoir prévenir toujours et encore moins abolir définitivement toutes les déviations de l'état normal auxquelles est sujet tout organisme social. Une société parfaitement normale devrait avoir pour postulat la perfection de la nature humaine et de la nature sociale. Or, l'individu et la société sont et demeureront toujours des êtres imparfaits. La perfection n'est pas de ce monde.

V

Grâce aux éclatantes découvertes faites de nos jours à l'aide du microscope, la cellule a été reconnue comme l'élément anatomique primaire dont sont formés tous les organismes de la nature. La Pathologie, en s'appuyant sur ces découvertes, est parvenue de son côté à prouver que les maladies que subissent les organismes ne représentent que les résultantes des anomalies de simples cellules dont sont formés les tissus et les organes malades. La Thérapeutique, qui ne constitue que la contre-partie de la Pathologie, est sur le point d'arriver aux mêmes résultats dans l'application des remèdes destinés à combattre les maladies.

Nous avons prouvé par l'analyse des énergies qui concourent à former l'organisme social, que c'est l'individu qui en constitue l'élément anatomique primaire et que tous les moyens thérapeutiques employés à guérir un mal social ne sont que des palliatifs lorsqu'il n'en résulte pas la régénération de l'individu, cette cellule du corps social.

En analysant l'action des forces dont la concordance et l'antagonisme produisent les phénomènes infiniment variés que manifeste la nature organique, les biologistes les plus éminents ont reconnu deux catégories de ces forces. Les forces physiques dominent dans les régions inférieures de la vie organique. En s'élevant consécutivement sur les degrés de l'échelle hiérarchique des êtres, les organismes manifestent de plus en plus des énergies psychiques. L'évolution par laquelle les forces physiques, en s'élevant en puissance, parviennent à se condenser jusqu'à des énergies psychiques, n'a pu encore être éclairée d'une manière satisfaisante par la science. Mais quel que soit le lien qui unit les deux catégories de forces, leurs manifestations au dehors, dans l'espace et le temps, n'en sont pas moins distinctes. Cette différence éclate surtout en ce qui concerne la société humaine, l'organisme le plus développé et le plus différencié de tous les êtres vivants.

La double nature de l'organisme social exige en conséquence l'emploi de deux catégories de remèdes thérapeutiques pour guérir les anomalies sociales : les uns doivent avoir en vue la nature physique de l'homme, les autres ses facultés intellectuelles et morales. La médecine et l'hygiène prennent soin de celle-là, la morale et la religion ont pour objet l'âme humaine.

Le développement des forces physiques qui, dans l'antiquité, constituait une question sociale de première importance, a été négligé longtemps par la société moderne. Ce n'est que dans les derniers temps que l'opinion publique, inquiétée par les symptômes de dégénérescence physique que manifestent les générations nouvelles, s'est tournée vers l'étude de ce côté de la question sociale et a amené des mesures de la part des gouvernements et de la société elle-même pour combattre le mal. Les soins les plus énergiques sont de nos jours donnés à l'hygiène publique intersociale et internationale. La gymnastique, le sport sous toutes les formes, les jeux en plein air pour toutes les classes de la société sont devenus populaires. Les exercices physiques entrent déjà dans le programme des écoles primaires et moyennes de la plupart des pays, en France surtout grâce à l'initiative de M. Jules Simon. On a en même temps évalué à sa juste valeur le principe de sociabilité qui trouve son expression dans tous les exercices, même purement physiques, entrepris en commun.

D'un autre côté la popularisation des sciences, des arts et des produits littéraires par les bibliothèques publiques, les cabinets de lecture, les expositions d'objets d'art concourt à élever le niveau intellectuel et moral des masses populaires. En Angleterre et aux Etats-Unis d'Amérique, des associations se sont formées dans ces derniers temps pour rendre accessible, à la classe ouvrière, même l'enseignement universitaire.

Mais, à côté de ces questions sociales, pour ainsi dire unilatérales, il y en a d'autres de nature plus compliquée, qui embrassent un plus grand nombre de facteurs dans les sphères économique, juridique et politique. Elles touchent au système nerveux social et à la substance sociale intercellulaire dans leur ensemble et dans leur action réciproque commune. Les déviations que manifeste l'organisme social, sous ce rapport, exigent un travail d'analyse et de synthèse plus détaillé, plus profond et en même temps plus généralisé. Les moyens thérapeutiques capables de prévenir de tels maux et de les écarter sont de nature complexe, peuvent plus facilement faillir et même donner des résultats contraires à ce que l'on en espérait. Sur ces questions, les opinions sont très divisées, quelquefois même opposées.

Ce n'est que par une juste synthèse basée sur la conception de la société humaine en sa qualité d'organisme réel, que peut être éclairée la connexion des phénomènes sociaux aussi compliqués et enchevêtrés les uns avec les autres et que peuvent être trouvés les remèdes thérapeutiques en conformité avec les lois qui règlent la vie organique en général.

Ce travail de synthèse en ce qui concerne la société

humaine, c'est la Sociologie positive qui s'en charge.

La conception de l'individu, comme produit de la condensation du travail social de toutes les générations précédentes, la reconnaissance concrète de la société en sa qualité d'organisme réel composé d'un système nerveux et d'une substance intercellulaire, réunis en un corps ou, ce qui est la même chose, en un système par des réflexes réels, voilà les résultats du travail de synthèse de la Sociologie positive. La Thérapeutique sociale en fait autant par l'étude des remèdes propres à guérir les anomalies sociales. Elle unifie par un travail de synthèse les efforts isolés de la médecine, de l'hygiène, de l'économie politique, de la jurisprudence, de la politique, des sciences abstraites, de la morale et de la religion dans le but de les faire concourir d'un commun accord à étudier, à prévenir et à guérir les anomalies que subit la société humaine dans ses différents groupements, comme famille, corporation, association professionnelle, État, ainsi que dans sa totalité, comme genre humain.

Pour ne pas nous borner à des généralités, nous allons éclairer quelques phénomènes sociaux du point de vue occupé par la Pathologie et la Thérapeutique sociales, en les soumettant alternativement à un travail d'analyse et de synthèse et en embrassant dans nos considérations l'action concomittante du système nerveux social et de la substance sociale intercellulaire.

Considérée isolément, l'armée ne représente qu'une réunion d'hommes destinée à repousser un ennemi extérieur ou à terrasser à l'intérieur par la force physique les infractions ouvertes et les révoltes à main armée. Mais, sous le point de vue social, l'armée est en même temps une école par laquelle passe la partie masculine de la nation en s'y inculquant les sentiments du devoir, de la discipline et de patriotisme. Dans l'armée s'extériorisent et se concentrent les sentiments d'honneur et de dignité nationale. De son côté, par l'exemple et les relations personnelles de ses membres, l'armée réagit au moyen de réflexes directs et indirects sur le système nerveux de la communauté entière en y éveillant et y développant les mêmes sentiments.

Il en est de même de l'église. Considérée séparément, ce n'est qu'une institution destinée au culte de l'Être suprême. Mais du point de vue social l'église représente l'incarnation des aspirations les plus élevées immanentes à la conscience humaine; elle donne satisfaction aux besoins métaphysiques innés chez tous les hommes en leur qualité d'êtres intellectuels et moraux. Ceux qui ne trouvent pas de contentement satisfaisant dans la religion le cherchent dans d'autres directions : dans la science, dans l'art, l'activité publique, souvent dans un mysticisme désordonné et ténébreux. Mais pour les masses populaires des pays même les plus avancés en civilisation, l'église chrétienne représente toujours encore la seule institution qui soit en état de satisfaire leurs besoins métaphysiques et qui soit en même temps une école de discipline morale et de perfectionnement personnel. La religion en général lie les consciences et les volontés à des préceptes et des mandements déterminés. L'étymologie même du mot l'indique, elle effectue cette liaison dans les sphères les plus élevées de la vie sociale, dans les sphères intellectuelles et morales. Toutes les religions sont des institutions de socialisation suprême, tandis que la science et l'art n'expriment que des tendances unilatérales de l'esprit humain. Quant à l'action des collectivités industrielles, elle est confinée aux sphères inférieures de la vie sociale. Le *tonus* qui prédomine dans les sphères les plus élevées du système nerveux social lui est en conséquence donné par les sentiments et les instituts religieux. Le *tonus* que l'église grecque imprime à la vie intérieure de la nationalité russe est différent de celui que produit l'église catholique au sein des nationalités romanes et de celui que manifestent les communautés de la race germanique sous l'influence du protestantisme. Le Koran accorde le système nerveux des communautés musulmanes d'après un autre ton que le Talmud la société juive. Là où la religion manque, où son influence a faibli, où elle-même est tombée en dégénérescence, il y a désharmonie dans la vie sociale faute d'union dans ses manifestations suprêmes. C'est donc par un manque de synthèse dans l'appréciation du rôle que jouent la religion et l'église dans la vie sociale qu'on parvient à nier leur nécessité et leur importance. Les idoles qu'on croit devoir écarter ou briser, ne laisseront après elles que le vide ou seront remplacées par d'autres idoles de nature moins élevée et impuissantes à lier et à délier les volontés et les consciences discordantes. Nous reviendrons encore sur cette question dans le dernier chapitre de notre ouvrage.

On pourrait croire que les phénomènes économiques, plus rapprochés des intérêts quotidiens des masses populaires et qui forment un milieu ambiant de nature plus concrète, devraient donner lieu à moins de malentendus et de jugements erronés. Tout au contraire. Ne saisissant pas la concordance et la connexité des lois économiques qui président à la production, la distribution et la consommation des richesses et des services et qui unissent les fonctions physiologiques de la société en un ensemble organique, les esprits superficiels en jugent de la même manière qu'on expliquait l'action des forces de la nature dans le temps où leur connexité et où les lois qui les régissent n'étaient pas encore découvertes et déterminées par les sciences naturelles. Pour ces esprits la nature était animée de forces occultes bienfaisantes ou hantée par des génies malfaisants. On voyait partout des divinités ou des démons. On est habitué, aujourd'hui, à jeter de hauts cris contre de tels préjugés. Mais les tendances de nos jours à concevoir et à représenter certains phénomènes sociaux comme la cause de tous les maux dont est envahie la société moderne et certains autres phénomènes comme la source dont il faut attendre l'avènement d'une ère de prospérité générale, n'impliquent-elles pas autant de préjugés et le même degré d'ignorance par rapport au milieu ambiant social que ce n'était le cas jadis en ce qui concernait le milieu ambiant physique ! Pour les communistes et les collectivistes le capital c'est l'incarnation de Lucifer, le chef des démons ; pour les socialistes d'État, le gouvernement est la divinité douée d'omnipotence qu'ils adorent, c'est la Providence en personne.

Ceux-là se rebellent obstinément contre la vérité que le capital engagé dans l'industrie n'est qu'une forme passagère et infiniment variable que prennent les épargnes d'un pays sous l'influence de l'action concomittante du système nerveux social dans son ensemble et de la substance sociale intercellulaire dans ses différentes manifestations. Ils ignorent que le crédit, les signes d'argent, la valeur relative des richesses et des services échangeables, les profits de l'entrepreneur, le taux du capital et les salaires de l'ouvrier, enfin la sécurité dans l'exercice du droit de propriété, peuvent diriger le capital dans une direction préférablement à d'autres, le faire émigrer à l'étranger ou le forcer à se cacher sous des formes insaisissables. La transformation du capital industriel qui représente une énergie économique patente en énergies latentes sous forme de papier de crédit et d'argent, peut être comparée à la transformation de la force mécanique en chaleur. Il n'y a que cette différence que la force physique en se transformant ne subit pas de pertes, tandis que les transmigrations du capital, surtout lorsqu'elles s'effectuent d'une manière violente et abrupte, sont ordinairement accompagnées de déchets plus ou moins forts dans la valeur des produits. Cependant, en chassant le capital de l'industrie, on ne le dévêtit pas de sa qualité de capital, comme également la force mécanique transformée en chaleur ne perd pas sa qualité de force, ce n'est que le mode d'action et la forme qui ont changé.

Les socialistes d'État oublient, de leur côté, que tout gouvernement ne constitue lui-même qu'une partie intégrante du système nerveux social de la communauté à la tête de laquelle il est placé, et que les moyens dont il dispose font partie de la substance sociale intercellulaire dont la communauté elle-même tire ses moyens d'existence. En rendant au gouvernement un culte qui ne lui est pas dû, on n'en fait pas une Providence dans le sens chrétien, mais une idole qui ne peut exister que grâce à des sacrifices incessants de la part de ses adorateurs. Élevé sur ce piédestal, le gouvernement ne se contentera pas de l'encens qu'on lui prodigue; ses prêtres, à l'égal de Calchas, exigeront non des fleurs, mais des fruits, et les fruits qu'ils engloutiront seront les richesses et les épargnes de la communauté entière.

La Sociologie positive est appelée à éclairer, à l'aide de la méthode d'induction et par un travail d'analyse et de synthèse, les esprits sur la connexité réelle des phénomènes économiques, à détruire les fausses idoles et à dissiper les préjugés enfantés par l'ignorance et nourris par des passions aveugles.

Arrêtons-nous encore sur un exemple pris dans une autre

sphère sociale, pour illustrer le manque d'analyse et surtout de synthèse qui caractérise les formules théoriques de la sociologie abstraite.

La famille, ce groupe primaire qui réunit les individus des deux sexes et sert de berceau à la génération naissante, forme l'élément histologique le plus important de la société. Non seulement la quantité, mais encore la qualité de la population en dépend. — Les deux sexes étant, dans tous les pays, en nombre presque égal, la monogamie constitue l'organisation de la famille la plus normale. La polygamie est une institution familiale anormale parce que, pratiquée par une partie de la population, elle a pour conséquence inévitable le célibat forcé pour le reste de la population et de préférence pour les classes moins aisées. Ce n'est que par le trafic des esclaves qu'on subvient à la pénurie des femmes dans ces pays. La polygamie entraîne donc d'abord et avant tout une déséquilibration dans les relations des deux sexes. Mais elle est en outre la source de toute une série de maux dans la sphère intellectuelle et morale. En ravalant la femme, elle donne aux enfants une mère incapable de leur inculquer les préceptes du devoir et de faire éclore leurs facultés intellectuelles. — On a remarqué en faveur de la polygamie que dans les pays où elle prédomine la prostitution est moindre que dans les pays de monogamie. La cause cependant en est simple. C'est que la polygamie elle-même frise de très près la prostitution. Elle n'en est que la forme légale. La famille monogame est exclusive. Toute union entre les deux sexes conçue hors d'elle y est marquée comme prostitution. La monogamie a donc aussi des conséquences pathologiques, et l'une des plus désastreuses, c'est la prostitution. Cette plaie que la civilisation moderne porte à son front est la source multiple de dégénérescence physique et morale, individuelle et sociale. Pour guérir le mal, les mesures isolées ne suffisent cependant pas. Il en faut étudier d'abord les causes par un travail d'analyse et de synthèse de toutes les anomalies sociales qui concourent à produire le mal et n'appliquer que les remèdes qui peuvent l'atteindre et le combattre dans ses sources. Vouloir supprimer la prostitution par l'abolition de la famille monogame, équivaudrait à la proposition d'écarter l'inégalité des fortunes par l'abolition du droit de propriété. Dans ce cas, comme pour tous les autres états pathologiques d'un caractère chronique, ce n'est qu'en élevant le niveau intellectuel et moral de l'individu que le mal peut être guéri.

Il en est de même de la question de la croissance et de la décroissance de la population. — La natalité peut baisser dans un pays de haute culture intellectuelle et de grande prospérité matérielle sous le régime d'une stricte monogamie. La dépopulation dans de pareilles conditions est causée par des tendances purement sociales. C'est que les relations des deux sexes, le caractère de la vie de famille, sont déterminées de préférence non par les lois mais par les mœurs. Dans un pays où l'amour du gain, la concupiscence pour les jouissances matérielles, les besoins de confort et de luxe ont atteint un degré très élevé, prédomine la tendance à restreindre le nombre des enfants afin d'éviter les soins qu'exige leur éducation et d'obvier au morcellement des fortunes. Dans ces pays, une famille nombreuse est, par le pauvre, regardée comme un malheur, et, pour le riche, est entachée de ridicule. — La théorie de Malthus semble être à première vue, favorable à cette tendance. Mais Malthus n'a fait que formuler une loi naturelle commune à toute la nature organique, celle qui résulte de la disproportion toujours croissante entre une population qui se multiplie en proportion géométrique et les moyens d'existence qui ne sauraient croître indéfiniment et dont la croissance est représentée selon Malthus par une proportion arithmétique. Dans la lutte pour l'existence qui en résulte, les plus faibles et les moins aptes doivent, d'après Malthus, succomber fatalement faute de subsistances. Mais cette lutte elle-même ne peut-elle pas éveiller et développer des énergies individuelles et sociales propres à multiplier les moyens d'existence dans une proportion plus forte encore que l'accroissement géométrique d'une population? L'esprit d'entreprise et d'invention, éclairé par la science moderne, n'a-t-il pas devant lui une arène indéfinie pour créer des utilités nouvelles dont les générations précédentes n'ont pu même rêver? Les forces de la nature concentrées sur notre globe sont certainement limitées; mais ces limites mêmes se trouvent reculées par la science moderne à un lointain encore tout à fait indéfinissable. Qui aurait pu prédire, il y encore quelques dizaines d'années, que le marché du monde souffrirait d'une surproduction de blé? On commence déjà à extraire les matières farineuses de la lignine; encore un pas et on transformera les matières inorganiques en substances nutritives. L'erreur de Malthus a été de tirer une limite prématurée et trop restreinte au second membre de sa proportion, — les moyens d'existence. Or, l'accroissement même de ceux-ci dépend directement des énergies psychiques et physiques que manifestent les éléments contenus dans le premier membre de la même proportion, — la population elle-même. Une race inerte, ignorante et incapable de maîtriser ses passions peut mourir de pénurie sur un sol qui nourrira avec abondance une population industrieuse, prévoyante et sobre. Comme en Amérique des millions d'êtres humains vivent de nos jours à leur aise et que des capitaux immenses s'accumulent en proportion toujours croissante, — non arithmétique, selon la formule de Malthus, mais géométrique, — sur un territoire qui jadis frustrait à peine l'existence misérable de quelques hordes d'Indiens, de même la plupart des pays d'Europe pourraient, dans l'avenir, suffire à nourrir des populations beaucoup plus nombreuses si les énergies intellectuelles et morales dont elles disposent gagnaient en puissance. C'est que la croissance même de la population éveille et stimule, par la lutte pour l'existence et la concurrence, des énergies toujours plus intenses, tandis que, dans une population qui décroît en nombre et dégénère intellectuellement et moralement, ces mêmes énergies ne parviennent pas à se produire ou s'atrophient à peine écloses.

Cependant, même en introduisant une telle rectification dans la formule énoncée par Malthus, on sera encore loin de pouvoir déterminer les causes véritables de la croissance ou de la décroissance du nombre d'une population ou de ses moyens d'existence. L'histoire nous apprend que des races placées dans des conditions matérielles très défavorables se multiplient d'une manière étonnante, comme c'était le cas pour les anciens Germains, et ne voyons-nous pas aujourd'hui une extrême exubérance de la population juive en Russie en dépit de toutes les restrictions sociales dans lesquelles elle se débat ? Par contre, dans les pays qui ont atteint un degré très élevé de civilisation et de prospérité matérielle, comme la France, la population est stationnaire. Il en serait de même de tous les grands centres de population, malgré les richesses qui s'y trouvent accumulées, s'ils n'étaient constamment alimentés par l'afflux de la population des campagnes. Les ravages physiques et moraux que produit dans les grandes villes la prostitution ne suffisent pas, par eux seuls, pour expliquer ce phénomène, de même qu'il ne suffit pas, pour expliquer la dégénérescence des classes élevées remarquée dans plusieurs pays, d'invoquer le système des mariages de pure convenance qui y est pratiqué. Ce n'est que par une synthèse générale de toute l'action du système nerveux social et de ses rapports fonctionnels avec la substance sociale intercellulaire qu'il sera possible d'éclairer la connexité des causes qui produisent la croissance excessive ou la décroissance de la population et de déterminer les moyens thérapeutiques propres à corriger les anomalies dans cette sphère de la vie sociale. Un diagnostic juste ne manquera pas de prouver que la stagnation et le regrès dans l'évolution extensive ou quantitative de la communauté, dont la population décroît ou est devenue stationnaire, a sa source dans une dégénérescence physique et morale de l'individu influencée par un état pathologique du milieu ambiant social dont il est entouré.

La manière dont est traitée de nos jours une autre question de premier ordre, celle de la position de la femme dans la société moderne, rend encore plus témoignage du manque de synthèse dans les jugements qu'on porte sur les phénomènes sociaux. Les opinions les plus opposées sont produites et se heurtent sur ce terrain.

Qu'il soit urgent d'élever le niveau intellectuel de la femme pour la relever de la dégradation dans laquelle elle se trouve aux classes inférieures de la société et pour en faire une digne compagne de l'homme civilisé, la Sociologie positive est la première à y adhérer. Elle doit se prononcer en outre pour une égalité absolue entre l'homme et la femme en ce qui concerne les droits civils. Dans la sphère industrielle, il y a des emplois et des charges qui peuvent être remplis aussi bien et même, sous plusieurs rapports, mieux par la femme que par l'homme et il est naturel que les femmes qui se trouvent dans la nécessité ou qui ressentent le désir de s'y vouer soient mises à même de s'y préparer par une éducation spéciale. Mais, en allant plus loin encore, les adeptes de l'égalité des deux sexes oublient les différences entre ces sexes, établies par la nature physique, différences qu'aucune civilisation ne pourra jamais effacer. On ne parviendra jamais, à force d'édicter des lois égalitaires pour les deux sexes, à les faire changer de rôle en ce qui concerne l'enfantement et la nutrition des enfants qui viennent de naître. Ce postulat une fois reconnu, il en découle toute une série de conséquences de caractère social : l'insuffisance physique de la femme pour des catégories entières de travail agricole et industriel, les interruptions dans le travail causées par la grossesse et les soins nécessaires aux enfants en bas-âge, l'inaptitude de la femme pour le service militaire, etc. Cette différenciation dans le rôle que la femme est appelée, par la structure physique même de son organisme, à jouer dans la société, n'entraîne-t-elle pas, à son tour, d'autres conséquences également de nature purement sociale dans les sphères économique, juridique et politique ? Serait-il juste, par exemple, de reconnaître à la femme le droit de vote dans les décisions sur la paix et la guerre, quand ce ne seront que les hommes qui seront appelés à courir au péril et à se vouer à la mort ?

On a cru réfuter cet argument en remarquant que les intérêts matériels et moraux de la femme, en sa qualité d'épouse, de mère et de sœur sont indirectement impliqués dans la question de la guerre, que comme sœur de charité elle peut même y prendre part directement, enfin qu'une partie notable de la population masculine ne se voue pas non plus au service militaire sans perdre le droit de vote dans les questions politiques.

A notre avis, ces arguments sont insuffisants pour décider la question en litige en faveur de la femme, d'autant plus qu'il y a toute une série de moments psychologiques qui font pencher la balance dans un sens négatif.

Les différences psychologiques entre les deux sexes qui découlent, de première source, de leur constitution physique distincte, se sont accumulées et condensées par une série innombrable de générations sous l'influence du milieu ambiant social qui a agi d'une manière différente sur l'homme et la femme. L'homme a été appelé de tout temps à l'action au dehors, la femme a dû se replier sur elle-même dans le cercle étroit de la famille. Il en est résulté que l'homme constitue de préférence l'élément de différenciation sociale, tandis que la femme en représente l'intégration et la synthèse. L'homme perd son équilibre quand il ne différencie pas son action au dehors, la femme tombe dans l'excès et l'exagération dès qu'elle dépasse le cercle de la famille et cherche au dehors la satisfaction de ses besoins intellectuels ou moraux. L'homme est plus enclin à juger les relations sociales d'une manière objective, la femme les saisit presque exclusivement du point de vue subjectif. C'est pourquoi aussi la femme est peu apte à remplir les fonctions du juge; elle se laisse trop influencer par les idées et les sentiments personnels et par les impressions fugitives du moment.

Mais il y a plus encore. La lutte des parties dans l'arène politique, la rudesse dans les mœurs et le déchaînement des passions et des âpres instincts dont sont accompagnés les conflits des intérêts dès qu'ils sont voués à la publicité et descendent dans la rue; le spectacle souvent repoussant des plaies morales qui, dans les tribunaux, se découvrent devant le juge dans toute leur nudité et dans toute leur hideur; la nécessité pour le juge de prononcer des arrêts souvent sévères et quelquefois sanglants; tous ces moments ne doivent-ils pas, à leur tour, réagir sur le caractère de la femme, dès qu'elle y sera mêlée, d'une manière dissolvante en la déséquilibrant dans son for intérieur et en faisant disparaître de son front l'auréole idéale qui fait tout son prestige et que Goethe a si bien caractérisée comme « das Ewigweibliche »?

L'âme masculine et l'âme féminime ne sont pas des entités adéquates; tout au contraire, sous beaucoup de rapports, elles sont incommensurables l'une avec l'autre.

Mais c'est justement le caractère distinct et, sous beaucoup de rapports, opposé de la nature de l'homme et de la femme qui les attire réciproquement, par le même principe qui rapproche les pôles électriques opposés. En se joignant ils se suppléent mutuellement. Détruisez la différence psychologique entre les deux sexes et le lien moral qui les unit disparaîtra; il ne restera que la concupiscence physiologique. Les conséquences sociales de cet état de choses seront immenses, surtout pour une société déjà avancée en civilisation. Les mariages par inclination deviendront plus rares, et ce seront les unions de convenance qui prédomineront de plus en plus avec leur cortège de dégénérescence physique et morale pour les générations futures. La plus grande partie, surtout des classes élevées, préférera le célibat, les hommes pour subvenir à leurs besoins physiologiques plus librement, les femmes pour devenir des vestales ou des prostituées.

Les relations entre les deux sexes sont maintenant empreintes d'un caractère idéal et même mystique. La société moderne ayant dépassé l'âge héroïque et mythologique et se trouvant en plein âge industriel, la femme, par ses vertus et même ses défauts, sa force et ses faiblesses, constitue le seul objet de poésie sociale. Comme l'homme-vieille-femme n'a pu inspirer les poètes dans les temps héroïques, de même la femme perdra son auréole d'idéalité en devenant femme-homme. Il en résultera un abaissement esthétique de tous les produits de l'art et de la littérature.

Ce n'est donc qu'en estimant à sa juste valeur le rôle de la femme comme partie intégrante du système nerveux social dans son ensemble qu'il est possible de porter un jugement juste sur cette question tant agitée de nos jours. Or, c'est justement la synthèse des phénomènes sociaux qui fait défaut à tous ceux qui se sont prononcés sur cette question. Cette synthèse, ce n'est que la Sociologie positive qui peut la donner, par la conception de l'organisme social comme un être réel dans son unité individuelle autant que dans les manifestations différenciées des forces sociales spécifiques.

VI

C'est aussi par manque de synthèse sociologique que les biologistes qui se sont occupés de la dégénérescence de la race européenne sous l'influence de la civilisation moderne ont fait fausse route en proposant des moyens non seulement impropres à la combattre, mais qui devraient amener des résultats diamétralement opposés au but, si leurs propositions venaient à être réalisées. Les uns pensent que le but serait atteint au moyen de l'amour libre qui, d'après leur opinion, pousserait la femme à choisir les hommes les plus beaux et les plus capables de produire une postérité intelligente et robuste. Mais les mariages à terme et dissolubles à volonté que propose Grant-Allen, qu'est-ce autre chose que la prostitution sous forme légale? Or la prostitution a été de tout temps frappée de stérilité, et loin d'améliorer la race n'a fait qu'accélérer la dégénérescence des générations qui en ont subi les effets.

D'autres biologistes, comme Stanley, recommandent dans le même but l'application de mesures coercitives, telles que la défense aux représentants des deux sexes atteints de tares héréditaires, de folie, etc..., de se marier. Il oublie cependant que l'on peut bien, par des mesures législatives, limiter le droit de mariage, mais qu'il est impossible de prévenir la naissance d'enfants hors du mariage à moins de séparer par des mesures violentes les deux sexes depuis la puberté jusqu'à la vieillesse. Or, une telle réclusion étant irréalisable, la dégénérescence, causée qu'elle sera par des unions illicites, n'en sera que plus accélérée.

Wallace propose de reconnaître aux femmes incapables de laisser une postérité une espèce de droit au travail pour les délivrer de la nécessité de s'unir à un homme dans le seul but de pourvoir à leur existence. Quant aux femmes capables de produire une postérité intelligente et robuste, elles devraient, d'après Wallace, avoir droit à l'assistance publique afin de pouvoir se livrer sans restriction aucune à leur vocation de produire des enfants et de les soigner.

La première difficulté très essentielle qui se présente dans cette direction, c'est la question : par quels moyens la capacité d'une femme de produire une postérité intelligente et robuste pourra-t-elle être constatée, si ce n'est par l'expérience même, sauf les cas exceptionnels où la médecine pourrait en décider d'avance? Généralement la certitude n'en pourra être acquise que par les résultats mêmes de l'union déjà effectuée entre les deux sexes. Le seul moyen serait donc d'encourager par des primes et des exemptions d'impôt les familles où les enfants seront reconnus être intelligents et bien portants, à en produire un plus grand nombre, et de défendre la production d'enfants dans les familles qui n'ont pas répondu à ce que l'on attendait d'elles. Mais des enfants venus chétifs au monde ne sont-ils pas devenus plus tard des génies et des héros, tandis que des enfants bien portants et intelligents en bas-âge deviennent plus tard la proie de maladies chroniques et s'arrêtent à un niveau peu élevé de développement intellectuel?

Enfin, en ce qui concerne le droit au travail pour les femmes non mariables, la société sera-t-elle à même de remplir ses obligations vis-à-vis de celles-ci, le nombre des femmes l'emportant dans la plupart des pays sur celui des hommes?

Nous ne touchons ici qu'aux côtés économique et physiologique de tous ces projets sans prendre en considération le côté psychologique qui, dans les relations des deux sexes, dans les résultats de leur union et surtout dans l'éducation de la nouvelle génération, l'emporte sur tous les autres. Or, c'est justement ce côté que les biologistes ont presque totalement perdu de vue.

La synthèse sociologique fait considérer la question en litige d'un point de vue plus élevé, qui embrasse un horizon plus vaste.

L'homme et la femme représentent deux types du genre humain, distincts et, sous beaucoup de rapports, incommensurables l'un avec l'autre. Ces deux types se sont formés en obéissant à des lois nécessaires, physiologiques et sociales, et se sont adaptés au milieu ambiant physique et social en accumulant leurs énergies spécifiques par une série innombrable de générations consécutives. Vouloir, par des mesures artificielles, éloigner ces types des causes efficientes qui ont concouru à les former et les faire déroger au but qu'ils sont destinés à remplir, c'est les dénaturer et les amener à un état pathologique que nous avons désigné comme l'atypie. L'homme-femme et la femme-homme sont tous les deux des êtres hybrides privés des énergies primaires qui constituent le principe même de leur existence. L'homme et la femme sont doués d'énergies instinctives innées, immanentes au type même représenté par l'un et l'autre. En faussant le type on affaiblit et on détruit, pour chacun des deux sexes, la source même dont découlent les énergies spécifiques qui les font agir selon les lois naturelles et sociales et qui font l'essence même de leur nature. Ces énergies ne sauraient être remplacées par aucune combinaison artificielle de forces n'agissant qu'extérieurement, comme aussi l'énergie vitale de la cellule ne peut être remplacée par des excitations et des dépressions venues du dehors.

En effet, l'attrait instinctif qui rapproche les deux sexes et dont la puissance leur fait surmonter les plus grands obstacles, négliger les dangers imminents et se charger, pour un moment de jouissance, de tous les soucis et des peines inséparables de l'enfantement et de l'éducation de la postérité, cet attrait une fois affaibli, peut-on lui substituer un autre stimulant d'égale valeur ? L'enfantement même est pour la femme accompagné de tant de souffrances, de dangers et de responsabilité pour l'avenir de sa descendance, qu'en détruisant en elle l'instinct de maternité, elle ne pourra jamais être amenée, par des encouragements économiques, à mettre au monde ne fût-ce qu'un seul rejeton, si l'on met à sa disposition des moyens artificiels pour se soustraire aux lois de la nature. Pour l'homme, l'entretien d'une famille constitue une charge si écrasante qu'en lui ôtant le sentiment de responsabilité qui le porte à subvenir à l'existence de sa femme et de ses enfants on détruit le principe même de la vie de famille, et quels sont les moyens dont dispose la société ou l'État pour s'en charger?

Une législation peut donc régler et préciser les relations entre les deux sexes et la vie de famille, mais une évolution progressive ne pourra avoir lieu dans cette région primaire de la vie sociale qu'à condition que le type de l'homme et de la femme ne soit pas faussé par les dispositions législatives. La dégénérescence de la race ne pourra être prévenue que par l'amélioration physique, intellectuelle et morale de l'individu, comme aussi toute évolution progressive dans les sphères économique, juridique et politique découle de première source de l'élévation du niveau correspondant individuel. Mais comme les qualités psychophysiques de la descendance dépendent du concours des deux facteurs, masculin et féminin, il est nécessaire que chacun d'eux soit perfectionné en sa qualité de type spécifique. En faussant le type de ces facteurs et même de l'un d'eux, on amène des résultats négatifs sous le point de vue génésique : dépopulation, prostitution, dégénérescence de la race.

La morale et l'hygiène sexuelle, dans le sens le plus étendu de ce terme, sont les deux phares qui doivent guider l'individu pour le préserver des maux qu'amène tout écart personnel et toute anomalie sociale dans les relations des deux sexes. Comme les relations économiques, juridiques et politiques ne représentent que les projections des énergies individuelles se manifestant au dehors, de même les relations sociales entre les deux sexes ne sont que l'extériorisation des énergies individuelles dont sont animés l'homme et la femme. Mais les anomalies sexuelles portent encore un caractère spécifique qui les distingue des anomalies dans les autres sphères et qui en rendent la guérison plus difficile.

Ce n'est pas sans raison que la théologie chrétienne désigne les tentations de la chair comme la cause originaire du péché. Les déséquilibrations que subit l'individu sont, dans toutes les autres sphères, causées de préférence par des influences morbides qui viennent du dehors. Il peut s'y soustraire en écartant le milieu ambiant qui les cause. Les tentations sexuelles ont, au contraire, leur source dans la constitution physique de l'homme lui-même. Elles agissent immédiatement sur sa volonté; en y succombant, son intelligence est subjuguée par les instincts animaux qu'il a hérités des phases infimes de la vie organique. L'ennemi qu'il s'agit de combattre, l'homme le porte en lui-même. Pour ne pas succomber il faut que l'homme soutienne une lutte sans trêve ni merci avec la moitié de lui-même. Voilà pourquoi les anomalies sexuelles, tant individuelles que sociales, sont si fréquentes et si opiniâtres et ne cèdent que difficilement aux remèdes destinés à les écarter.

Mais, dira-t-on, si toutes les femmes devenaient mères et tous les hommes pères de famille, n'en résulterait-il pas un surcroît de population plus dangereux encore qu'une stagnation dans le mouvement de la population et que la dépopulation même? Malthus n'a-t-il pas exposé les conséquences désastreuses qui résultent de la disproportion entre une population toujours croissante et les moyens d'existence?

Nous avons déjà réduit plus haut la formule de Malthus à sa juste valeur. Nous n'y ajouterons ici qu'une seule remarque.

C'est une loi biologique générale qu'à mesure que les êtres vivants s'élèvent sur l'échelle hiérarchique des organismes, leur énergie prolifique faiblit. Les organismes simples, tels que les amibes, les plastides, etc..., se multiplient avec le plus de célérité par un simple acte de séparation et de subdivision. Les bacilles de toute espèce touchent, sous ce rapport, de plus près aux organismes embryonnaires. Mais même des organismes appartenant à des espèces plus élevées, comme les poissons, manifestent encore une énergie prolifique étonnante. Une paire de harengs aurait pu, si sa postérité n'était pas détruite violemment et disposait d'assez de nourriture, peupler dans un espace de temps très court toutes les mers de notre globe. Mais déjà les vertébrés les moins développés se multiplient d'une manière moins rapide et à mesure qu'ils se perfectionnent leur énergie prolifique baisse. Il en est de même des races humaines.

Les observations anthropologiques faites sur la vie des peuplades sauvages témoignent que ce n'est que grâce à leur énergie prolifique extraordinaire qu'ils n'ont pas péri par suite des causes de destructions multiples, physiques et sociales, inséparables de tout état barbare. La civilisation, malgré les garanties qu'elle amène pour la vie et les moyens d'existence et malgré les progrès de la science, entraîne ordinairement un affaiblissement de l'énergie prolifique de la race. Les causes de ce phénomène sont d'un caractère en même temps psychophysique et social.

Mais, comme l'homme, en sa qualité de membre de la société, et la société elle-même, comme l'organisme le plus compliqué, sont sujets aux déviations de l'état normal les plus multiples, le ralentissement dans la croissance d'une population jouissant d'une haute culture peut aussi être produit, non par des causes naturelles, mais par un état morbide de la communauté. Dans une telle société l'affaiblissement de l'énergie prolifique ne sera pas la suite naturelle de l'élévation de la nature humaine à un degré plus haut de perfection physique, intellectuelle et morale, mais le résultat de forces destructives, telles que la prostitution, les maladies, la dégénérescence et la dérogation des deux sexes à leurs types respectifs. Dans la lutte pour l'existence et dans les conflits économiques et politiques avec des adversaires mieux équilibrés, de telles communautés et de telles races devront succomber infailliblement.

Une fois que notre globe sera peuplé jusqu'aux limites extrêmes des moyens d'existence nécessaires pour le genre humain, il est à supposer que le chiffre de la population du globe s'arrêtera à un niveau fixe. Mais ce résultat aussi ne pourra être considéré alors comme un état normal que quand il sera le fruit de l'évolution psychophysique de l'individu et de la société à une hauteur de perfection qui amènerait un affaiblissement naturel de l'énergie prolifique de la race humaine, conformément à la loi biologique générale. Si, au contraire, les forces destructives prévalaient, une marche rétrograde pourrait avoir lieu, qui serait la dépopulation successive de notre globe.

VII

De tout ce qui vient d'être exposé il résulte que les anomalies que subit une communauté peuvent être causées par la déséquilibration d'un seul ou d'un petit nombre de facteurs physiques ou psychiques ou être de nature très compliquée par suite de l'agencement anormal d'une grande quantité de forces de tendances diverses et quelquefois opposées. Mais quelle que soit la cause ou la nature des maladies sociales, économiques, juridiques ou politiques, leur traitement se réduit toujours, comme nous l'avons prouvé, à la double action d'excitation et de dépression effectuée, sur toutes les marches de l'échelle hiérarchique sociale, par les cellules, les tissus et les organes, d'après l'ordre que chacun d'eux occupe vis-à-vis des autres. Au faîte de cette échelle se trouve placé le gouvernement, dont les mécanismes d'excitation et de dépression règlent en dernière instance l'agencement des énergies de la communauté entière. L'isolement et la distraction ne se présentent que comme des modes dérivatifs vis-à-vis du processus primaire excitatoire et dépressif. — L'action, dans l'un et l'autre sens, peut se communiquer immédiatement d'un élément nerveux à un autre, ou bien elle peut se produire par l'intermédiaire de la substance sociale intercellulaire.

Tous les cas de folie sociale que nous avons énumérés dans la première partie de cette ouvrage, tels que l'hystérie, le délire, etc..., ne peuvent être guéris qu'au moyen du processus d'excitation et de dépression. La cause en est claire. Toute action du système nerveux social ne consistant qu'en réflexes directs ou indirects, le développement normal, de même que les excès morbides que manifestent les parties et le système entier, ne sauraient être favorisés ou entravés qu'au moyen de réflexes. Or, tout réflexe, par sa nature même, implique une action soit excitatoire, soit dépressive.

La substance sociale intercellulaire, de son côté, n'étant

façonnée et dirigée que par la volonté individuelle ou commune, et toute manifestation de la volonté au sein de la société n'étant elle-même que le résultat des réflexes du système nerveux social, il est clair que la production, la distribution et la consommation des richesses ne peuvent être réglées et dirigées qu'au moyen du même processus d'excitation et de dépression. La partie de la substance sociale intercellulaire la plus propre à recevoir et à transférer les réflexes sociaux, c'est l'argent. L'argent, comme représentant de la valeur universelle de tous les produits, concentre en lui les tendances unificatrices du système nerveux social dans ses rapports avec la substance intercellulaire. Par suite de cette concentration ainsi qu'à cause de la mobilité et de la divisibilité de l'argent, marchant de pair avec la constance dans sa valeur intrinsèque, l'argent est le produit le plus commode et le plus approprié pour servir d'intermédiaire aux réflexes indirects par lesquels les organes régulateurs de la vie économique dirigent les autres parties de la substance intercellulaire vers le but proposé. En parlant des maladies dans la sphère économique, nous avons décrit le processus psychologique par lequel l'argent est devenu la mesure universelle pour toutes les valeurs échangeables. C'est par le même processus que l'argent est employé par tous les organes régulateurs sociaux et par le gouvernement comme le remède thérapeutique le plus efficace pour réduire les éléments nerveux sociaux, qui manifestent un manque ou un excès d'énergie, à l'état normal.

Dans la première partie de notre ouvrage, nous avons indiqués les anomalies causées par le parasitisme dans ses différentes formes. Dans les pays où la peine de mort n'est pas encore abolie, les parasites les plus dangereux, ceux qui se rendent coupables de lèse-humanité, sont exterminés à l'égal des bacilles pathogénésiques qui infestent notre corps. Mais, dans tous les autres cas, les plus nombreux, de parasitisme, c'est également au processus d'excitation et de dépression que la société doit avoir recours pour limiter l'exploitation de ses éléments les uns par les autres. En protégeant et en encourageant les individus et les agrégats trop faibles pour réagir contre une telle exploitation, en entravant ou en réprimant en même temps les énergies parasitiques, les organes régulateurs tendent à rétablir l'équilibre rompu.

L'excitation et la dépression peuvent se manifester sans les formes les plus variées, en commençant par la parole et l'écriture jusqu'à l'emploi de la force physique. Celle-ci, comme expression de la volonté individuelle et sociale, n'est aussi que la résultante de toute une série de réflexes précédents. La guerre peut servir de type au processus d'excitation et de dépression dont le dernier mot, l'*ultima ratio*, est la force physique.

CHAPITRE NEUVIÈME

LA SCIENCE ET LA RELIGION

I

Ceux qui ne sont pas habitués à s'arrêter à la superficie des choses et de la vie humaine, ne sauraient se refuser à la nécessité d'approfondir les causes primordiales des anomalies que subit de nos jours la société humaine. En recherchant ces causes on devra convenir que la source du mal gît dans l'individu même et que le mal est de nature éminemment psychique. C'est de la déséquilibration à laquelle est en proie l'homme moderne dans son for intérieur le plus intime, dans sa conscience, que découlent de première source les états morbides des communautés placées à la tête de la civilisation. En se projetant au dehors, cette déséquilibration s'extériorise en luttes désordonnées et destructives et en malformations les plus variées dans les sphères économique, juridique et politique. Ballotté entre les mandements de la foi que l'église chrétienne, cette initiatrice de la civilisation moderne, lui impose et les démonstrations de la science que son intelligence ne saurait récuser, l'homme moderne se débat entre ces deux puissances psychiques en perdant dans la lutte ses meilleures forces intellectuelles et morales.

On se demande par quels moyens l'équilibre dans l'individu et la société pourrait être rétabli. C'est là la *question sociale par excellence,* qui devrait être résolue avant toutes les autres. Une Sociologie digne de ce nom peut-elle ignorer la source primordiale dont découle toute une série de maux sociaux dont pâtit la société moderne, et la Thérapeutique sociale peut-elle se refuser à rechercher les moyens d'y remédier? Nous sommes de l'avis que la recherche de ces moyens constitue un des devoirs les plus impérieux et les plus urgents de la science sociale.

Le seul moyen de rétablir l'équilibre intellectuel et moral dans la conscience de l'individu et, comme suite nécessaire, l'équilibre dans les régions suprêmes de la vie sociale, c'est la réconciliation entre la science et la religion. Or, la science sociale positive, qui reconnaît la société humaine en sa qualité d'organisme réel, occupe un terrain intermédiaire entre la théologie chrétienne et les sciences naturelles. C'est sur ce terrain que la réconciliation est possible et qu'elle doit s'effectuer dans un avenir plus ou moins proche. Nous en avons fait l'essai par notre « Théologie naturelle » qui forme le cinquième volume de nos « Pensées sur la science sociale de l'avenir. » Nous nous bornerons, pour conclure notre étude actuelle, à exposer les résultats de nos recherches, en indiquant les parties de notre ouvrage principal qui contiennent les fondements de notre système,

II

Les deux pôles autour desquels tourne toute évolution sociale comme aussi toute évolution organique, sont l'*individualité* et *la solidarité*. Cette vérité constitue les points de départ et d'arrivée tant de la Sociologie positive que de la Pathologie sociale. La Théologie chrétienne en fait autant.

Qu'est-ce que le péché originel d'après le dogme chrétien? — C'était la faute d'un seul dont toute l'humanité est devenue solidaire.

La science moderne se trouve-t-elle sur ce point en contradiction avec la théologie chrétienne? — Nullement, puisque le principe d'hérédité est reconnu aujourd'hui par la biologie comme le lien qui unit toutes les générations descendant du même centre organique, non seulement dans leur développement normal, mais de même en ce qui concerne les déviations et les anomalies.

C'est de la poussière que, d'après les Écritures Saintes, Dieu a formé le premier homme. La biologie ne cherche-t-elle pas, de son côté, à prouver que la vie organique de notre globe a été originairement le résultat de l'action des forces inorganiques?

C'est le souffle de Dieu, dira-t-on, qui, d'après les Écritures Saintes, a donné la vie à l'homme, ce qui est nié par la science moderne. — Mais ce souffle ne peut-il durer que l'espace de temps que dure le souffle de l'homme? Les Saintes Écritures elles-mêmes n'énoncent-elles pas que, devant la face du Très-Haut, les éternités ne sont que des moments, et que son souffle anime la nature entière?

Le dogme chrétien de la rédemption, l'apôtre saint Paul le résume ainsi (Rom., V, 19): « Comme par la désobéissance d'un seul homme plusieurs ont été rendus pécheurs, ainsi, par l'obéissance d'un seul, plusieurs sont rendus justes. »

Exprimée en termes usuels, cette vérité théologique pourrait être formulée de la manière suivante :

Comme, pour les déviations de l'état normal, il y a eu originairement un centre commun dont les à-coups se font sentir dans l'humanité entière, de même le mouvement réparateur a dû partir d'un individu et, par la solidarité qui unit tous les hommes, est devenu le patrimoine de tout le monde. Ainsi, la doctrine chrétienne d'une régénération du genre humain par une personnalité unique, qui est devenue le centre du mouvement réparateur, ne se trouve pas non plus en contradiction avec les lois biologiques et sociales.

La Sociologie positive, en concevant la société humaine en sa qualité d'organisme réel doué d'un système nerveux et d'une substance sociale intercellulaire, et en reconnaissant l'individu comme l'élément anatomique primaire lié à l'organisme social dans son ensemble par des réflexes réels, directs ou indirects, constitue un domaine intermédiaire entre la théologie et la biologie, où les principes d'individuation et de solidarité prennent des formes concrètes communes à l'une et à l'autre de ces disciplines. Ce n'est aussi que sur ce terrain qu'un rapprochement entre les dogmes du péché originel et de la rédemption avec les démonstrations des sciences naturelles est possible.

Ce qui est remarquable, c'est que la Théologie chrétienne conçoit l'association des croyants, l'église, comme un organisme réel parfaitement dans le même sens que le fait la

Sociologie positive pour la société humaine en général (1). D'après le Nouveau Testament, l'église c'est le corps du Sauveur qui fait son évolution dans l'espace et le temps, qui, non seulement est soumis aux lois qui président au développement de la société humaine en général, mais qui en subit également les anomalies et les défectuosités.

Il suffira de citer les paroles suivantes :

Dans l'Épitre de Saint Paul aux Éphésiens (I, 22 et 23), l'église est désignée littéralement comme le *corps* du Christ. Il en est de même dans l'Épitre aux Colossiens (I, 18, 24) et dans la première Épitre aux Corinthiens (XII, 27). Dans l'Épitre aux Éphésiens (I, 22, 23; IV, 15; V, 23), le Christ est désigné comme le chef dans le sens d'un organe central du corps de l'Église. Dans l'Épitre aux Romains (XII, 4, 5), la différenciation même de ce corps est marquée. « Comme nous avons, dit Saint Paul, plusieurs membres dans un seul corps, et que tous les membres n'ont pas une même fonction, ainsi nous, quoique nous soyons plusieurs, nous sommes un seul corps en Christ ; et nous sommes chacun en particulier les membres les uns des autres. » Et encore plus dans l'Épitre aux Éphésiens (IV, 16). L'église, le corps du Christ « bien proportionné, dit St-Paul, et bien joint par la liaison de ses parties qui communiquent les unes aux autres, tire son accroissement selon la force qu'il distribue dans chaque membre, afin qu'il soit édifié dans la charité. » Les états morbides de la communauté chrétienne sont relevés dans la première Épitre aux Corinthiens (VI, 15; XII, 15-27.) Il y est dit expressément : « lorsqu'un des membres souffre, tous les autres membres souffrent avec lui; et lors-

(1) T. V, chap. I, III, IV et V.

qu'un des membres est honoré, tous les autres membres en ont de la joie. »

Quel est le lien qui, d'après le dogme chrétien, réunit les différents membres entre eux et au corps de l'église? Ce sont la porole et les sacrements. Or, la parole, ainsi que l'imposition des mains dans l'ordination et la bénédiction, constituent des réflexes directs; par contre, les sacrements font usage d'une partie de la substance intercellulaire (l'eau pour le baptême, le pain et le vin pour l'eucharistie, l'huile pour la confirmation et l'extrême-onction) et impliquent des réflexes indirects. Et ce qui est à noter surtout, c'est que l'église conçoit l'action de ces réflexes dans un sens tout aussi réel que la Sociologie positive. Le dogme catholique de la transsubstantiation implique en outre l'idée d'un sacrifice incessamment réitéré; elle constitue l'âme de la messe catholique. Selon la doctrine de l'église luthérienne, le pain et le vin dans l'eucharistie *sont* le corps et le sang du Christ. Le réflexe indirect qui s'effectue par ce sacrement y est donc conçu d'une manière plus idéale sans en nier la nature concrète. Les calvinistes au contraire ont écarté tout à fait la conception concrète de ce sacrement en ne lui donnant que la signification d'une commémoration (1).

L'église, corps réel du Christ, est le reflet sur la terre du royaume de Dieu, dont le Christ a été l'initiateur. Les Évangiles, c'est la bonne nouvelle de l'avènement de ce royaume. L'idée d'un royaume suprême qui est aux cieux forme le point de départ et le dernier mot, l'alpha et l'oméga de la théologie chrétienne. C'est donc un principe de sociabilité

---

(1) T. V, chap. II.

qui constitue l'âme du christianisme. La plupart des paroles et des exhortations que Jésus adresse à ses disciples et au peuple se rapportent au royaume idéal dont l'avènement est annoncé. Et quelle est la méthode dont s'est servi Jésus pour éclairer ses contemporains sur les principes, sur lesquels reposent les fondements de ce royaume, et sur les lois par lesquelles il est gouverné? C'est de la même méthode, de la méthode d'induction, dont doit user également la Sociologie. L'évangéliste Saint Marc le témoigne expressément (Saint Marc, IV, 34) : « Et il ne leur parlait point sans similitude. » Or, ces similitudes, ce sont les paraboles au moyen desquelles Jésus induit des évolutions de la nature organique et des relations sociales les principes et les lois de son royaume idéal. « Vous le reconnaîtrez à leurs fruits, dit-il (St-Mathieu, VII, 16.) Cueille-t-on des raisins sur des épines, ou des figues sur des chardons? Ainsi tout arbre qui est bon porte de bons fruits; mais un mauvais arbre porte de mauvais fruits. » Comme dans cette parabole, de même dans celles du semeur, de l'ivraie, du grain de moutarde, du levain, du figuier, du cep et du sarment, c'est la nature organique qui sert de point de départ pour l'induction. Par contre, dans les paraboles des ouvriers loués à des heures différentes, des deux fils, des vignerons, des noces, du grand souper, du Samaritain, des dix vierges, des talents, de l'enfant prodigue, du mauvais riche et de Lazare, Jésus se sert des relations sociales qui existaient de son temps pour en induire et déterminer les lois qui doivent présider aux relations dans le royaume des cieux. Ces paraboles ne sont pas de simples allégories. Jésus a conçu par intuition ce qui n'a pu être prouvé par la science moderne que grâce à un travail d'analyse et de synthèse immense, — la connexité des manifestations de la vie dans les sphères inférieures avec les mêmes manifestations dans les régions les plus élevées. Et ce n'est que grâce à cette intuition que les paraboles énoncées par Jésus n'ont rien perdu de leur profondeur et de leur actualité. La terminologie dont se sont servis Jésus et ses apôtres est autre que celle de la science moderne; l'essence des choses et la méthode sont restées les mêmes.

Il en est de même de la théologie chrétienne en général. Par anticipation elle a énoncé beaucoup de vérités qui n'ont été prouvées scientifiquement que de nos jours et qui n'ont pas été reconnues comme identiques aux résultats acquis par la science seulement à cause de la différence dans la terminologie. Les mots n'ont que trop souvent donné le change aux idées, qu'ils doivent exprimer.

III

Tout en rapprochant la théologie chrétienne des sciences naturelles et de la Sociologie, n'oublions cependant pas que leurs domaines ne sont pas les mêmes. Toute science, quel que soit son objet, ne recherche que les *rapports* nécessaires entre les phénomènes. Les sciences naturelles ont pour objet les phénomènes de la nature, inorganique et organique; la Sociologie, ceux qui se manifestent au sein de la société. Même la philosophie ne peut avoir pour objet de ses investigations que des rapports : ceux des sciences entre elles, de l'esprit humain au monde visible, etc. Elle ne fait que généraliser ces rapports et unifier les résultats acquis par les disciplines spéciales. C'est en déterminant les rapports nécessaires entre les choses, les forces et les dées que la science déduit les lois qui règlent leur évolution.

La théologie, elle aussi, en sa qualité de science, n'a pour objet que des *rapports*. Elle ne prend pas pour objet de ses études Dieu hors de ses relations avec le monde visible et l'homme. Elle détermine les voies par lesquelles Dieu s'est manifesté dans la nature et s'est révélé à l'humanité. Elle a donc pour objet les rapports du monde visible et de l'homme avec l'Absolu. Par là elle introduit dans toutes ses considérations un élément nouveau, un principe métaphysique, l'Absolu.

L'Absolu, dans son essence, ne saurait être conçu par l'intelligence qui ne peut saisir que des rapports. L'Absolu fait l'objet de la foi. Les sciences naturelles, elles-mêmes, dès qu'elles touchent aux causes efficientes primaires et aux derniers résultats, aux causes finales, à l'infiniment petit et à l'infiniment grand, à l'essence de la matière et de la force, doivent avoir recours à la foi. Il en est de même de la Psychologie et de la Sociologie lorsqu'elles veulent donner une explication de l'essence du lien qui unifie l'action des forces physiques et psychiques, de l'âme et du corps. Tous les systèmes philosophiques qui s'appuient sur un principe métaphysique, le matérialisme et le monisme autant que le spiritualisme et l'idéalisme, prennent pour point de départ une idée ou une entité qui ne peut être que l'objet de la foi.

Ni la science, ni l'homme ne peuvent donc se passer de la foi. Le besoin métaphysique est inné à l'homme, comme le principe métaphysique est immanent à toute la nature (1).

---

(1) T. V, chap. VII.

La science ne saurait satisfaire ce besoin, puisqu'elle n'a pour objet que des rapports; l'art non plus, puisqu'il ne constitue que la projection des aspirations subjectives de l'homme lui-même. La morale, en tant qu'elle expose et qu'elle étudie les relations des hommes entre eux, est une science, qui n'a pour objet spécial que des rapports sociaux; par contre, en tant qu'elle énonce des préceptes, c'est un art, c'est celui de vivre en conformité avec les lois qui président à l'évolution progressive de la société. Ce n'est donc que par la religion que le besoin métaphysique de l'homme peut être satisfait.

Mais laquelle des religions nombreuses dont l'histoire fait mention ou de celles qui existent encore, répond le plus aux besoins métaphysiques de l'homme?

Nous répondons sans hésitation aucune : c'est la religion chrétienne.

Et la cause en est, que la religion chrétienne est la religion sociale par excellence.

L'idolâtrie consiste à rechercher des rapports entre les manifestations isolées des forces de la nature avec le principe absolu. Les pierres, les arbres, les montagnes, les astres du firmament, les animaux, la personnalité humaine, comme individu, y sont l'objet du culte. Le bouddhisme n'a en vue que la perfection de l'homme pris isolément et conçoit le principe absolu comme le néant, le nirvana. La religion de Confucius n'est qu'une morale de valeur médiocre. Le Koran place l'individu vis-à-vis de la divinité hors de toutes relations sociales. Dans l'Ancien Testament, les rapports entre l'homme et Jéhovah, le dieu des Juifs, reposent sur un espèce de contrat dont les clauses sont obligatoires pour les deux parties. Les infractions à ce contrat de la part du peuple juif excitent le courroux du

Très-Haut, qui ne s'apaise qu'à force de sacrifices et de punitions sévères.

La religion chrétienne est la seule qui conçoit la société humaine comme un organisme unitaire embrassant l'humanité entière dans le passé, le présent et l'avenir et qui détermine les rapports de cet organisme avec le principe absolu. Le royaume des cieux, c'est la société humaine idéalisée, et l'église chrétienne, c'est la cité de Dieu sur la terre. Adam, c'est l'individu dans ses rapports avec le Très-Haut dans le sens de la négation, du mal; Jésus, c'est l'individu dans ses rapports avec Dieu dans le sens positif, dans celui du bien. Ces rapports, les uns comme les autres, sont conçus par la théologie chrétienne sous le point de vue métaphysique, le seul qui peut être l'objet de la religion. Il en est de même de la conception de la société humaine par la théologie. Celle-ci ne constitue qu'une sociologie métaphysique, de même que la sociologie positive elle-même n'est qu'une théologie chrétienne bornée à l'étude des relations sociales concrètes.

Le dogme de la Trinité a été de tout temps la pierre d'achoppement de tous les esprits soi-disant éclairés et libres. Ce dogme n'est cependant que le reflet de ce que la nature nous manifeste dans son ensemble et dans chacune de ses parties prises séparément. En se plaçant au point de vue théologique, il faudrait retourner l'expression et dire que toutes les manifestations de la nature sont trinitaires parce qu'elles ne sont que le reflet de la Trinité divine. En effet, le monde visible nous apparaît dans le temps, dans l'espace et comme intensité de mouvement ou de force, c'est-à-dire en puissance. Ces entités, tout en se manifestant chacune d'une manière spécifique, sont néanmoins immanentes les unes aux autres. Chacune d'elles se présente à nous en outre sous une triple face : le temps comme passé, présent et avenir, l'espace en longueur, largeur et profondeur, le mouvement évolutif des forces et de la matière comme action physico-chimique, comme forme et comme unité hiérarchique. Dans leur évolution organique les forces et la matière se manifestent comme action physiologique, comme structure morphologique et comme unité individuelle. Enfin l'évolution sociale s'effectue dans les trois sphères correspondantes : économique, juridique et politique.

Immanentes les unes aux autres, les trois sphères dans lesquelles les forces organiques font leur évolution ne forment, malgré la diversité de leurs manifestations, qu'un tout indivisible. En effet, peut-on concevoir le monde visible exclusivement en son évolution dans le temps sans prendre en considération l'espace? Peut-on identifier l'espace avec la matière et la force? Peut-on concevoir celles-ci hors de l'espace et du temps? Les systèmes philosophiques qui en ont fait l'essai ne présentent qu'un assemblage de termes soi-disant techniques dont toute la profondeur ne consiste qu'à détacher les mots de leur sens réel, de construire des idoles scéniques comme les a si bien caractérisées Bacon.

Comme le monde visible, de même l'âme humaine est, par sa nature même, trinitaire. Nous sentons, nous voulons, nous pensons. De plus, comme les éléments trinitaires du monde visible, de même les manifestations psychiques sont immanentes les unes aux autres en même temps qu'irréductibles chacune prise séparément. Tous les systèmes philosophiques qui n'ont pris pour point de départ qu'une seule des entités psychiques : la sensation, la pensée ou la volonté ont été des systèmes unilatéraux. En se combattant ils ont fini par se détruire mutuellement.

Ce n'est donc qu'une conception trinitaire du monde visible et invisible — qu'on se place au point de vue subjectif ou objectif — qui correspond à la réalité des choses et qui peut en même temps satisfaire les besoins métaphysiques de l'âme humaine.

La science positive elle-même a été de tout temps trinitaire sans en avoir toujours conscience. Elle le sera toujours forcément dans l'avenir, toutes les manifestations de la nature et de l'esprit humain étant trinitaires. Ce n'est aussi que par la conception de la nature trinitaire de la société dans ses manifestations économiques, juridiques et politiques que la sociologie pourra devenir une science positive. La trinité des trois sphères sociales, irréductibles en elles-mêmes et immanentes les unes aux autres, constitue la base naturelle de la sociologie positive, comme le temps, l'espace et le mouvement forment le point de départ pour les sciences naturelles. En ignorant cette classification primaire des phénomènes sociaux, en s'appuyant sur d'autres classifications, artificielles, le sociologue quitte dès les premiers pas la base solide de la réalité, détache ses conceptions sur la nature de la société des lois biologiques et tombe inmanquablement dans le vide. Ce ne sont alors que des mots et des phrases qui suppléent à la réalité des choses qu'ils doivent exprimer.

La conception de la société comme le résultat d'un contrat, absolument libre, entre les individus, représente, elle aussi, une des idoles dont parle Bacon. Si la vie sociale ne découlait que du principe contractuel, comment expliquer que des communautés qui se sont formées sur des terrains vierges, hors d'un contact immédiat quelconque avec d'autres associations et détachées de tous les antécédents historiques, se sont toujours constituées d'après les mêmes principes fondamentaux et ont réalisé inmanquablement les mêmes sphères qui, pour les autres communautés, n'ont été que le résultat d'une longue évolution antérieure? C'est que les lois naturelles et avant tout celle qui découle du principe trinitaire immanent à tout ce qui existe, sont les mêmes pour la nature et la société humaine. Le libre arbitre de l'homme en sa qualité de membre de la société, est forcé de se mouvoir dans ce cadre, comme les forces de la nature dans le temps, l'espace et la puissance d'évolution. C'est pourquoi aussi la classification des phénomènes sociaux en économiques, juridiques et politiques constitue le premier pas vers la découverte des lois qui président au développement de la société humaine, de même que la classification des phénomènes organiques en physiologiques, morphologiques et unitaires a amené les découvertes récentes dans le domaine de la biologie.

IV

Les traits caractéristiques sous lesquels la théologie chrétienne représente chacune des trois Personnes qui forment la Trinité divine se trouvent être en parfaite harmonie avec les manifestations trinitaires de la nature et de la société humaine.

Le Dieu des chrétiens s'est révélé dans la personne du Fils, du Saint-Esprit et du Père. Il y a en Dieu, selon le dogme chrétien, trois hypostases et une seule nature. C'est donc sur un principe social que repose la conception chrétienne de l'Absolu, comme aussi celle de l'église. Le dogme de la Trinité s'élève au-dessus de la conception d'un Dieu unique et isolé, autant que l'organisme social représente une entité plus élevée que l'individu. Dans notre « Théologie naturelle » nous croyons avoir prouvé la concordance de la conception chrétienne de la Trinité divine avec les manifestations de la nature entière qui ont rapport à l'Absolu (1). Le monde visible nous révèle le principe métaphysique sous un triple point de vue : comme éternité dans le temps, comme infinité dans l'espace et comme évolution indéfinie en puissance. Irréductibles en eux-mêmes, ces principes sont immanents les uns aux autres et à toute la nature. Dans la nature organique, leur concordance et leur immanence se manifestent par les sphères physiologique, morphologique et unitaire, dans la société humaine par les sphères économique, juridique et politique, dans l'église chrétienne comme charité, dogme et unité. La Trinité céleste correspond à ces manifestations trinitaires de la nature et de la société humaine : le Fils naît dans le temps; il est la source de la charité qui, dans l'économie trinitaire, représente le principe physiologique; le Saint-Esprit se répand dans l'espace; il institue le dogme qui implique le principe morphologique de délimitation et de structure; le Père unifie et exerce le pouvoir suprême. Les besoins métaphysiques de l'homme qui lui sont innés en sa qualité de partie intégrante de la nature et comme membre de la société, ne peuvent trouver de satisfaction que dans l'adoration d'une divinité trinitaire. La sociologie, en concevant la société humaine en qualité d'organisme réel, rapproche la conception du royaume trinitaire céleste de l'être vivant le plus élevé de la terre, l'organisme social, et, par son intermédiaire, de la nature entière.

---

(1) T. V, chap. VIII.

Quant à la personnalité de Jésus, nous croyons devoir nous borner ici à constater que, dans sa personne, l'humanité a passé par le périhélie de son évolution morale et religieuse. Une autre morale plus élevée que celle dont Jésus a été l'initiateur, est-elle possible ? Peut-on imaginer une seconde vie ou une seconde mort comme celles de Jésus ? L'humanité pourra peut-être produire un autre Homère, un autre Phidias, un autre Socrate, mais un autre Jésus est-il possible ? Le principe idéal d'individualité et de solidarité s'est incarné en sa personne dans toute sa plénitude. Jésus est devenu par cela même la cellule centrale de la vie religieuse et morale de l'humanité. Pendant des siècles le système nerveux du genre humain s'est nourri des vérités qu'il a proclamées et confirmées par sa mort. Chaque écart de la voie indiquée par Jésus est suivi encore aujourd'hui dans toutes les sphères sociales de dégénérescence, de régression et d'états pathologiques individuels et sociaux. Ces faits suffisent pour que la sociologie positive reconnaisse à Jésus une position exceptionnelle dans la vie sociale de l'humanité. Nous nous bornons à ces remarques pour ne pas sortir du cadre que nous impose la Pathologie sociale, en renvoyant le lecteur aux démonstrations exposées dans notre « Théologie naturelle ».

La Sociologie positive ne se trouve donc pas, sous ce rapport non plus, en contradiction avec la théologie chrétienne, comme celle-ci ne se trouve pas, non plus, en contradiction avec les lois de la nature et les sciences naturelles. Ce ne sont que ses procédés qui sont autres. Les sciences naturelles, en prenant pour point de départ la force mécanique, poursuivent son évolution jusqu'aux manifestations les plus élevées de la vie, l'esprit humain y inclus. La théologie fait le même chemin dans un sens contraire. Elle prend pour point de départ l'Esprit suprême et elle poursuit ses manifestations dans la nature et dans l'homme. Les sciences naturelles considèrent les énergies psychologiques comme la résultante de l'action des forces de la nature, la théologie comme leur cause primaire; la biologie constate que c'est le corps qui produit l'intelligence; la théologie affirme que c'est l'esprit qui forme le corps. Or les points de départ primaires de la théologie et des sciences naturelles sont des points métaphysiques; ils ne peuvent être que l'objet de la foi. Le mouvement opposé des deux disciplines ne saurait rien changer à la nature des choses et à leurs relations; elles doivent nécessairement se rencontrer et se réunir sur un terrain commun à toutes les deux. Ce terrain a fait défaut jusqu'à aujourd'hui. C'est la sociologie positive qui a découvert le terrain qui doit servir de lien entre les domaines occupés d'un côté par les sciences naturelles et de l'autre par la théologie chrétienne.

Quant à l'anthropomorphisme dont, d'après l'opinion la plus répandue, pâtit la théologie chrétienne, tous les systèmes philosophiques, le matérialisme y inclus, ainsi que toutes les sciences, s'en rendent coupables au même degré. La raison en est simple. C'est que l'homme ne peut sentir, penser et vouloir que subjectivement. Les conceptions sur la matière et la force ne sont-elles pas formées d'après les sensations de passivité et d'action que l'homme éprouve lui-même? L'idée d'un atome indivisible et identique à lui-même n'est-il pas une entité anthropomorphique, fruit d'une conception purement subjective? La différence entre la conception théologique d'un Être Suprême personnel et la conception matérialiste d'un atome ne consiste donc qu'en ce que la théologie élève le principe anthropomorphique à une puissance indéfinie, tandis que la philosophie matérialiste s'arrête au point de départ, à l'atome, qui, pour elle, représente l'alpha et l'oméga de la personnalité.

Enfin, quant aux mystères, les sciences naturelles et la sociologie en contiennent autant que la théologie. L'essence des choses et des relations est couverte, pour l'esprit humain, d'un voile impénétrable de quelque côté qu'il dirige ses investigations. Un grain de sable, un brin d'herbe, pour être conçus dans leurs rapports avec l'Absolu, présentent autant de mystères que la destinée de l'humanité entière vis-à-vis de l'Être Suprême.

V

Le mal central qui cause les anomalies dont pâtit la société moderne étant reconnu, il s'agit de rechercher les moyens thérapeutiques d'y remédier. Les contradictions entre les mandements de la foi et les postulats de l'intelligence, entre la théologie chrétienne et les sciences naturelles ne peuvent être résolues que par une évolution autonome de l'esprit humain dans le sens d'un rapprochement de ces deux puissances psychiques. Ce n'est, comme nous l'avons vu, que sur le terrain de la Sociologie positive, qu'un tel rapprochement est possible. Mais ce rapprochement une fois effectué par la reconnaissance de la société humaine en sa qualité d'organisme réel, il s'agira d'en faire fructifier les résultats dans le but de mettre une fin à la déséquilibration intellectuelle et morale, dont sont saisies de nos jours les masses populaires.

L'histoire nous enseigne que des communautés entières ont été régénérées par une législation sage et conséquente appliquée à l'éducation de la jeunesse. En réformant l'enseignement dans les écoles, un gouvernement peut transformer le type national dans un sens ou dans un autre : il peut suggérer des sentiments de patriotisme à une population indifférente pour l'honneur national, il peut éveiller dans une population agricole et routinière les facultés industrielles et commerciales, provoquer l'esprit d'investigation scientifique au sein d'une société qui gémit sous le joug du fanatisme religieux et de préjugés séculaires.

L'enseignement, à commencer par les écoles primaires, est de nos jours, dans la plupart des pays, organisé de manière que tout ce que la jeunesse apprend du maître d'école laïque se trouve en contradiction directe avec ce qu'il entend à l'église et ce que l'on s'évertue à lui inculquer au sein de la famille (1). Ainsi l'esprit et la conscience de la jeunesse dès son bas âge sont voués à des tiraillements incessants sens contraires. Dans les derniers temps on a voulu y remédier par l'introduction de l'enseignement de la morale dans les écoles primaires et de la philosophie dans les écoles moyennes. Mais la morale peut-elle être l'objet d'un enseignement à l'égal de la littérature et des sciences? Nous en doutons. Comme science, la morale fait partie de la philosophie, et il existe autant de systèmes de morale qu'il y a de systèmes philosophiques, qui, en outre, se trouvent en contradiction les uns avec les autres. Quant aux préceptes de la morale, ils sont d'une telle simplicité qu'il suffirait ,pour les inculquer à la jeunesse, de les exposer de vive voix à des occasions solennelles, anniversaires, fêtes nationales, etc.

Nous sommes partisan décidé de l'enseignement de la

(1) T. V, chap. XIII.

philosophie dans les écoles moyennes, mais à condition qu'à côté des résultats positifs acquis par l'esprit philosophique soient de même relevés les lacunes, les mécomptes et les contradictions des différents systèmes philosophiques entre eux, ainsi que l'impuissance de la philosophie en général à éclairer l'homme sur l'essence des choses et à lui dévoiler l'idée de l'Absolu.

Mais ce qui est de première urgence pour mettre fin à la déséquilibration des esprits dans la société moderne, c'est l'introduction des résultats acquis par la Sociologie positive et la Pathologie sociale dans l'enseignement des écoles autant moyennes que primaires, simultanément avec les éléments des sciences naturelles. Comme la physique, la chimie et la biologie éclairent l'esprit sur la nature du milieu ambiant physique, de même la Sociologie positive l'éclairera sur les relations sociales dans leur connexité et leur coordination réelle. Le travail d'analyse et de synthèse par lequel l'enseignement sociologique fera passer la jeunesse, l'habituera à concevoir d'une manière saine le milieu ambiant social avec lequel tout membre de la société se trouve en contact ininterrompu depuis sa naissance et jusqu'à sa mort. Ce même travail devra en outre ouvrir les âmes aux mandements de la religion chrétienne qui, comme la Sociologie, se fonde sur les deux principes de l'individuation et de la solidarité, et qui par son essence même et par la constitution de l'église est une institution éminemment sociale dans la signification la plus élevée de ce terme, dans son sens idéal.

On pourrait objecter que les phénomènes sociaux présentent une entité trop complexe et trop difficile à saisir dans son ensemble, pour en faire l'objet d'un enseignement à des intelligences encore peu développées. Cependant ce ne sont que les recherches et les investigations sociologiques qui exigent un travail soutenu et compliqué d'analyse et de synthèse; les résultats une fois acquis sont simples et accessibles aux esprits même médiocrement développés. Il en est de même, pour ne citer qu'un exemple, de l'astronomie. Quel immense labeur de calcul n'a-t-il pas fallu pour prouver et constater le mouvement de la terre et des planètes autour du soleil ?; et cependant les résultats de ce travail sont si simples qu'ils font l'objet de l'enseignement dans les écoles primaires de presque tous les pays civilisés. Une fois, de même, qu'il sera scientifiquement constaté que la société humaine forme un organisme réel, doué d'un système nerveux et d'une substance intercellulaire à l'égal du corps humain, rien de plus facile que d'empreindre cette notion dans l'esprit de la jeunesse pour lui donner un sentiment juste de la connexité des phénomènes sociaux entre eux et dans leur ensemble. S'il est facile de faire comprendre à la jeunesse que c'est la force de gravitation qui réunit les différents corps groupés autour du soleil en un système mécanique, de même il ne saurait y avoir de difficultés à éclairer les jeunes intelligences sur la nature des réflexes directs et indirects qui unissent toutes les parties du système nerveux social en un ensemble organique. En inculquant à la jeunesse dès son bas âge la conception de la société en sa qualité d'organisme réel, on façonnera les jeunes intelligences à la manière concrète en même temps que synthétique de saisir et de juger les phénomènes sociaux, méthode à laquelle se refusent absolument les esprits imbus de théories abstraites et habitués à ne saisir les phénomènes sociaux que hors de leur connexité mutuelle. Placée à ce point de vue, la génération nouvelle sera plus accessible à la conception réelle en même temps qu'idéale de l'église telle que la conçoit la théologie chrétienne. Au moyen-âge, cette conception était présente aux esprits les plus avancés, parce que l'étude de la théologie était plus répandue. Aujourd'hui elle est négligée par les laïques, étant devenue la spécialité exclusive du clergé. Par l'introduction de la Sociologie positive dans l'enseignement, cette lacune sera comblée.

En concluant notre thérapeutique sociale, nous ne pouvons qu'appuyer de nouveau sur l'urgence pour la société moderne de mettre fin à la déséquilibration des intelligences, des volontés et des consciences qui a sa source dans l'antagonisme entre la science et la religion. Il ne sera possible d'y remédier qu'en rapprochant et en mettant d'accord ces deux puissances, l'une intellectuelle et l'autre morale, également nécessaires à l'évolution progressive de la société humaine.

C'est, d'après notre avis, *la question sociale par excellence*, dont la solution doit précéder celle de toutes les autres.

CONCLUSION

Il résulte de ce qui précède que le domaine de la Sociologie touche d'un côté à la psychologie positive et, par son intermédiaire, à la biologie, et que de l'autre il est limitrophe de la théologie en sa qualité de science qui a pour objet la communauté des hommes réunis dans le but de satisfaire leurs besoins métaphysiques. C'est avec la théologie chrétienne que la Sociologie positive trouve le plus de points de contact, puisque celle-là conçoit également la communauté des croyants comme un corps réel dont les membres sont liés entre eux et agissent les uns sur les autres par des réflexes directs et indirects, de nature réelle, à l'égal des réflexes qui se produisent au sein du système nerveux social.

Comme il n'y a pas de forces hors de toute connexion avec la matière, de même, il n'y a pas d'idées privées de tout substratum matériel. Tout mouvement intellectuel et moral de l'homme est accompagné d'un fonctionnement quelconque de son corps et spécialement de son système nerveux. Mais tant que l'idée conserve son caractère purement subjectif, elle n'est pas du domaine de la sociologie; elle n'entre dans ce domaine que lorsqu'elle s'incarne au dehors en se fixant, par une action immédiate, dans le système nerveux des autres membres de la société, ou en se reflétant dans la substance intercellulaire sociale par la création de valeurs et d'utilités matérielles ou psychiques. Pour que les recherches du savant, les aspirations de l'artiste, les doctrines du moraliste acquièrent une valeur sociale, il faut qu'elles s'incorporent dans des paroles, des livres, des œuvres d'art ou des actes, et que les reflets de ces incarnations atteignent, d'une manière ou d'une autre, dans un temps plus ou moins éloigné, les autres membres de la communauté et y laissent des traces plus ou moins profondes de leur action. — C'est sur le même principe qu'est basée la communauté des croyants dans l'Église chrétienne. L'idée de l'incarnation des forces spirituelles dans la matière est le fil rouge qui passe à travers toute l'histoire de l'humanité telle que la conçoit la théologie chrétienne en harmonie avec le processus d'évolution auquel obéit toute la nature organique. C'est au moyen de différents phénomènes de la nature, c'est par l'intermédiaire d'individus humains que, d'après la théologie chrétienne, Dieu a manifesté sa volonté et s'est révélé à l'humanité. Dans l'église que Jésus a fondée et qui est considérée par la théologie chrétienne comme un corps réel animé par l'esprit du fondateur, les membres sont liés entre eux et avec le tout par les sacrements, symboles matériels, dans lesquels s'incarnent la grâce et la charité divine. La théologie chrétienne, comme aussi la Sociologie positive, s'appuient donc toutes les deux sur un substratum matériel dont l'une et l'autre ne peuvent se passer sans tomber dans le vide des idées théoriques et purement subjectives. L'une et l'autre sont des disciplines psycho-physiques et ce n'est que le degré des énergies et des aspirations qui délimite leurs régions réciproques.

Les différentes disciplines scientifiques forment ainsi une hiérarchie dont la première marche est occupée par la partie de la physique qui a pour objet le mouvement mécanique et au faîte de laquelle se trouve placée la théologie chrétienne comme la science sociale dans son expression suprême. Entre la physique proprement dite et la Sociologie s'échelonne toute une série d'autres disciplines : la chimie, la physiologie, la biologie et la psychologie, dont chacune s'appuie sur la discipline précédente.

La nature organique elle-même présente trois degrés de développement et de perfection. La plante est privée de mouvements autonomes dans son ensemble et dans ses parties. L'animal n'est libre de se mouvoir d'une manière indépendante que comme individu. Un agrégat social dispose de la liberté de se mouvoir dans son ensemble ainsi que dans ses parties indépendamment du tout. Entre ces trois degrés de l'échelle des êtres organisés, il y a des marches intermédiaires qui les relient entre eux : il existe des organismes à moitié plantes et animaux ; les essaims d'abeilles et les colonies de fourmis présentent des ébauches rudimentaires d'agrégats sociaux. Mais ce n'est que par la société humaine que la nature réalise dans sa plénitude le degré le plus élevé de la vie organique : l'autonomie dans les parties et dans l'ensemble du même organisme individuel.

Voilà donc à quelle hauteur la Sociologie est placée vis-à-vis des disciplines qui ont pour objet l'étude des phénomènes purement physiques. C'est donc à tort qu'on lui reproche une conception purement mécanique de la vie sociale. Il est vrai que l'idéal vers lequel tend toute science positive, c'est de devenir exacte, d'aboutir à des formules mathématiques. De tous les phénomènes de la nature, le mouvement mécanique est celui qui se prête le plus facilement et le mieux à être exprimé et mesuré au moyen de formules mathématiques. Plus on s'élève sur l'échelle scientifique, plus les difficultés pour l'application de la méthode mathématique augmentent. La Sociologie est donc bien éloignée encore de l'idéal d'exactitude qu'on veut bien lui prêter. Les essais qu'on a faits dans cette direction sur les recommandations d'Auguste Comte et qu'on a ornés du titre prétentieux de physique sociale, ont parfaitement échoué.

Ce ne sont cependant pas seulement les difficultés d'exprimer les lois de l'évolution par des formules mathématiques qui croissent à mesure que les différentes disciplines scientifiques s'éloignent du point de départ qui est la conception mécanique des phénomènes; dans la même proportion augmentent, pour le savant et l'observateur, les difficultés de produire des expériences dans le sens scientifique de ce terme. — Par l'expérience, le savant isole, en physique et en chimie, la portion de matière et l'action de la force qu'il veut étudier et observer; il les élimine et les soustrait à l'influence d'autres matières et d'autres forces et construit ainsi artificiellement un milieu ambiant au sein duquel les qualités spécifiques des corps et l'action des forces peuvent être observées dans toute leur pureté. La loi de l'attraction des corps vers le centre de la terre peut, de nos jours, être observée dans chaque cabinet de physique au moyen de la pompe pneumatique. Il en est de même des phénomènes de l'électricité et du galvanisme. Mais les phénomènes biologiques sont si étroitement liés entre eux et avec leur milieu ambiant naturel que ce n'est que fort imparfaitement et pour des espaces de temps très courts que quelques manifestations des forces organiques se prêtent à de pareilles expériences. En Sociologie, les difficultés deviennent, sous ce rapport, presque insurmontables, d'autant plus que l'objet qui devrait subir l'expérience, l'individualité humaine, n'est pas propre à servir, comme *corpus vile*, de matière aux expérimentations du savant et de l'homme d'État.

Le biologiste et le sociologue ont en conséquence recours, pour découvrir et vérifier les lois qui président à l'évolution des forces organiques et sociales, à l'observation et à la recherche des analogies. Pour qu'une observation puisse servir de base aux recherches du savant, il faut que le phénomène qui en fait l'objet soit observé dans tous ses détails, dans son évolution génésique, dans ses rapports avec les autres phénomènes, dans les transformations qu'il subit sous l'influence des différents milieux qui l'entourent. Quant aux analogies, il faut qu'elle soient conçues dans un sens réel et entre des phénomènes contingents. Ce n'est qu'à cette condition que les analogies peuvent présenter une valeur scientifique et cessent d'être des allégories et des expressions figuratives.

Pour y parvenir, il est de première urgence de classer, d'abord, d'un manière juste et naturelle, les phénomènes à observer et à grouper d'après leurs analogies. La classification des phénomènes remplace, pour les sciences biologiques et sociales, les cadres et les instruments qui servent au physicien et au chimiste à produire l'expérience par l'isolement des matières et par la délimitation plus précise de l'action des forces. Or, pour qu'une classification aie une valeur scientifique, il faut, avant tout, qu'elle corresponde aux classifications des disciplines inférieures les plus rapprochées. La distinction des phénomènes sociaux en économiques, juridiques et politiques que nous avons adoptée, correspond à la classification des phénomènes biologiques en physiologiqnes, morphologiques et unitaires. C'est donc une classification sociale naturelle. Aussi, faute d'une telle classification, le fil réel qui doit guider le savant et l'homme d'État se perd-il dès les premiers pas dans le dédale infiniment compliqué des données et des faits sociaux. Le peu de résultats qu'a donnés la Sociologie jusqu'aujourd'hui, malgré l'application de la méthode d'induction, trouve son explication entre autres dans l'absence de classifications ou dans les classifications fausses qu'avaient adoptées les adeptes de cette méthode.

Mais la cause principale de l'infructuosité des efforts qu'on a faits jusqu'aujourd'hui pour découvrir les lois de l'évolution sociale au moyen de la méthode d'induction, c'est la recherche d'analogies entre des phénomènes trop éloignés.

Non que nous refusions au sociologue le droit de marquer la direction dans laquelle les vérités scientifiques seraient à rechercher même dans le lointain, par la désignation des points élevés, des instances saillantes, comme les nomme Bacon, qui pourraient servir de jalons pour les conquêtes futures de la science. Nous avons nous-même usé de ce droit. En comparant la tendance des cellules sociales à se concentrer dans des organes spéciaux destinés à régler et à unifier la vie de l'organisme social, avec la tendance des molécules inorganiques à se grouper autour d'un centre commun de gravitation, nous n'avons certes pas eu la prétention d'expliquer par cette comparaison la genèse ainsi que le processus physiologique des centres régulateurs sociaux. Ce n'était qu'une indication lointaine, à des phénomènes analogues au bas de l'échelle de la manifestation des forces physiques. Tel le voyageur, en s'avançant dans une terre inconnue, cherche à diriger sa marche d'après les pics les plus élevés qu'il aperçoit à l'horizon ou des cours d'eau qui se perdent dans le lointain.

Il en est autrement pour les analogies entre les phénomènes des domaines scientifiques limitrophes. Les systèmes nerveux, social et individuel, sont de ces phénomènes immédiatement contingents. Aussi nous sommes-nous évertués à poursuivre d'un bout à l'autre les analogies qu'ils présentent et à expliquer les distinctions dans leur fonctionnement en comparant le système nerveux de l'organisme social avec celui des espèces organiques les plus élevées et spécialement du corps humain doué du système nerveux le plus accompli. Mais comparer la réunion des cellules organiques sous la forme d'amibes et de plastides au régime républicain et la constitution des vertébrés à une monarchie, c'est perdre de vue toute la série des phénomènes intermédiaires qui rendent ces rapprochements illusoires; c'est abuser du droit de rapprochement entre les points éloignés de la science.

Les adversaires de la méthode d'induction, ne trouvant pas dans les travaux de ses adeptes de cadre précis et bien déterminé pour délimiter les idées et fixer les points de vue, n'y rencontrant que des conceptions vagues, des idées nébuleuses, des comparaisons figuratives, en concluent à la fausseté et à l'infécondité de la méthode elle-même. En effet, y a-t-il de nos jours deux sociologues qui soient tout à fait d'accord, ne fût-ce que dans leur jugement sur un fait économique, juridique ou politique isolé, lorsque les causes qui l'ont amené présentent quelque complexité? Ce n'est, tout au plus, qu'en théorie, en n'exprimant que des généralités, qu'ils parviennent à accorder leurs vues sous quelques rapports. Chaque sociologue croit de son devoir de choisir un point de départ nouveau, de construire et d'exposer son système à lui, d'expliquer la genèse et la connexité des phénomènes sociaux à sa manière. Souvent les sociologues croient imposer par la nouveauté et l'originalité de leurs conceptions, en n'ayant recours qu'à une nouvelle nomenclature ou à une classification arbitraire des phénomènes sociaux. Le résultat en est qu'il n'y a pas de continuité dans les recherches, pas d'accumulation du capital scientifique par l'annexion de nouvelles découvertes à celles déjà acquises, contrairement à ce qui a lieu dans les sciences naturelles. C'est un travail à recommencer toujours à neuf, comme celui de Pénélope et de Sysiphe. La Sociologie se trouve encore sous ce rapport à la phase de développement dans laquelle se débattaient les sciences naturelles dans l'antiquité et au Moyen-Age et dont ne sont pas encore sortis jusqu'à nos jours les systèmes philosophiques. Tant que durera cet ordre de choses, toute la phraséologie sur la préférence de la méthode d'induction appliquée à la Sociologie n'empêchera pas qu'elle ne reste stationnaire et qu'elle ne continue de se débattre dans le même cercle vicieux.

Pour que la Sociologie positive progresse, il faut avant tout qu'elle s'arrête à une classification claire et précise des phénomènes sociaux en conformité avec la classification des phénomènes biologiques et psychologiques. Ensuite, en recherchant et en vérifiant les lois sociales, le sociologue doit comparer l'action des forces entre les sphères de la vie qui se touchent immédiatement et saisir les phénomènes sociaux de la même manière concrète que le fait le biologiste.

Cette manière de procéder, en avançant la Sociologie elle-même, sera en outre d'une grande portée pour les disciplines scientifiques inférieures qui touchent immédiatement au domaine de la Sociologie, pour la psychologie et la biologie.

Tâchons de nous en rendre compte, autant que nous le permettra le cadre de notre travail.

II

La psychologie positive étant la discipline qui touche de plus près à la Sociologie, c'est l'action physiologique, morphologique et unitaire du système nerveux individuel et surtout du cerveau humain, comme l'organe le plus développé de ce système, qui manifeste le plus d'analogies avec l'action du système nerveux social. Mais le cerveau humain présente une telle multiplicité de cellules nerveuses sur un espace limité, une telle différenciation de chaque groupe de cellules en ce qui concerne leur excitabilité et leur action physiologique, un tel enchevêtrement de tissus et d'organes que la science n'a pas pu encore, jusqu'à aujourd'hui, observer et éclairer d'une manière suffisante, ne fût-ce que le mécanisme extérieur des processus au moyen desquels les sensations, les volitions et les conceptions intellectuelles se répandent, s'associent et se différencient. Au sein du système nerveux social, un processus analogue s'effectue entre les cellules-individus et les collectivités sociales; mais il s'y produit, pour ainsi dire, à nu devant l'œil de l'observateur, la cellule-individu qui en forme l'élément anatomique primaire étant accessible à l'observateur. Comme dans le cerveau, de même dans la société il se fait un travail incessant d'association, d'opposition et de séparation de sensations, de volitions et de conceptions, mais dans l'organisme social l'espace, le temps et la matière sont mesurés plus largement. La parole, l'écriture, les objets d'art, qui dans la société servent d'intermédiaires pour effectuer les réflexes indirects, présentent autant de jalons pour marquer les différentes phases du processus psychologique social, tandis que le mécanisme du processus analogue se dérobe dans le cerveau à l'œil de l'observateur. L'essence même du processus dans l'un et l'autre cas, comme l'essence des choses dans l'univers entier, n'est certainement pas accessible à la connaissance humaine, mais les rapports, la connexité et la transformation des forces psycho-physiques ressortent avec plus de précision et de clarté dans le système nerveux social que dans celui de l'individu. Les études sur la localisation des pensées, des sensations et des volitions ont fait de nos jours quelque progrès, mais il y a bien des points obscurs encore à éclairer, surtout en ce qui concerne le contact dans le cerveau et dans la moelle des nerfs moteurs et sensitifs et la transmission des excitations qui partent de la substance corticale.

Nous pensons que les analogies, tirées des processus correspondants du système nerveux social, pourront contribuer à élucider ces questions ou au moins donner quelques indications qui guideraient les physiologistes dans leurs recherches.

En effet, toute collectivité d'individus, de même que chaque individu pris séparément, manifeste ses pensées, ses volitions et ses sensations, soit par un travail physiologique intérieur qui laisse toujours des traces dans le système nerveux même, soit par une action réflexe extérieure sur d'autres individus qu'elle impressionne, soit par la transformation d'une partie du milieu ambiant dans le but de subvenir aux besoins matériels ou psychiques, individuels ou collectifs. Le système nerveux social dispose en conséquence, comme le système nerveux individuel, de cellules nerveuses dont les unes sont affectées de préférence par des sensations, d'autres obéissent à des volitions et d'autres fonctionnent de préférence en qualité de cellules pensantes. Les enfants, les femmes, les natures passives en général fonctionnent dans la société en analogie avec les nerfs sensitifs de notre système nerveux individuel; le pouvoir exécutif, la police, l'armée, sont les porteurs de volitions qui partent des organes centraux de l'organisme social en analogie avec la transmission par les nerfs moteurs des volitions qui ont leur source dans notre cerveau. Enfin, les savants, les artistes, le clergé, les représentants du gouvernement central font le travail qui correspond à celui de la substance corticale de notre cerveau. Les individus dans la société n'étant pas liés mécaniquement les uns aux autres, ne forment pas d'organes et de fils nerveux plastiques, comme cela a lieu dans le système nerveux individuel, mais les individus-cellules s'associent, se groupent et se hiérarchisent, comme dans celui-ci, d'après un ordre déterminé, en organes spécifiques sensitifs, moteurs et pensants. Cependant, malgré une telle spécification, tous les trois éléments psychiques sont toujours présents dans le même individu. Chaque membre de la société sent, veut et pense simultanément; ce n'est que la prédominance de l'une de ces actions qui fait qu'il représente une cellule sociale sensitive, motrice ou pensante. Il en est de même de notre système nerveux individuel. Il dispose de cellules, de préférence mais pas exclusivement sensitives, motrices et pensantes. Ce n'est que leur localisation, leur connexion mutuelle, leur excitabilité dans une direction préférablement à d'autres qui leur impriment leur caractère spécifique. Les fils sensibles déterminent le mouvement centripète dans notre système nerveux, les fils moteurs le mouvement centrifuge, les cellules pensantes les points d'arrêt, d'accumulation et de capitalisation de ces mouvements. Chaque mouvement se spécialise en outre en conformité avec les différents organes extérieurs du corps. Les nerfs de la peau, l'œil, l'oreille, les organes du goût et de l'odorat sont affectés d'une manière distincte par le milieu qui les entoure. De même les individus sont, au sein de la société, différemment impressionnés par la parole, par un livre, un objet d'art qui font tous partie du milieu ambiant social. La parole, l'écriture, les objets d'art ne sont, il est vrai, que des signes qui servent à exciter en nous des sensations, des volitions et des pensées. Mais les phénomènes de la nature sont-ils autre chose que des signes d'un monde dont l'essence nous échappe et dont nous ne pouvons juger que d'après les impressions subjectives que nous en recevons (1)?

La différence dans le fonctionnement et le groupement des cellules nerveuses et des individus dans les systèmes nerveux individuel et social n'est en conséquence que relative; elle n'est déterminée que par l'autonomie relativement plus

(1) T. I, chap. XXIX.

grande dont jouissent les individus dans l'organisme social en comparaison avec les cellules nerveuses dont est formé notre système nerveux individuel. Cette distinction une fois clairement établie, les analogies que présentent les systèmes nerveux individuel et social doivent nécessairement amener la lumière en même temps dans les deux domaines scientifiques limitrophes : la sociologie et la psychologie. Ce double résultat découle d'un postulat logique. Toute analogie représente une proportion composée de deux membres, dont les coefficients déterminent la proportion même. Une fois qu'on fait entrer les deux membres, l'organisme individuel et l'organisme social, dans la même proportion, il s'ensuit qu'ils doivent nécessairement se déterminer et se compenser réciproquement.

Il en est de même lorsqu'on fait entrer dans la proportion, au lieu de la psychologie, la biologie dont la psychologie positive ne constitue qu'une branche spéciale. Pour le prouver, arrêtons-nous sur les hypothèses que les biologistes ont avancées pour expliquer les phénomènes de l'hérédité dans le règne végétal et animal.

Les éléments constitutifs des semences et des embryons sont de dimensions si minimes qu'on peut supposer que jamais le microscope ne parviendra à les révéler à l'œil humain avec tous les détails de leur structure et de leur action physiologique. C'est donc à des hypothèses que l'esprit humain a dû avoir recours pour expliquer le processus embryologique au moyen duquel les qualités et les anomalies organiques passent des ancêtres à la postérité la plus reculée.

Trois hypothèses attirent de nos jours l'attention des biologistes et les séparent en plusieurs camps. C'est l'hypothèse de la pangenèse de Darwin, celle de l'idioplasme de

Nœgeli et celle du plasme embryonal de Weissmann. Darwin suppose que les semences dont sort l'embryon sont formées par l'afflux de particules génératrices qui partent de toutes les parties de l'organisme en se concentrant consécutivement dans la semence. C'est ainsi que s'explique, selon Darwin, la transmission par l'individu à sa descendance non seulement des qualités déjà héritées des ancêtres, mais encore des qualités et, dans des cas exceptionnels, des anomalies acquises par l'individu pendant le cours de son développement. L'hypothèse de la pangenèse touche de très près celle de l'épigenèse qui ne fait que la préciser sous plusieurs rapports. L'hypothèse de Weissmann est strictement opposée à celle de Darwin. Il présume l'existence d'une matière ou d'un plasme préformé composé d'une série de facteurs qui concourent, d'après un ordre déterminé, à former l'organisme futur. Weissmann suppose que ces facteurs forment une échelle hiérarchique d'énergies vitales qu'il désigne comme biophores, déterminantes, ides et idantes. Le côté faible de cette hypothèse consiste à ne pouvoir expliquer la transmission à la postérité des qualités acquises pendant la vie de l'individu. L'hypothèse de Nœgeli qui suppose l'existence d'un plasme générateur répandu dans toutes les parties de l'organisme et qu'il nomme idioplasme, occupe un terme moyen entre les hypothèses de Darwin et de Weissmann.

Ces hypothèses, tout ingénieuses qu'elles puissent être, n'éclairent cependant pas le processus même au moyen duquel les forces génératrices se concentrent dans la partie de l'organisme qui leur sert de foyer et de source d'alimentation. Nous pensons que c'est la comparaison avec le processus analogue qui se produit au sein du système nerveux social qui pourrait apporter quelque lumière dans cette partie obscure de la biologie.

Les individus se multiplient au sein de l'organisme social comme les cellules dans les plantes et les animaux. La cellule primordiale parcourt toutes les phases de l'évolution de ses ancêtres jusqu'à ce qu'elle soit arrêtée dans son développement par d'autres cellules qui lui sont superposées dans l'ordre hiérarchique du type organique. En même temps la cellule primordiale se spécialise en s'adaptant à l'organe qu'elle concourt à former et finit par se fixer définitivement dans une partie déterminée de l'organisme.

Tout enfant nouveau-né, considéré non comme le représentant d'une espèce, mais comme membre de la société, est un embryon social en ce qui concerne les aptitudes intellectuelles et morales qu'il apporte avec lui au monde et qui trouvent leur substratum matériel, principalement dans les organes du cerveau formés par la vie sociale d'une série innombrable de générations antécédentes. L'enfant représente par ces organes l'homme social primitif, comme la cellule qui vient d'être enfantée au sein de l'organisme individuel constitue son élément primaire. Pour trouver les analogies entre celui-ci et les destinées de l'enfant qui vient de paraître, il ne faut, en conséquence, prendre en considération, comme nous l'avons exposé dans notre Embryologie sociale (1), que les organes humains d'origine sociale, porteurs de l'intelligence et des facultés morales de l'homme. Or, quelles sont les conditions qui concourent à les former dans leur évolution? Dès les premiers jours de l'apparition du nouveau citoyen, commence son éducation

(1) T. I, chap. XXII; t. II, p. 6, 170 et suiv.

sous l'influence du milieu intellectuel et moral qui l'entoure. C'est par des réflexes directs et indirects, c'est par l'éducation, d'abord au sein de la famille et ensuite à l'école, que l'intelligence et le moral de l'enfant se forment en conformité avec les énergies latentes qu'il avait héritées de ses ancêtres. Devenu adulte le citoyen continuera à se développer intellectuellement et moralement sous l'influence du milieu ambiant social, de la littérature nationale, de la science, de l'art, des exemples qu'il aura devant lui, etc. Les individus les plus accessibles à l'influence du milieu reproduiront le mieux le type intellectuel et moral de la majorité des membres de la société, ses énergies spécifiques, ainsi que ses anomalies; ils représenteront avec le plus de netteté la synthèse de la vie sociale telle qu'elle se réfléchit dans la vie individuelle de chacun des membres de la société, ainsi que dans la collectivité entière.

Les cellules, en se développant au sein des organismes de la nature, subissent aussi, comme les membres de la société, une éducation, mais plus rigide et dans des cadres infiniment plus étroits, conformément au degré moins élevé de liberté dont jouissent les parties de ces organismes vis-à-vis de l'ensemble. Les semences génératrices des plantes et des animaux constituent des centres d'action organique analogues aux foyers d'éducation sociale où se concentrent les reflets de l'organisme social. Pour qu'il y ait reflet, il n'est pas absolument nécessaire qu'il existe un système nerveux. Le système nerveux des espèces animales, même les plus élevées, n'est que la résultante des reflets primordiaux et immédiats de simples cellules entre elles et avec l'ensemble. Les fils nerveux ne marquent que les voies par lesquelles les reflets primordiaux ont marché de préférence à d'autres directions et grâce auxquelles ils se sont spécialisés; les nœuds nerveux ne déterminent que les points d'arrêt des courants nerveux, ainsi que leurs points de réunion et de séparation. Grâce donc à la vibration concomitante de toutes les cellules, continue ou intermittente, harmonieuse ou discordante, dont est animé chaque organisme d'un bout à l'autre, toute action, tout changement et même toute déséquilibration de force dans une partie quelconque de l'organisme résonnent dans toutes les autres en y laissant des traces matérielles. Chaque cellule d'un organisme pourrait en conséquence être considérée comme une cellule capable de reproduire, les conditions étant favorables, l'organisme entier, en d'autres termes, devenir une cellule génératrice. Aussi voyons-nous les parties d'une feuille de quelques plantes reproduire la plante entière et les parties de plusieurs organismes, d'espèces animales moins élevées, renouveler l'animal entier. Dans les autres organismes, appartenant à des espèces plus élevées, ce ne sont que les cellules placées dans des conditions plus favorables pour concentrer sur elles les reflets de l'organisme entier, qui deviennent cellules génératrices. Mais il ne s'ensuit pas que toutes les autres cellules du même organisme n'en pourraient faire autant si elles étaient placées dans les mêmes conditions. Les individus de quelques espèces animales peuvent renouveler des organes entiers dont ils ont été violemment privés. Comment une telle reproduction serait-elle possible si les autres organes et les cellules dont ils sont formés n'étaient doués de la capacité de reproduire l'organisme dans toutes ses parties? Si ce ne sont que quelques parties exclusives de ces organismes qui sont renouvelées de cette manière, c'est que la puissance générale de régénération trouve dans chaque organisme des limites; ce n'est pas une preuve de sa non-existence.

Pour expliquer la transmission à la descendance des qualités héréditaires et acquises, on n'a donc pas besoin de supposer l'existence d'un plasme, préformé ou non, spécialement destiné à transmettre ces qualités. Il suffit de constater que toute cellule organique constitue un microcosme vis-à-vis du macrocosme qui est l'organisme entier. Dans la société aussi il n'existe pas de plasme générateur spécial; il n'y a que des individus dans lesquels se reflète la société entière. Quant à l'essence des reflets organiques et nerveux, elle nous est aussi peu accessible que l'essence des choses en général. Nous pouvons aussi peu expliquer comment une cellule se reflète dans une autre et l'organisme entier dans une seule cellule, qu'expliquer comment la force mécanique se communique d'un corps qu'elle quitte à un autre corps qu'elle met en mouvement, ou comment le courant électrique passe d'un objet galvanisé à un autre. Mais sans chercher à expliquer l'essence même des procédés, nous avons le droit de supposer qu'il y a analogie entre le processus de la transmission des aptitudes organiques au moyen de reflets de cellules entre elles et le processus des réflexes directs et indirects qui s'effectue au sein du système nerveux social.

Ce n'est pas seulement par rapport à des données et des phénomènes isolés que la Sociologie, la psychologie et la biologie peuvent s'éclairer réciproquement. Il en est de même des faits généraux qui embrassent les domaines entiers de ces trois disciplines scientifiques. Si la société fait son évolution d'après des lois nécessaires, indépendamment du hasard et du libre-arbitre humains, et qu'elle tende à faire prédominer de plus en plus les forces psychiques sur les éléments physiques, il doit en être de même de toute la nature organique. Les biologistes les plus éminents de notre temps sont aujourd'hui d'accord que le règne organique dans son ensemble et chaque individu, plante ou animal, en particulier se développent d'après un certain plan que la science n'est pas encore parvenue à concevoir d'une manière claire et précise, mais qu'il faut supposer comme existant. Le hasard et le libre-arbitre entrent certainement comme coefficients dans le mouvement ascendant que manifeste la nature organique dans son ensemble, ainsi que dans chaque espèce et chaque individu, mais ils ne peuvent se produire que dans les limites du plan général d'évolution. Tout ce qui tombe hors de ce plan est voué à la destruction et à l'infécondité. La théorie de Darwin sur la survivance du plus apte par la sélection naturelle est sans doute d'une grande valeur pour expliquer les particularités héréditaires qu'acquièrent les organismes dans le cours de leur évolution. Mais cette théorie, qui découle exclusivement des principes du hasard et du libre-arbitre, est hors d'état d'expliquer et de constater dans quelles limites ces deux facteurs peuvent se produire. Il faut cependant qu'ils aient des limites. Nous pensons que de ce côté également la Sociologie pourrait apporter quelque lumière dans le domaine de la biologie.

Mais si la méthode d'induction, basée sur des analogies réelles entre les phénomènes contingents, peut porter de la lumière de la part de la Sociologie sur le domaine de la biologie dans des cas exceptionnels, cette méthode, quant à la Sociologie, constitue la base même sur laquelle cette dernière science construit tout son édifice. Ainsi, ce n'est que grâce à la méthode d'induction que nous avons pu constater la loi de la genèse des organismes sociaux en leur qualité d'individus collectifs. Nous avons prouvé que le processus embryologique est, sous ce rapport, comme sous tous les autres, le même pour les agrégats individuels et sociaux ; c'est la scission, le bourgeonnement, la séparation de l'organisme maternel, avec ou sans concours de l'élément masculin, d'une ou de plusieurs cellules. Si ce détachement s'effectue dans un agrégat social avec plus de facilité, c'est là une conséquence nécessaire de l'autonomie des parties vis-à-vis de l'ensemble de l'organisme social. Nous voyons que la semence d'un chêne produit toujours un chêne et qu'un vertébré enfante toujours un vertébré, tandis que les émigrés d'un pays aristocratique peuvent se constituer sur un nouveau sol en une association démocratique et les sujets d'un despote fonder une république libre. Cette transmutabilité des cellules sociales après leur détachement de l'organisme maternel est encore une suite de leur autonomie. Mais dans son essence le processus embryologique social est parfaitement analogue à celui des organismes de la nature. Nous l'avons prouvé surtout en constatant la loi génésique sociale d'après laquelle l'homme en sa qualité d'être social passe, comme l'embryon animal, par toutes les phases consécutives de l'évolution de ses ancêtres. C'est cette loi qui forme la pierre angulaire de tout l'édifice de la Sociologie positive, c'est la loi primaire de l'histoire du genre humain.

III

La Sociologie peut-elle se borner à marquer ses limites vis-à-vis des deux sciences inférieures, de la psychologie et de la biologie, qui l'avoisinent de plus près sur l'échelle hiérarchique des connaissances humaines? — La Sociologie pourrait s'en contenter si l'évolution des forces sociales se reproduisait toujours dans un même cercle qu'elle ne saurait jamais dépasser. Mais l'humanité, arrivée même à la hauteur de la civilisation moderne, s'arrêtera-t-elle dans sa marche progressive? La culture moderne réalise-t-elle déjà tout ce que l'homme peut atteindre et espérer sur la terre en fait de prospérité, de justice et de bonheur? Non, sans doute, c'est à la réalisation d'une perfection idéale que l'esprit humain ne cesse d'aspirer. Les aspirations vers cet idéal constituent le ressort même de tout progrès individuel et social. Le sauvage se fait un idéal d'existence individuelle et sociale autant que l'homme civilisé. C'est sous l'influence de différentes idées de perfection et de bonheur que se sont développées les communautés humaines dès les temps primitifs et que se sont formés les différents centres de culture de l'antiquité jusqu'à nos jours. Le pain à lui seul n'a jamais pu rassasier l'humanité même aux marches inférieures de son existence. Aussi la lutte pour l'existence des communautés entre elles, dès que l'homme s'était élevé au-dessus des instincts purement animaux, n'a jamais eu pour objets des intérêts exclusivement matériels. C'est que les nœuds qui unissaient la famille, le clan, la peuplade même primitifs reposaient en même temps sur des liens matériels et moraux. Les invasions et les guerres ont eu de tout temps pour consigne un idéal quelconque, quelque rudimentaire et obscur qu'il fût, qui poussait ou attirait les individus et les populations vers de nouvelles contrées, vers d'autres climats, vers des races ou des centres de civilisation auxquels les hommes aspiraient à se joindre ou à s'initier.

L'homme primitif qui coudoyait encore de près l'animal, ne connaissait il est vrai, ni science, ni art indépendants des volitions instinctives. Peut-être n'avait-il pas non plus de religion. Mais il a dû exister déjà pour l'homme primitif un lien qui marquait sa supériorité sociale sur l'animal. C'était la parole comme expression d'idées. C'est par là que la langue humaine se distingue des signes et des sons qu'échangent les animaux. Elle en découle peut-être, mais elle s'en distingue en même temps. La parole humaine généralise les sensations, les volitions et les conceptions et devient par là une production sociale exclusivement humaine (1). Si les animaux savaient parler, ils deviendraient des êtres humains. « Au commencement était la parole ». Cette vérité est du domaine de la Sociologie. En effet, la parole humaine non seulement sert à exprimer des idées, mais elle en est en même temps la créatrice et marque par là le commencement de toute culture purement humaine. L'idée implique toujours une généralisation quelconque d'une sensation, d'une impression, d'une conception. Ce n'est que par la parole que cette généralisation reçoit un signe, un son, qu'elle se fixe extérieurement et qu'elle peut être communiquée par un membre de la société à d'autres en éveillant en eux les mêmes idées et les mêmes sensations. C'est donc la parole humaine qui constitue le nœud psycho-physique par excellence qui, au moyen de réflexes directs et indirects, unit les éléments anatomiques du système nerveux social en un organisme réel.

Or, puisqu'il n'a jamais pu exister de communauté humaine sans langue, par la même raison, il n'a jamais existé

(1) T. I, chap. XXI et XXVII.

de société sans idéal, comme l'expression de la plus haute généralisation de sentiments, de volitions et de conceptions auxquels l'homme a pu s'élever dans les différentes phases de son développement. Par la même raison tout idéal a dû être de tout temps de nature sociale. Aussi l'histoire nous apprend-elle que ce sont les langues qui, de tout temps, ont principalement unifié ou séparé les peuplades, les races et les États. La tradition concernant la Tour de Babel prouve que la valeur sociale de la langue comme instrument principal de l'union et de la séparation des peuples, a été appréciée dès la plus profonde antiquité. Dans les temps primitifs, outre la parole et la religion qui exprimaient les tendances sociales idéales, prédominaient sous plusieurs rapports encore d'autres éléments d'union et de séparation, tels que la couleur de la peau, la structure du système osseux et musculaire, la configuration extérieure de la tête, etc. Ces éléments n'ont pas perdu, même aujourd'hui, toute leur signification en ce qui concerne les races inférieures. Mais l'homme civilisé, s'il n'y avait pas la distinction des langues, serait depuis longtemps devenu cosmopolite, tant les facteurs physiques ont perdu de leur valeur sociale en comparaison avec les énergies psychiques, pour unir et séparer les hommes.

Cependant, il a existé de tout temps et il existe encore aujourd'hui un autre élément d'union et de séparation pour les hommes, indépendamment des distinctions de la race et de la langue. C'est la religion. — Quelle est l'origine des différents systèmes religieux? Ici, de même, conserve toute sa valeur l'énonciation : « Au commencement était la parole. » La raison en est claire. La généralisation la plus élevée à laquelle aspire l'homme dans ses sentiments, ses volitions et ses conceptions, c'est de connaître l'essence des choses, c'est de s'initier à l'absolu. Le besoin métaphysique est inné à l'homme comme il est immanent à toute la nature. Tout corps inorganique, une fois lancé, tend à se mouvoir éternellement dans un espace sans limites. Toute espèce organique a tendance à se multiplier et à se différencier d'une manière illimitée dans l'espace et le temps(1). Mais dans la conscience humaine, le besoin métaphysique n'est éveillé et développé que par la parole, l'instrument primaire de généralisation des idées qui, seule, se trouve à sa portée. La philologie moderne considère toute la mythologie comme un produit de la langue aux temps où la pensée humaine n'était encore exprimée qu'en images et où, dans l'âme humaine, la force de l'imagination l'emportait encore sur le travail d'analyse et de synthèse intellectuelles. Issue de la parole, de ce lien primaire de la vie sociale, la religion, comme l'expression suprême des tendances intellectuelles et morales de l'homme, repose par cela même nécessairement sur la conception d'un idéal social. La valeur de cette conception elle-même est déterminée par le degré de développement intellectuel et moral de la communauté qui l'a formée. Toute religion positive exprime toujours une certaine moyenne d'un nombre d'individus et de générations qui ont concouru à la constituer et à imprimer aux autres membres de la communauté leurs idées et leurs tendances. C'est pourquoi la religion que professe une communauté peut servir de mesure générale pour marquer le niveau commun, en même temps que moyen, de civilisation qu'elle a atteint. Ainsi, le bouddhisme, la doctrine de Confucius, l'islam, le christianisme expriment, dans leurs

(1) T. V, chap. VIII.

systèmes religieux, les traits généraux de l'idéal social que les populations et les races qui leur ont donné naissance et qui s'en sont pénétrés, ont conçu. Dans la religion chrétienne, comme l'expression de l'idéal le plus élevé que l'humanité ait conçu, le caractère social de cet idéal ressort avec le plus de clarté et de netteté. La cité céleste des chrétiens constitue un idéal social et le Dieu chrétien lui-même, conçu comme trinité suprême, représente un être social.

IV

Le système religieux que professe une communauté marque le niveau général et moyen de culture qu'elle a atteint à une époque déterminée de son évolution historique; il détermine l'idéal social qu'elle s'est formé sous l'influence du milieu ambiant physique, des phénomènes de la nature, de la configuration du sol, du climat, ainsi que du milieu social qui l'entourait, de la lutte pour l'existence avec d'autres communautés, etc. L'idéal religieux et social commun et moyen d'une série de générations n'a cependant jamais empêché les esprits éminents ou remuants de concevoir des idées différentes du commun et même opposées aux tendances et aux conceptions de la majorité des contemporains. Ces personnalités réussissaient-elles à énoncer et à répandre de nouvelles idées religieuses, elles devenaient les fondateurs et les initiateurs de nouveaux systèmes religieux. Appelées à gouverner et à reconstruire une communauté d'après un idéal nouveau, elles devenaient législateurs et réformateurs sociaux. S'étant vouées de leur propre initiative à la propagation de nouvelles idées économiques, juridiques ou politiques, ces personnalités devenaient chefs d'école ou de parti, tribuns populaires ou fauteurs de révolutions.

Il y en avait d'autres qui se bornaient à énoncer leurs vues par des conceptions théoriques d'une société idéale. Ce sont les philosophes, les savants, les poètes. Ainsi, Platon nous a laissé une conception idéale de la société antique. Les conceptions du même genre de Hékatœos, Iambulos, Evhéméros et Théopompos ne sont pas parvenues jusqu'à nous. Au commencement du XVIe siècle, le chancelier anglais Thomas Morus a exposé ses vues de reconstruction sociale en imaginant l'existence d'une société parfaite sur l'île d'Utopie. Cette dénomination est restée depuis comme terme générique pour de pareilles constructions sociales irréalisables. L'Utopie de Thomas Morus fut suivie de toute une série d'écrits du même genre. Pour nous borner à la littérature française, nous citerons : l'Histoire des Sevarambes de Vairasse; les Aventures de Jacques Sadeur de Foigny; le Code de la Nature de Morelly; la République des Philosophes, attribué à Fontenelle; la Découverte australe par un homme volant, de Rétif de la Bretonne; le Voyage en Icarie, de Cabet. Les projets de Saint-Simon, les phalanstères de Fourier et la proposition d'Auguste Comte de placer à la tête de l'humanité une espèce d'église laïque formée par des savants, closent la série des utopies les plus remarquables conçues sur le sol français. L'Allemagne, l'Angleterre, l'Italie, et même, de nos jours, les États-Unis d'Amérique, ont livré leur contingent à la formulation de pareils rêves sociaux.

Toutes les conceptions, énoncées jusqu'à ce jour pour

réformer la société d'une manière radicale, pâtissent de deux défectuosités capitales.

Elles embrassent d'abord les régions de la vie sociale les moins élevées; il y en a qui favorisent même le développement du facteur physique au détriment des facultés intellectuelles et morales de l'homme. Platon n'a pu se passer de l'esclavage et de la communauté des femmes dans la construction de sa république idéale. La morale de Confucius est éminemment utilitaire. Mahomet idéalise dans son paradis les jouissances charnelles et le farniente physique. Le communisme, le collectivisme, le socialisme d'État n'ont en vue principalement que la prospérité matérielle du grand nombre. C'est la production et la distribution des richesses en tant qu'utilités matérielles qui font, de préférence, l'objet de leurs combinaisons et de toutes leurs propositions de réforme.

L'autre défectuosité de toutes ces utopies et de ces conceptions, c'est qu'elles sont dans un sens ou dans un autre unilatérales.

Platon a cru devoir bannir de sa République la poésie. Auguste Comte construit une église laïque destinée à gouverner l'humanité et desservie exclusivement par des savants. Le communisme, le collectivisme, le socialisme d'État, en ne prenant en considération que le principe de solidarité, asservissent l'individu et détruisent par là toutes les libertés individuelles et publiques. Par contre, la doctrine du laisser-faire, laisser-passer, en s'appuyant presque exclusivement sur l'individu, réduit le principe de solidarité sociale presque à néant.

C'est à la Pathologie sociale, guidée par la méthode d'induction, d'étudier tous ces systèmes incomplets et défectueux, et d'apprécier en quoi ils dévient des lois naturelles et immuables qui président à l'évolution progressive de la société humaine. En en appelant aux expériences déjà acquises par l'histoire, en analysant les anomalies qu'ont déjà subies les différentes communautés humaines sous l'influence d'idées et de tendances analogues, la Pathologie sociale, appuyée sur le Diagnostic social, sera à même de prononcer son pronostic sur les anomalies que la réalisation de pareilles utopies doit, nécessairement, amener pour les communautés qui voudraient en faire l'essai. Mais, en même temps, il est du devoir de la Thérapeutique sociale, après la constation de ce qu'il y a de guérissable dans les défectuosités de la société moderne et de ce qu'il y a de juste dans les exigences refoulées et les besoins inassouvis des classes inférieures, de désigner les moyens de guérison et de satisfaction.

L'application de ces moyens est du domaine de l'art social exercé par les hommes d'État placés à la tête des collectivités autonomes.

Le sociologue, placé au-dessus des partis et libre des passions dont les masses populaires sont agitées, est appelé à juger, d'une manière consciente, ce qui n'est ressenti que d'une manière vague et instinctive par des cœurs obscurcis par la passion et entraînés à des excès souvent involontaires par la lutte inexorable pour l'existence.

FIN

TABLE DES MATIÈRES

TROISIÈME PARTIE.

LA THÉRAPEUTIQUE SOCIALE.

Beaugency, Imp. J. Laffray

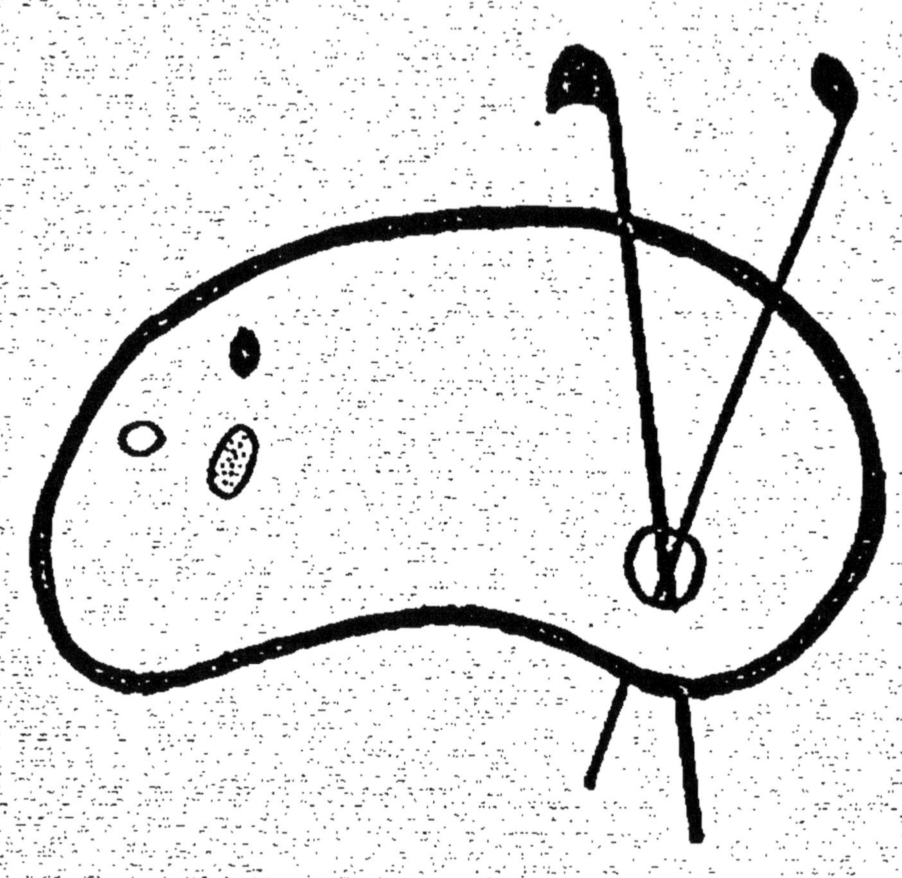

Beaugency, Imp. Laffray.

www.ingramcontent.com/pod-product-compliance
Ingram Content Group UK Ltd.
Pitfield, Milton Keynes, MK11 3LW, UK
UKHW021844190726
13855UKWH00001B/137